DEBORAH TANNEN

»Du warst ja schon immer Mamas Liebling!«

mosaik

Deborah Tannen

»Du warst ja schon immer Mamas Liebling!«

Wie Schwestern einander besser verstehen

Aus dem Amerikanischen von Maren Klostermann

mosaik

MIX
Papier aus verantwortungsvollen Quellen
FSC® C014496

Verlagsgruppe Random House FSC-DEU-0100
Das für dieses Buch verwendete FSC®-zertifizierte Papier *EOS* liefert Salzer Papier, St. Pölten, Austria.

1. Auflage
Deutsche Erstausgabe September 2011

Originaltitel: You Were Always Mom's Favorite!
Originalverlag: Random House, New York
Umschlaggestaltung: Eisele Grafik-Design
Umschlagillustrationen: © James Jung
Redaktion: Christine Pfützner
Satz: Uhl + Massopust, Aalen
Druck und Bindung: GGP Media GmbH, Pößneck
Printed in Germany
KW · Herstellung: IH
ISBN 978-3-442-39206-3

www.mosaik-goldmann.de

Für meine Schwestern

Mimi Tannen
und
Naomi Tannen

Inhalt

Vorwort

Bei mir zuhause hängt ein gerahmtes Schwarz-Weiß-Foto von meiner Familie. Besucher deuten meist auf die beiden sitzenden Mädchen in identischer Kleidung und fragen: »Welche davon bist du?« Ich antworte dann jedes Mal: »Ratet!«, und oft liegen sie mit ihrer Antwort richtig. Ich sitze rechts, meine Schwester Mimi links. Mich freut es immer, wenn die Leute uns nicht auseinanderhalten können, weil ich auf dem Foto erst sechs bin und Mimi schon acht Jahre alt ist. Als Nächstes erkundigen sich die Besucher dann gewöhnlich nach den drei Erwachsenen, die hinter uns stehen. »Das sind meine Eltern und meine Schwester Naomi«, erkläre ich. »Sie ist acht Jahre älter als ich.« Wenn man genauer hinschaut, erkennt man, dass die eine der beiden stehenden Frauen wesentlich jünger ist als die andere.

Die Frage: »Welche davon bist du?« ist sehr aufschlussreich, und viele Schwestern fragen sich das selbst. Sie können kaum darüber nachdenken, wer sie sind, ohne miteinzubeziehen, inwiefern sie ihren Schwestern ähneln oder sich von ihnen unterscheiden. Eine Schwester ist der Mensch, der du hättest sein können, aber zufällig oder aus freier Entscheidung nicht bist.

Das Foto veranschaulicht außerdem die große Rolle, die der Altersunterschied spielt. Eine Schwester, die uns altersmäßig nahesteht, ist diejenige, mit der wir gespielt und gestritten haben, eine ältere Schwester dagegen kann fast wie eine Mutter sein. Und wie bei Müttern können Gespräche mit Schwestern zu unseren besten wie zu den problematischsten gehören.

Manchmal genügt schon ein einziges Wort der Schwester, und wir lachen uns schlapp, bekommen Kicheranfälle und sind wieder genauso albern wie als Kinder. Genauso kann ein Wort von ihr uns völlig aus der Fassung bringen, wie es eine Frau einmal treffend formulierte: »Sie ist ein Teil meines Lebens, sie ist Teil des Stoffs, aus dem ich gemacht bin. Deshalb *fühle* ich ihre Kritik viel intensiver als die anderer Menschen.«

Schwestern brauchen mitunter nicht einmal Worte, um die andere empfindlich zu treffen. Manchmal genügt schon ein Blick.

»Sadie akzeptiert manchmal nicht, was ich tue«, sagte Bessie Delany (101 Jahre) über ihre ältere Schwester (103 Jahre). »Sie kehrt dann die große Schwester heraus und blickt mich stirnrunzelnd an.« Sadie wiederum zu Bessies Absicht, so alt zu werden wie Moses, nämlich 120: »Dann muss ich eben 122 werden, damit ich mich um sie kümmern kann. Der Grund, warum ich noch lebe, ist, *sie* am Leben zu erhalten.«[1]

Solche Äußerungen zeigen, wie intensiv sich die beiden dynamischen Kräfte Verbundenheit und Hierarchie bei Schwestern auswirken. Niemand steht uns näher als eine Schwester, die unsere familiäre Herkunft wie auch unsere Vergangenheit und unsere Erinnerungen mit uns teilt. Und diese Verbindung ist immer präsent, egal, ob die Schwestern ihr ganzes Leben zusammen verbringen wie die Delanys oder ob sie sich selten oder gar nicht sehen – sogar wenn eine von ihnen stirbt, bleibt diese Verbindung bestehen. Was sich bei Schwestern außerdem nie ändert, ist ihre Stellung in der Geschwisterhierarchie und die aus dem Altersabstand resultierenden Unterschiede in Bezug auf Macht und Einfluss, die ebenfalls in offenkundiger oder subtiler Form ein Leben lang fortbestehen. Diese beiden dynamischen Kräfte, Macht und Verbundenheit, wirken zusammen und lassen sich nicht auseinanderdividieren. Die lebenslange Zuneigung der beiden Delany-Schwestern war untrennbar mit der Tatsache verbunden, dass die eine jünger und die andere älter war (und deshalb fürsorglich und mitunter auch bevormundend).

Schwestern werden unweigerlich miteinander verglichen, weil man sie häufig zusammen sieht oder in Gedanken immer das Bild von beiden vor sich hat. Die Persönlichkeit der einen Schwester wird oft im Gegensatz zur anderen wahrgenommen: die Extrovertierte und die Schüchterne, die künstlerisch und die sportlich Begabte, die Kluge und die Schöne. Und wo Vergleiche angestellt werden, ist oft auch Rivalität nicht weit. Auch sie ist ein fester Bestandteil der Beziehung, weil Schwestern als Kinder Unterstützung und Anerkennung von denselben Erwachsenen suchen und jede dabei das Gefühl hat – ob zu Recht oder zu Unrecht –, dass sie selbst umso weniger Liebe und Anerkennung erhält, je mehr die andere davon bekommt. Dasselbe gilt übrigens auch für Brüder oder für Schwestern und Brüder. Tatsächlich trifft vieles von dem, was ich in diesem Buch über Schwestern schreibe, auf Brüder ebenso zu, und ich bin sicher, dass die Beispiele von Gesprächen unter Schwestern viele Menschen auch an ihre eigenen Brüder (und andere Beziehungen) erinnern werden.

Dennoch zeichnen sich Gespräche zwischen Schwestern durch eine spezielle Struktur und besondere Komplexität aus, weil es sich um Gespräche zwischen Frauen handelt. Frauen unterhalten sich meist häufiger mit ihren Schwestern als mit ihren Brüdern oder als Brüder untereinander. Die Dialoge zwischen Frauen drehen sich meist eher um persönliche Themen – um emotional besetzte Fragen oder scheinbar banale Details des Alltags. Und dieses Miteinanderreden spielt immer eine größere Rolle in Beziehungen von Mädchen und Frauen als in denen von Jungen und Männern. Weil viele Frauen den Austausch von persönlichen Informationen als Voraussetzung für Nähe betrachten, fühlen Schwestern sich oft ausgeschlossen, wenn sie von Geheimnissen erfahren, von denen man ihnen nichts gesagt hat. Umgekehrt führt die Enthüllung von Geheimnissen nicht selten zu Komplikationen infolge von verletzten Gefühlen.

Aus all diesen Gründen ist das Gespräch ein guter Ausgangspunkt, um die Beziehungen zwischen Schwestern besser zu verstehen. Wenn wir erkennen, was bei Unterhaltungen zwischen Schwestern geschieht, gewinnen wir gleichzeitig einen Einblick in die dynamischen Kräfte, die hinter allen Gesprächen – und letztlich Beziehungen – stehen.

Die Form des Dialogs ist der Fokus meiner Forschungen im Bereich Linguistik, der wissenschaftlichen Untersuchung von Sprache. Für dieses Buch habe ich nicht nur Transkripte von aufgezeichneten Gesprächen analysiert, sondern auch mehr als hundert Frauen zu ihren Schwestern befragt – Frauen mit unterschiedlichster ethnischer, regionaler und kultureller Herkunft, deren Altersspanne von unter zwanzig bis über neunzig reichte. Die meisten waren US-Amerikanerinnen afroamerikanischer, asiatischer, italienischer, indianischer, irischer, deutscher, jüdisch-osteuropäischer Abstammung. Darunter waren heterosexuelle wie lesbische, verheiratete wie allein lebende Frauen. Mir war es wichtig, Frauen mit ganz unterschiedlichem Hintergrund zu befragen, um ein möglichst breites Erfahrungsspektrum abzudecken. Ich habe jedoch nicht versucht, verschiedene Gruppen miteinander zu vergleichen oder Generalisierungen über eine bestimmte Gruppe anzustellen.

Im Rahmen meiner Befragungen berichtete eine Frau, dass ein Freund, mit dem sie regelmäßig über ihre Schwester sprach, einmal bemerkte: »Das ist ja wie eine Liebesbeziehung!« Er hat Recht, denn genau das ist es. In eine ähnliche Richtung ging auch der Kommentar einer Frau, die sagte, sie habe ein gutes Verhältnis zu ihrer Schwester, dann aber noch hinzufügte: »Wir arbeiten allerdings an unserer Beziehung wie bei einer Ehe. Kann es nicht mal eine Beziehung geben, die völlig problemlos ist?«

Ja, das wäre schön, kommt aber selten vor. Einige wenige haben das Glück einer völlig reibungslosen Beziehung zu ihrer Schwester. Sie genießen und schätzen die gegenseitige Gesellschaft ohne Spannungen oder Belastungen. Die meisten Schwesternbeziehungen sind jedoch wie Ehen – eine große Quelle des Trostes, aber nicht selten, wenn nicht sogar häufig Anlass für Enttäuschungen, Ärger und Leid. Und wie Ehepartner entwickeln sich dabei manchmal auch Schwestern auseinander oder beenden die Beziehung, die meisten jedoch bleiben lebenslang in Kontakt. Und im Gegensatz zur Ehe, die durch eine Scheidung beendet werden kann, bleiben Schwestern immer Schwestern.

Zu verstehen und zu erklären, wie die Sprache des Dialogs unsere Beziehungen beeinflusst und lebendig zum Ausdruck bringt, ist mein Fachgebiet und meine Leidenschaft. Dieses Verständnis eröffnet wiederum Möglichkeiten für Veränderungen und Verbesserungen. Viele Frauen, die ich befragte, haben mir hinterher gesagt, dass unser Gespräch ihnen geholfen habe, das Verhältnis zu ihren Schwestern mit neuen Augen zu sehen, oder dass es sie dazu angeregt habe, mehr und auf andere Weise miteinander zu sprechen. Ich hoffe, dass dieses Buch auch den Leserinnen zu neuen Einsichten verhilft und dazu beiträgt, die Kommunikation zwischen ihnen und ihren Schwestern zu verbessern.

Meine eigenen beiden Schwestern waren immer ein wichtiger und wertvoller Teil meines Lebens – meines ganzen Lebens, da ich die Jüngste bin. Ihnen habe ich mein erstes Buch gewidmet: »Für Naomi und Mimi, meine Schwestern im besten Sinn des Wortes.« Fünfzehn Jahre später verwendete ich dieselbe Widmung mit der umgekehrten Reihenfolge der Namen. Meinen Schwestern nun sogar ein drittes Werk zu widmen mag zwar ein bisschen redundant erscheinen, aber für dieses Buch gab es einfach keine Alternative. Und nachdem ich es geschrieben hatte, verstand ich noch besser, wie glücklich ich mich schätzen kann, diese beiden wunderbaren Frauen als Schwestern zu haben.

1. Schwestern im lebenslangen Gespräch

»Ich schätze sie sehr und kann mir ein Leben ohne sie gar nicht vorstellen«, beschrieb eine Frau die Beziehung zu ihrer Schwester, und eine andere meinte: »Ich möchte immer in ihrer Nähe sein. Sie ist die Einzige, die alle Geschichten von früher kennt. Manchmal genügt schon ein einziges Wort, und die andere fängt an zu lachen.« Diese und ähnliche Aussagen zeigen, dass viele Frauen die Beziehung zu ihrer Schwester als kostbaren Bestandteil ihres Lebens ansehen. Genauso hörte ich aber auch Sätze wie: »Ich würde meine Schwester am liebsten umbringen.«

All diesen Äußerungen liegt etwas Gemeinsames zugrunde: die Intensität der damit verbundenen Gefühle. Beziehungen zwischen Schwestern gehören zu den leidenschaftlichsten Beziehungen überhaupt, wie es auch die Aussage dieser Frau zeigt: »Die Beziehung zu meiner Schwester geht emotional viel tiefer als irgendeine andere.« Und eine weitere Frau meinte, nachdem sie erzählt hatte, wie sehr ihre Schwester sie kürzlich verletzt hatte (Die Geschichte eines so himmelschreienden Verrats, dass ich mich fragte, warum sie überhaupt noch mit ihr spricht): »Egal, wie schwierig meine Schwester ist, sie ist ein Teil von mir – meiner Vergangenheit, Gegenwart und Zukunft. Und ob ich sie liebe oder hasse – ich kann mir ein Leben ohne sie einfach nicht vorstellen.«

Gespräche zwischen Schwestern können ebenso blanke Wut wie tiefe Zuneigung bewirken. Sie beinhalten nicht nur die Bedeutung der gerade gesprochenen Worte, sondern auch aller vorangegangenen Gespräche, wobei dieses »vorangegangen« das ganze Leben umfassen kann. Diese komplexen Bedeutungsschichten vermischen sich mit Gefühlen der Verbundenheit wie auch der Rivalität, zusätzlich kompliziert durch den unweigerlichen Vergleich mit der Schwester, deren Leben so ähnlich und doch ganz anders verlaufen ist als das eigene.

Was ist ideal? Was ist real?

Einmal unterhielt ich mich auf einer Party mit einigen Frauen. Im Laufe des Gesprächs rückten wir die Stühle zu einem immer engeren Kreis zusammen, und die anderen Partygäste warfen uns neugierige oder auch neidische Blicke zu, wenn unsere Gruppe in schallendes Gelächter ausbrach oder zustimmend nickte. Ich hatte das Thema Schwestern angeschnitten, woraufhin Laxmi, eine Inderin, mit leuchtenden Augen von der Beziehung zu ihrer eigenen Schwester erzählte: »Wenn wir uns sehen, können wir gar nicht genug voneinander bekommen. Unterwegs im Auto droht mein Mann dann immer: ›Ich fahre nicht mehr mit euch! Ihr zwei plappert und kichert ja ununterbrochen!‹ – Sie ist meine Rettungsleine, und ich bin ihre. Sie weiß immer schon nach dem ersten Wort, was ich sagen will.« Ich wollte mehr über diese wunderbare Schwesternbeziehung erfahren, und so setzten wir uns in der folgenden Woche noch einmal zusammen. Dabei erzählte sie, dass sie und ihre Schwester nach dem Tod der Eltern zusammen ein Haus geerbt hatten mit je einer Wohnung für sie und die Schwester. Laxmi wollte ihre Wohnung verkaufen, sah aber, dass die Wohnung der Schwester im Wert fallen würde, wenn sie getrennt verkauften. Da die Schwester ihre Wohnung behalten wollte, legte Laxmi den Plan also fürs Erste ad acta und machte eine längere Reise zu ihrer Tochter ins Ausland.

Bei ihrer Rückkehr stellte sie fest, dass ihre Schwester inzwischen nicht nur ihre Meinung geändert hatte, sondern auch gleich Nägel mit Köpfen gemacht und ihre Wohnung bereits verkauft hatte. Dadurch war wiederum Laxmis Wohnung weniger wert. Der finanzielle Verlust traf sie hart, zumal ihre Kinder, denen der Gewinn aus dem Verkauf zugutekommen sollte, dadurch um einen Teil ihres Erbes gebracht worden waren. Laxmi war so wütend, dass sie ein Jahr lang nicht mehr mit der Schwester sprach, dann aber doch entschied, es gut sein zu lassen. Sie hatte nur diese eine Schwester und wollte sie nicht verlieren.

Das Ideal, von dem Laxmi geschwärmt hatte – die Beziehung zu einem vertrauten Menschen, mit dem man reden und lachen kann, der schon vorher weiß, was man sagen will, und wie eine »Rettungsleine« ist – war also nicht die ganze Wahrheit gewesen. Eine Schwester ist ein Mensch, der einen Teil von dem hat, was man selbst besitzt: Das kann ein Haus sein oder auch ein weniger fassbares Erbe, wie etwa die Erinnerungen an die gemeinsame Kindheit. Die Art, wie die Schwester mit diesem Vermächtnis umgeht, kann dessen Wert für uns vergrößern, verringern oder auch in Frage stellen.

Sisterspeak – Schwestersprech

Das Wort »Schwester« beschwört das Ideal von Verbundenheit und Unterstützung herauf; wir assoziieren es mit weiblicher Solidarität wie bei den Freundschaften, die Romane und Filme wie Rebecca Wells' *Die göttlichen Geheimnisse der Ya-Ya-Schwestern* oder Ann Brashares' *Eine für vier* zu Bestsellern und Publikumsmagneten gemacht haben. Die Freundinnen, um die es in diesen Filmen bzw. Büchern geht, werden als Schwestern bezeichnet, weil sie zusammen durch dick und dünn gehen, einander so gut verstehen wie niemand sonst und sich gegenseitig unterstützen. Die Popularität dieser Bücher und Filme hängt zum Teil damit zusammen, dass wir uns alle danach sehnen, zu einer Gruppe mit starkem Zusammenhalt zu gehören, oder wie eine Frau es formulierte: »Freundinnen sind die Schwestern, die uns eigentlich bestimmt waren.« Viele Frauen haben mir berichtet, dass manche ihrer Freundinnen wie eine Schwester oder ein »Schwesterersatz« für sie seien und sie das Wort »Schwester« benutzten, um zu unterstreichen, was sie an ihnen so schätzen.

Sogar der Klang des Wortes »Schwester« mit seinem beruhigenden »Sch«-Laut hat etwas Tröstliches (das »B« von Bruder klingt dagegen viel schroffer). Wir sprechen auch von Schwesterfirmen in der Wirtschaft, von Schwesterschiffen oder Schwesteruniversitäten und – in der Biologie – von Schwesterzellen. »Sister cities« (Partnerstädte) oder Schwesteruniversitäten gehen eine sich gegenseitig bereichernde Verbindung ein, die auf gemeinsamen Merkmalen beruht. Schwesterzellen sind identisch, weil sie durch Teilung aus einer gemeinsamen Mutterzelle hervorgehen, und streiten nicht, wer das Kuchenstück mit der Buttercreme-Rose bekommt. Bei realen Schwesternbeziehungen dagegen können diese weniger schönen Merkmale durchaus dazugehören.

Bei einem Gruppeninterview berichtete eine der Teilnehmerinnen, sie und ihre Schwester benutzten den Begriff »Schwestersprech« für die Art von Gespräch, die sie beide schätzten, nämlich offen auszusprechen, was sie denken: »Eine Schwester sagt dir, was Sache ist, was eine Freundin in der Form nie könnte und noch nicht mal die eigene Mutter.«

In einer anderen Situation hörte ich dagegen, dass man Schwestern am besten als »Club der Lügnerinnen« bezeichnen sollte, weil sie einander nur Halbwahrheiten erzählten. Eine Frau auf die Frage, warum sie ihrer Schwester nicht die ganze

Wahrheit sagen könne: »Ich muss sehr vorsichtig sein, wenn ich von meinen Gefühlen oder Träumen spreche, weil sie dann nämlich immer unweigerlich zu irgendetwas gemacht werden, was mich verletzt. Wenn ich Menschen kennenlerne, die mich bis dahin nur durch die Erzählungen meiner Schwester gekannt haben, sind sie oft ganz überrascht, dass ich ganz anders bin als die Person, die sie ihnen beschrieben hat.«

Diese beiden Erfahrungen – die Schwester als ehrliche Kommunikationspartnerin, die Klartext redet, oder die Heuchlerin, die einem die Worte im Mund verdreht, sodass sie wie ein Bumerang zu einem zurückkommen – stehen für die besten und die schlechtesten Möglichkeiten eines Dialogs zwischen zwei Schwestern. Und es ist durchaus nicht immer klar, welche Art von Schwestersprech die andere gerade anwendet.

Tacheles reden – oder die Wahrheit verdrehen?

Natalie freute sich riesig; sie war vor einiger Zeit den Weight Watchers beigetreten, und nun fingen die Extrapfunde endlich an zu purzeln. Alle bestätigten ihr, dass sie großartig aussehe – außer ihrer Schwester Alex. »Du wirst zu dünn«, hieß es da nur. »Du siehst ungesund aus. Guck mal, wie deine Schlüsselbeine hervorstehen.« Das war genau eine der Veränderungen gewesen, die Natalie in Hochstimmung versetzt hatten, aber jetzt war sie sich nicht mehr sicher, ob sie sich noch darüber freuen sollte. Sagte Alex die Wahrheit, oder waren es nur Neid und der Wunsch, sie zu bremsen?

Eine Schwester ist die Person, der wir unseren Stolz nach einem Erfolg zeigen dürfen – oder der wir nie von unseren Triumphen erzählen könnten, weil sie sonst eifersüchtig wäre. Sie ist diejenige, die wir mitten in der Nacht anrufen, wenn wir nicht schlafen können, oder aber diejenige, die nichts von unseren Problemen hören will. Sie ist der Mensch, der da ist, wenn wir ihn brauchen, oder dessen Abwesenheit in einer Krise am meisten schmerzt. Eine Schwester ist der Mensch, der genau weiß, wie es ist, in einer Familie wie der eigenen aufzuwachsen. Aber sie kann auch diejenige sein, die dir sagt, dass deine Erinnerungen reine Hirngespinste sind, denn sie war ja schließlich dabei, und ihre Erinnerungen sehen ganz anders aus.

Die Frage, was sie an ihrer Schwester frustriere, beantwortete Doris so: »Sie wirft mir vor, Dinge gesagt zu haben, die ich nie gesagt habe. Und sie streitet ab, Dinge gesagt zu haben, von denen ich genau weiß, dass sie sie gesagt hat.« Umgekehrt würde ihre Schwester vermutlich dasselbe über Doris sagen. Was für die eine die Verdrehung der Wahrheit ist, ist für die andere eine falsche Anschuldigung. Wenn Erinnerungen an unwichtige Ereignisse oder Details voneinander abweichen, ist das nicht weiter dramatisch. Betreffen die unterschiedlichen Erinnerungen dagegen Tatsachen, die den Kern unseres Selbstverständnisses berühren, kann der Boden unter unseren Füßen ins Wanken geraten. Wenn die Schwester beispielsweise auf einen harmlosen Witz gekränkt reagiert oder uns böse Absichten unterstellt, verletzt uns das mehr, als wenn ein Fremder oder auch eine Freundin unsere Absichten missversteht. Es ist eine Verletzung der Definition von Schwester und entspricht nicht der Art, wie die Welt – und unsere Familie – sein sollte.

Wir werden da sein

Tagtäglich stehen wir vor größeren und kleineren Herausforderungen, die sich leichter bewältigen lassen, wenn uns ein Mensch dabei zur Seite steht oder auch einfach nur sagt, dass er uns versteht oder an uns denkt. Mit Frauen über ihre

Schwestern zu sprechen und Berichte über Schwestern zu lesen war inspirierend, weil ich dabei auf zahllose Beispiele stieß, wie Schwestern einander mit Worten und Taten oder auch durch ihre Anwesenheit unterstützten.

Besonders berührt war ich von den Schilderungen schrecklicher Umstände, in denen Schwestern einander durch ihre gegenseitige Präsenz buchstäblich am Leben hielten, wie beispielsweise die Beschreibung der Niederländerin Janny Brandes-Brilleslijper, die gemeinsam mit Anne Frank und deren Schwester Margot im Konzentrationslager war. Sie erkrankte schwer an Typhus und überlebte nur dadurch, dass sie sich aufrecht hielt, damit ihre Schwester, der es noch schlechter ging als ihr, nicht auch noch den letzten Lebensmut verlor. »Auch Anne war krank«, erinnert sie sich, »aber sie hielt durch, bis Margot starb, erst dann hat sie sich aufgegeben.«[1]

Solche verzweifelten Situationen lassen sich heute zwar kaum noch vorstellen, aber ich habe einige andere bewegende Geschichten über Schwestern gehört, die sich in Krisenzeiten zur Seite standen. Joy zum Beispiel schöpfte Mut aus der Anwesenheit ihrer Schwestern, als sie sich einer Notoperation unterziehen musste. Es geschah aus heiterem Himmel: Gerade war sie noch die Straße entlanggegangen, und das Nächste, an das sie sich erinnern konnte, war, dass sie in einem Krankenhausbett wieder zu Bewusstsein kam: »Als ich aufwachte, standen meine Schwestern im Schulterschluss an meinem Bett, wie die Verteidigungsmauer bei einem Freistoß.« Sie wusste sofort, dass ihr etwas Schlimmes passiert sein musste, weil keine der Schwestern in derselben Stadt lebte wie sie. Und sie blieben bei Joy, bis sie außer Gefahr war. Die Gegenwart der Schwestern gab Joy die Kraft, äußerst strapaziöse medizinische Prozeduren durchzustehen.

Joy beschrieb auch, wie sie und ihre Schwestern sich in weniger lebensbedrohlichen Situationen gegenseitig helfen und unterstützen. Joy arbeitet im Bildungsbereich. Sie ermutigte ihre jüngste Schwester, der das wissenschaftliche Arbeiten nicht sonderlich lag, ans College zu gehen und schließlich sogar einen Master-Abschluss zu machen. Joy fand den passenden Studiengang für ihre Schwester und ließ sie während des Studiums bei sich zu wohnen. Joy wiederum konnte sich der Forschung für ihre eigene akademische Karriere widmen, weil ihre Schwestern ihr in den Sommermonaten bei der Kinderbetreuung halfen, damit sie ihren Studien nachgehen konnte. Sie berichtete von einem weiteren Beispiel, das mir besonders gut gefällt: Da sie weder über die Zeit noch das Talent dafür verfügt, sich etwas Schickes zum Anziehen zu kaufen, fährt sie einmal im Jahr zu ihrer Schwester nach Boston, die ein Gespür für Mode hat und alle Outlet-Stores kennt. Zusammen verbringen sie zwei Tage damit, Joy für das gesamte Jahr einzukleiden, während eine dritte Schwester die Kinder hütet.

Wenn Frauen mir erzählen, dass sie sich immer eine Schwester gewünscht hätten, ist damit stets dieses Ideal gegenseitiger Ermutigung und Unterstützung verbunden. Und auch viele Frauen, die Schwestern haben, sehnen sich danach, weil ihre Beziehung zur eigenen Schwester diesem Ideal oft nicht entspricht. Idealisierte Bilder machen es allerdings umso schwerer, Enttäuschungen, die zwischen Schwestern genauso häufig vorkommen wie in anderen Beziehungen, zu akzeptieren und angemessen damit umzugehen. Das Ideal ist die Verbundenheit, wie sie zwischen Joy und ihren Schwestern besteht. Aber es gibt eine weitere Dynamik zwischen Schwestern, die genauso grundlegend ist: Rivalität.

Aschenputtels Schwestern

»Schwester« kann sowohl als Sinnbild für Vertrauen und Unterstützung stehen als auch für das Gegenteil. Die Psychologen James Reason und Deborah Lucas etwa, die sich mit dem menschlichen Erinnerungsvermögen befassen, prägten den Begriff der »hässliche Schwestern« für falsche Wörter oder Namen, die einem in den Sinn kommen, während man versucht, sich an die richtigen zu erinnern. Als sich Reason zum Beispiel an den Filmtitel *Deliverance* (»Befreiung«) zu erinnern versuchte, kamen ihm immer wieder die Worte *Intemperance* (»Ausschweifung«) und *Intolerance* (»Intoleranz«) in den Sinn.[2]

Der Begriff »hässliche Schwestern« ruft sofort das Bild von Aschenputtels Stiefschwestern wach, die ihre zu großen Füße in Aschenputtels Glasschuh zwängen und dadurch die Begegnung der Heldin mit ihrem Prinzen verhindern wollen, so wie auch ein falsches Wort oder ein falscher Name uns bei der Suche nach dem gewünschten Wort in die Quere kommen kann. Die Wissenschaftler fanden den Begriff der »hässlichen Schwestern« deshalb geeignet, weil die Stiefschwestern mit Aschenputtel zumindest äußerlich verwandt sind, wie auch das falsche Wort, das sich uns aufdrängt, meist eine Gemeinsamkeit in Struktur, Bedeutung oder Klang mit dem Wort aufweist, nach dem man eigentlich sucht.

Bei der Wahl der Metapher von den hässlichen Schwestern gingen die Autoren davon aus, dass Schwestern Rivalinnen in einem erbitterten Konkurrenzkampf, wenn nicht gar echte Feindinnen sind. Diese Annahme findet sich in allen Epochen und Kulturen wieder. Die Volkskundlerin Maria Tatar etwa weist darauf hin, dass es in fast jeder uns bekannten Kultur Geschichten gibt, in denen eine Schwester die andere wie eine

Dienerin behandelt, sie um ihren rechtmäßigen Besitz bringen will oder sie sogar tötet. (In der uns geläufigen Version der Brüder Grimm wird Aschenputtel von ihren Stiefschwestern, den Töchtern der zweiten Ehefrau des Vaters, schikaniert. Doch in vielen Überlieferungen werden die Peinigerinnen einfach als »Schwestern« bezeichnet. Tatar geht davon aus, dass in den Volkssagen meist deshalb Stiefbeziehungen auftauchen, weil sich dadurch die mitunter auftretende »Feindseligkeit gegenüber den leiblichen Eltern und Geschwistern« auf akzeptablere Weise darstellen lässt.) Tatar zufolge war die erste bekannte Aschenputtel-Figur Yeh-hsien, die Heldin einer Geschichte, die um 850 v. Chr. in China entstand. Wie Aschenputtel wurde auch Yeh-hsien von ihren Stiefschwestern unterjocht, schlecht behandelt und zur Erledigung niederer Hausarbeiten gezwungen. Auch sie wird von einem Zauberwesen, in ihrem Fall einem drei Meter langen Fisch, errettet, während die Stiefschwestern von fliegenden Steinen getötet werden. Die Einzelheiten dieser Geschichte mögen uns zwar fremd sein, doch die Rivalität der Schwestern ist jedem vertraut.

Sehr aufschlussreich ist auch die Tatsache, dass Reason und Lucas bei ihrem metaphorischen Begriff der Schwester noch das Adjektiv »hässlich« hinzufügten. Im Märchen der Brüder Grimm sind Aschenputtels Widersacherinnen nämlich gar nicht hässlich, sondern »schön und weiß von Angesicht«.[3] Schließlich wurden auch nur schöne Damen als potenzielle Bräute des Prinzen in den Palast eingeladen. Wären die bösen Schwestern als hässlich dargestellt worden, stünde die Aschenputtel-Geschichte in Einklang mit vielen anderen Sagen und Legenden, in denen unerwünschte Frauen äußerlich als unattraktiv geschildert werden, während begehrenswerte Frauen von strahlender Schönheit sind. In der biblischen Geschichte von Rahel und Lea etwa verliebt sich Jakob zunächst in Rahel, die jüngere Schwester, denn sie »war schön von Gestalt und hatte ein schönes Gesicht«[4], bis ihr Vater ihn dann durch einen Trick doch dazu bringt, die ältere Schwester zu heiraten. Es gibt auch einen alten Folk-Song – »The Two Sisters« – mit auffallend ähnlichem Thema.[5] Die Folksängerin Peggy Seeger fand vier US-amerikanische Versionen, die auf eine alte Volkserzählung zurückgehen, und obwohl die Einzelheiten variieren, bleibt die Grundgeschichte immer gleich: Ein Ritter »liebte die Jüngste«, aber »freite die Älteste«, die »voll des Neides auf ihre holde Schwester war« – und diesen Neid dadurch zum Ausdruck brachte, dass sie die Jüngere ertränkte. Die archetypische Konkurrenz der Frauen um die Heirat mit dem Prinzen ist demnach ein grundlegender Aspekt des Schwesternbildes.

In den Bibelversen wie im Volkslied (und in vielen anderen Geschichten) ist die bevorzugte Schwester also nicht nur schöner, sondern auch jünger. Ein zeitgenössisches Beispiel bietet auch Laura Esquivels Roman sowie der darauf basierende Film *Bittersüße Schokolade*, eine tragische Liebesgeschichte, in der ein Mann eine Frau nur heiratet, um ihrer jüngeren Schwester näher zu sein, der Frau, die er wahrhaft liebt. In all diesen Geschichten ist es also nicht das jeweilige Alter, das eine Schwester begehrenswerter erscheinen lässt als die andere, sondern ihr Alter im Verhältnis zur Schwester.

All diese Geschichten zeigen, dass die naturgegebenen Unterschiede im Aussehen und Alter von Schwestern Ursache für Rivalität und Wettbewerb sein können. Darüber hinaus stehen Schwestern auch symbolisch für die generelle menschliche Dynamik des Wettbewerbs. Verbundenheit und Konkurrenz sind zwei Kräfte, die alle Beziehungen antreiben, wirken aber bei Schwestern besonders stark und sind leicht zu erkennen, weil die Nähe, die gemeinsame Geschichte und die Hierarchie des Alters diese Dynamik deutlich hervortreten lassen. Im zweiten Kapitel gehe ich ausführlicher auf das Thema Verbundenheit und Vergleich ein, während ich mich im dritten Kapitel mit Fragen der Konkurrenz und der Altershierarchie befasse. Diese beiden dynamischen Kräfte sind allerdings nicht voneinander getrennt, sondern spielen in jeder Interaktion zwischen Schwestern zusammen.

Wer zählt?

Schwestern befinden sich zwangsläufig in Konkurrenz zueinander, auch wenn sie sich als Freundinnen betrachten. So pflegte ich beispielsweise scherzhaft zu meinen Eltern zu sagen, dass sie mir offensichtlich mehr bedeuteten als ich ihnen, weil sie drei Töchter hätten, ich aber nur eine Mutter und einen Vater. Und obwohl ich das mit einem Augenzwinkern sagte, stimmte es. Meine ganze kindliche Liebe und Hingabe ging an sie, während sie ihre elterliche Zuneigung auf drei Kinder verteilen mussten. In Familien mit mehr als einem Kind schränkt also jedes zusätzliche Kind die verfügbaren Ressourcen notwendigerweise ein – Zeit und Aufmerksamkeit ebenso wie finanzielle Mittel. Eingeschränkte Ressourcen aber führen zwangsläufig zu Konkurrenz, und sobald Wettbewerb herrscht, erscheint es sinnvoll, den Rivalen zu schwächen oder sogar ganz auszuschalten.

Es gibt einige nichtmenschliche Spezies, denen diese destruktiven Impulse gegenüber Geschwistern angeboren sind.[6] Bestimmte Vogelarten etwa legen immer ein zweites Ei als Reserve, das nur dann gebraucht wird, wenn das erste Küken stirbt. Sofern der zuerst geschlüpfte Vogel gesund und munter ist, besteht eine seiner Aufgaben darin, das zweite Küken aus dem Nest zu schubsen, sobald es aus dem Ei geschlüpft ist, d.h., der Tod des zweiten Kükens ist notwendig, um das Überleben des ersten zu sichern. Einige Kaulquappen fressen wiederum bei knappem Nahrungsangebot ihre Geschwister auf, und die Embryonen des Sandtigerhais vertilgen ihre Geschwister sogar schon im Mutterleib. Gleichgeschlechtliche Zwillinge der Tüpfelhyäne kämpfen im Bau erbittert miteinander, bis sich eines der Jungtiere ergibt – und möglicherweise an Unterernährung oder den erlittenen Verletzungen stirbt.

Die Konkurrenz zwischen menschlichen Geschwistern nimmt zwar selten solch extreme Formen an, ist aber ebenfalls unvermeidlich und kann sich subtil oder offen zeigen. Ein Beispiel: Meghan und June wollten ihren Eltern ein Foto von sich schenken und engagierten dafür einen Fotografen. Als die Abzüge kamen, beklagte sich Meghan, dass sie auf den Aufnahmen so hässlich aussehe. June versicherte ihr, dass sie sehr gut getroffen sei, und die Schwestern rahmten eines der Bilder und übergaben es den Eltern. Noch Jahre danach empfand June jedes Mal, wenn sie das Foto sah, eine Mischung aus Befriedigung und schlechtem Gewissen – Befriedigung deshalb, weil Meghan tatsächlich unvorteilhaft getroffen war, während sie selbst gut aussah, und ein schlechtes Gewissen, weil sie wusste, dass sie es damals gleich hätte zugeben und neue Fotos hätte machen lassen sollen.

Fotos sind übrigens häufig ein zentraler Gegenstand der Konkurrenz, weil sie auf greifbare Weise Aufmerksamkeit und sogar Liebe zu symbolisieren scheinen. Die Anzahl der Fotos von jedem Kind nimmt meist mit der Stellung des Kindes in der Geschwisterfolge ab, d.h., je jünger das Kind, desto weniger Fotos, sodass die Jüngste irgendwann feststellt, dass es viel mehr Bilder von den Geschwistern gibt als von ihr. Dieses Muster kann sich noch bis ins Erwachsenenalter fortsetzen: Tamara freute sich sehr für ihre beiden älteren Geschwister, als sie heirateten. Über die Nachwirkungen war sie allerdings weniger erfreut, denn die Hochzeitsfotos von ihrem Bruder und ihrer Schwester breiteten sich bald auf jeder freien Fläche ihres Elternhauses aus wie Unkraut in einem vernachlässigten Garten.

Tamara ist nicht die Einzige, die sich über dieses Ungleichgewicht ärgert, denn auch viele andere Frauen kontrollieren und vergleichen die Fotos im Haus der Eltern. Wie viele gibt es von jeder, wie groß sind sie, wie sichtbar? Auch Frauen, die bereits eigene Kinder haben, registrieren oft mit derselben Aufmerksamkeit, wie viele Fotos die Eltern von den Kindern der Schwester aufgehängt haben. Plötzlich ist das eigene Foto in den Hintergrund verschwunden, während das der Schwester vorne steht. Und in der Fotomontage, die den Kühlschrank schmückt, ist das Bild des eigenen Kindes, das auf Augenhöhe hing, auf mysteriöse Weise nach unten gerutscht oder wird von einem Foto mit den Kindern der Schwester überdeckt. Dieser Fotowettbewerb ist ein Ausdruck von Konkurrenz, aber auch von Verbundenheit, denn man neigt dazu, Bilder zu vergleichen, wie auch Geschwister miteinander verglichen werden.

Von Anfang an

Das Band, das Schwestern miteinander verknüpft – das Band der Verbundenheit wie auch des Wettbewerbs – ist in der gemeinsamen Vergangenheit verankert. Als kleine Kinder bestand die Welt für uns vor allem aus Eltern und Geschwistern, und wenn sich die Welt auch später erweitert, lebt die Kindheit auf einer bestimmten Ebene dennoch in uns weiter.

»Wenn ich mit meiner Schwester zusammen bin, fühle ich mich oft wieder wie ein kleines Mädchen und benehme mich dann auch so!«, sagten mir viele Frauen. Sich wieder wie ein Kind fühlen zu können kann ein großes Glück sein: mit dem Spitznamen von früher angeredet zu werden oder gemeinsam herumzualbern wie damals, denn das Kind in uns ist nach wie vor lebendig. Die körperlichen Merkmale des Erwachsenseins und des fortschreitenden Alters sind dagegen oft nur eine Maske, hinter der sich unser wahres Selbst verbirgt, sodass es überaus befreiend sein kann, das Kindheits-Selbst wieder herauslassen zu können.

Meine Studentin Hannah Yates beschrieb, wie sie ihre eigene Mutter in Gegenwart ihrer drei Schwestern, also Hannahs Tanten, erlebt:

> »Im Beisein ihrer Schwestern kommt mir meine Mutter immer viel jünger (und glücklicher) vor: Sie reagiert dann auf Dinge, die sie sonst gar nicht berühren, und lässt sich sogar von ihnen auf den Arm nehmen. Manchmal wirkt sie in ihrem Beisein genauso verschmitzt wie ich, wenn ich meinen Bruder in Rage bringen will. – Und ich wundere mich auch immer wieder, was für unglaublich kitschige Geburtstagskarten sie ihnen schickt.«

Andererseits gibt es auch Elemente in der Kindheit, die man lieber nicht noch einmal erleben möchte. Es reiche schon, über ihre Schwestern nur zu *reden*, sagte mir eine Frau, und sie bekäme sofort das Gefühl, wieder Kind zu sein, und zwar auf äußerst unangenehme Weise: in eine Zeit zurückversetzt zu werden, in der man sich inkompetent fühlte oder sich in Gegenwart der Schwester ganz unscheinbar vorkam, weil sie älter und tüchtiger oder jünger und liebenswerter schien, weil sie immer perfekt war oder immer in Schwierigkeiten steckte, weil sie klüger oder schöner oder kontaktfreudiger war. Aus einer Vielzahl von Gründen haben nicht wenige Frauen das Gefühl, neben ihrer Schwester kleiner und schwächer zu werden oder sogar völlig hinter ihr zu verschwinden.

»Ich bin auch noch da!«

Jeder Mensch wünscht sich, dass sein Gegenüber, vor allem aber die eigene Familie, ihm zuhört und ihn so sieht, wie er wirklich ist. Deshalb zeigen auch Kommentare wie »Sie versteht mich« oder »Sie weiß immer sofort, was ich sagen will«, was viele Frauen an ihren Schwestern besonders schätzen. Und daher schmerzt es umso mehr, wenn die eigene Schwester nicht zuhört oder zwar zuhört, aber uns falsch versteht, oder wenn sie uns nicht wahrnimmt.

Marge ist beruflich erfolgreich, glücklich verheiratet und versteht sich gut mit ihren erwachsenen Kindern. Nur wenn sie mit ihrer Schwester zusammen ist, kommt sie sich immer wie ein linkischer Teenager vor. Trotz der Bestätigung, die sie durch ihre Arbeit, Familie und Freunde erfährt, gibt ihr die Gegenwart der Schwester stets das Gefühl, ihr fehle noch ein letztes »Gütesiegel« – das sie nie bekommt und worum sie sich zu ihrem eigenen Ärger bis heute vergeblich bemüht. Als zum Beispiel ein Buch von ihr veröffentlicht wurde, zeigte sie es sofort der Schwester. »Du meine Güte! Von dem Verlag hab ich ja noch nie was gehört. Wie soll das denn jemand finden?«, war die Reaktion, und Marge fragte sich, warum sie so emotional auf diese kleine Bemerkung reagierte. Ihr dämmerte, dass es mit ihrer Kindheit zusammenhängen musste, als ihr die Leistungen der Schwester immer viel beeindruckender vorkamen als die eigenen. Im ersten Moment fühlte sie sich deshalb wie ein kleines Kind, das wütend mit dem Fuß aufstampft und fordert: »Ich bin auch wichtig! Schaut mich an!«

Irene erging es ähnlich. Sie war aufgeregt, weil sie anlässlich eines Projekts von einem lokalen Fernsehsender interviewt worden war, und hatte allen erzählt, wann die Sendung ausgestrahlt werden würde. Ihre Freunde beglückwünschten sie hinterher zu ihrem gelungenen Auftritt, nur ihre Schwester rief einfach nicht an, also griff Irene schließlich selbst zum Telefon. »Wie fandest du es?«, fragte sie in freudiger Erwartung. »Was?«, fragte die Schwester zurück. »Mein Interview natürlich«, sagte Irene. »Ach das«, kam die Antwort. »Ich hatte es ganz vergessen.« Irenes Hochstimmung war schlagartig verflogen. Vermutlich hatte ihre Schwester gezielt »vergessen«, die Sendung anzuschauen, um den Erfolg von Irene, der die Anerkennung der anderen Menschen plötzlich viel weniger bedeutete, nicht kommentieren zu müssen.

Sowohl hier als auch bei Marge wollten die Schwestern die Leistungen der anderen vermutlich herunterspielen, um sich selbst vor dem Stachel der Eifersucht zu schützen. Eine Reaktion, die häufig aus der gemeinsamen Geschichte resultiert. In der Kindheit bedeutete mehr Aufmerksamkeit für die eine, dass die andere weniger davon erhielt, und diese Konkurrenz kann zur Gewohnheit werden.

Natürlich gibt es auch umgekehrte Beispiele: Als etwa eine Frau ein wichtiges Ziel in ihrer beruflichen Laufbahn erreicht hatte, schenkte die Schwester ihr eine wertvolle alte Schale, die von ihrer Großmutter an die Mutter und dann an sie weitergegeben worden war. Auf einer beigefügten Karte schrieb sie, dass sie die Schale nun der Schwester vermache, weil die Mutter und die Großmutter sicher sehr stolz auf sie gewesen wären.

Dieselbe Familie – oder?

Bei vielen Schwestern spielt echte Rivalität keine große Rolle, doch fast alle kennen einen engen Verwandten der Konkurrenz: den Vergleich. Jeder Mensch ist ein Individuum, jedes Leben einzigartig, doch in Anbetracht der Verbundenheit aufgrund einer gemeinsamen Familiengeschichte ist es kaum möglich, das eigene Leben nicht mit dem der Geschwister zu vergleichen. Eine Schwester ist wie man selbst in einem anderen Film, in dem man ein anderes Leben führt.

Wir alle empfinden mitunter Wehmut oder Bedauern über Wege, die wir eingeschlagen haben – über Entscheidungen, die wir getroffen haben, oder Möglichkeiten, die wir nicht wahrgenommen haben. Wenn dann die Schwester den Weg gewählt hat, den wir selbst nicht gegangen sind, oder einen Weg, der uns selbst verwehrt geblieben ist, werden wir immer wieder daran erinnert, durch welche Landschaft und zu welchen Ergebnissen diese Wege führen. Unterschiede bei den erreichten Zielen oder bei den Chancen, die uns offenstanden, erscheinen uns dann vielleicht ungerecht, weil wir doch in dieselbe Familie hineingeboren wurden. Aber in gewisser Weise ist das eine Illusion, denn Familien verändern sich im Laufe der Zeit auf unterschiedlichste Weise. Die Eltern selbst verändern sich ebenso wie auch der finanzielle Rahmen oder der Ort – Familien ziehen in ein größeres oder kleineres Haus, in eine andere Stadt oder in ein anderes Land. Daher stehen den Kindern mitunter auch ganz andere Wahlmöglichkeiten offen, oder die gleiche Wahl hat unterschiedliche Konsequenzen.

Ein gutes Beispiel sind die beiden Schwestern, die unterschiedliche Colleges besucht hatten: Die eine war in eine andere Stadt gegangen, die jüngere dagegen hatte während ihrer Studienzeit weiter bei den Eltern gewohnt, was sie im Nachhinein bedauerte. Bei ihr als dem jüngsten Kind hatte die Mutter sich quergestellt und ihr ein eigenes Auto versprochen, wenn sie zu Hause bliebe, und einem solchen Angebot hatte sie nicht widerstehen können. Der älteren hatte die Mutter den Abschied dagegen leicht gemacht, weil die jüngere Schwester zu diesem Zeitpunkt ja noch zu Hause lebte. Die Stellung in der Geschwisterreihe führte also in diesem Fall hinsichtlich des

Auszugs aus dem Elternhaus zu einer jeweils völlig anderen Konsequenz für die beiden Schwestern.

Ein Hauch von Casablanca

Ich bin überzeugt, dass die jüngere Schwester sich nicht nur deshalb für das nahe College entschieden hatte, weil das eigene Auto lockte, sondern auch, um der Mutter keinen Kummer zu machen – eine Geschichte, die mich sofort an meine eigene Vergangenheit erinnerte: Nach dem Collegeabschluss jobbte ich eine Weile, bis ich genügend Geld für eine Europareise gespart hatte, und landete schließlich als Englischlehrerin in Griechenland. Wieder zu Hause beschloss ich schon bald, dass Griechenland der Ort war, an dem ich bleiben wollte. Also kehrte ich auf unbestimmte Zeit zurück und erinnere mich noch heute, dass ich eines Morgens erwachte und mir voll Freude bewusst wurde, dass ich den großen Schritt gewagt hatte: Ich lebte in Griechenland.

Doch da ist noch ein anderes Bild, das ich mit diesem Abschnitt meines Lebens verbinde und das immer noch schmerzt. Meine Mutter hatte damals Himmel und Hölle in Bewegung gesetzt, um mich davon abzuhalten, nach Griechenland zu gehen. Gleichzeitig war sie die Einzige, die mich am Tag der Abreise zum Pier begleitete, von wo mein Schiff ablegen würde (Ich nahm das Schiff, weil ich auf diese Weise mehr Sachen mitnehmen konnte als im Flugzeug). An Bord stand ich an der Reling und winkte ihr zum Abschied zu. Der Anblick meiner Mutter, die allein auf dem Kai stand und zurückwinkte, zerriss mir das Herz, und noch heute fällt es mir schwer, diese Szene zu beschreiben. Ich hatte plötzlich das Gefühl, dass ich mir mein griechisches Abenteuer, so aufregend es auch war, mit dem Glück meiner Mutter erkaufte. Und um das Maß vollzumachen, stach ich auch noch genau an ihrem Geburtstag in See.

Auf gewisse Weise ließ ich meine Mutter tatsächlich allein zurück, als ich ins Ausland ging. Damals waren meine beiden Schwestern bereits verheiratet und hatten unser Elternhaus längst verlassen, während ich immer noch da war, sodass bei ihrem Abschied das Nest noch nicht vollständig leer war. Das geschah erst, als auch ich in die Welt hinauszog.

In einigen Kulturen war es früher üblich, dass die jüngste Tochter unverheiratet blieb, damit sie die Eltern im Alter versorgen würde. Aus diesem Grund konnte auch die Heldin des Romans *Bittersüße Schokolade*, der Anfang des 20. Jahrhunderts in Mexiko spielt, den Mann, den sie liebte, nicht heiraten. Ein solches Opfer wird zwar heute nicht mehr von erwachsenen Kindern erwartet, aber es macht doch immer noch einen Unterschied, ob jüngere Geschwister zuhause leben, wenn man auszieht, oder ob man die Letzte ist, die die Eltern zurücklässt. Das Bild des auslaufenden Schiffes und meiner Mutter, die allein an Land zurückblieb, spiegelt wider, was geschieht, wenn das letzte (oder einzige) Kind erwachsen wird und das Zuhause verlässt, und zeigt zugleich, dass dieselbe Familie für jede Tochter anders ist und eine scheinbar gleiche Entscheidung ganz unterschiedliche Auswirkungen hat.

Es ist mein Leben – und deins

Vergleiche sind nicht der einzige Grund, aus dem Schwestern starke Gefühle für ihre gegenseitigen Entscheidungen entwickeln. Aufgrund ihrer Verbundenheit können die Entscheidungen, die eine von ihnen trifft, das Leben der jeweils anderen beeinflussen oder sogar vollkommen verändern. Ein häufiges und augenfälliges Beispiel ist die Entscheidung, das Elternhaus zu verlassen oder vorübergehend oder dauerhaft an einen weit entfernten Ort zu ziehen.

Viele von uns drängt es in entgegengesetzte Richtungen: Einerseits wollen wir bleiben, wo wir sind, an dem Ort, an dem wir unsere Wurzeln haben, wo wir geboren und aufgewachsen sind, in der Nähe der Menschen, die uns seit Kindertagen vertraut sind: Eltern, Verwandte und Freunde. Andererseits wollen wir diesen Ort verlassen: Die Wurzeln kappen, neue Welten entdecken, den unangenehmen Aspekten des Ortes, den wir kennen, und der Menschen, mit denen wir aufgewachsen sind, entfliehen. Zwei Herzen schlagen in unserer Brust, eins zieht uns in die Ferne, und das andere hält uns zu Hause. Wenn wir selbst in der Nähe der Eltern geblieben und die Schwester weit gereist ist oder umgekehrt, erinnert sie uns ständig an die Möglichkeiten, die wir nicht ausgelebt haben. Sie verkörpert diejenige Seite von uns selbst, die dieses andere Leben verführerisch – oder beängstigend – gefunden hat. Die Art, wie wir auf die Schwester reagieren (jede denkbare Kombination von Gefühlen, einschließlich Bewunderung, Neid, Missbilligung und Geringschätzung), kann widerspiegeln, wie wir das Leben, das sie gewählt hat und wir nicht, beurteilen. Zudem ändert die Entscheidung, die sie getroffen hat, auch unser eigenes Leben.

Wenn Geschwister aus irgendeinem Grund das Elternhaus verlassen – um zu studieren, zu heiraten, einen Job anzutreten oder einfach um ihr eigenes Leben zu führen – verändert sich die Welt derjenigen, die zurückbleiben. Manchmal reagiert eine Schwester, die allein bei den Eltern bleibt, hellauf begeistert, weil nun endlich Schluss ist mit den Frotzeleien und dem Streiten über Banalitäten und weil sie von nun an die ungeteilte Aufmerksamkeit der Eltern erhält. Vielleicht bekommt sie ihr eigenes Zimmer oder wird endlich einmal wahrgenommen.

Eine Mutter berichtete mir, dass sie nach dem Auszug der ältesten Tochter entdeckte, dass »die Jüngere sprechen konnte«. Häufig fühlt sich die zurückgelassene Schwester allerdings auch verlassen – so erging es mir, als meine Schwester Mimi heiratete. Wie immer die Umstände sein mögen – wenn ältere Schwestern gehen, weil sie eine Entscheidung für ihr eigenes Leben getroffen haben, ändert sich auch das Leben der jüngeren Geschwister grundlegend.

Ressentiments gegenüber einer Schwester, die ausgezogen oder weggezogen ist, können unterschwellig bestehen bleiben und in unerwarteten Momenten zum Ausbruch kommen. Bernice wurde daran erinnert, als sie sich mit ihrer Schwester über die Eltern unterhielt, die vor Jahren gestorben waren. In einem Punkt wichen ihre Erinnerungen allerdings voneinander ab. Da sie eine ganz lockere Unterhaltung führten, wurde Bernice unvorbereitet von dem anklagenden Ton getroffen, in dem ihre Schwester sagte: »Du bist fortgegangen«. Bernice war überrascht von diesem Groll, weil es über vierzig Jahre her war, dass sie geheiratet hatte und »fortgegangen« war. Doch es gibt einen fundamentalen Unterschied, der erklären könnte, warum ihre Schwester sich deutlicher erinnerte als sie. Bernice traf die Entscheidung zu heiraten; ihre Schwester hatte keine Möglichkeit, sich dafür oder dagegen zu entscheiden, dass sie zurückblieb.

Die Wirkung, die der Auszug der einen Schwester auf das Leben der anderen hat, ist besonders gravierend, wenn die Eltern oder andere Verwandte älter werden und mehr Hilfe benötigen. Die Tochter, die am nächsten bei den Eltern lebt, bekommt normalerweise den Löwenanteil der Verantwortung. Da sie diese Wahl nicht selbst getroffen hat, kann ihr Groll in Gesprächen, die scheinbar nichts mit dem Thema zu tun haben, durchsickern – zur Verblüffung und zum Leidwesen der Schwester, die fortging.

Lillian und Vera sind Schwestern und beste Freundinnen. Doch wenn sie telefonieren, macht Vera, die immer noch in der Nähe der Eltern lebt, manchmal spitze Bemerkungen über Lillians Entscheidung, in eine weit entfernte Stadt zu ziehen. Vera sagte beispielsweise: »Du bist nicht hier. Wir haben keine Ahnung, was du so treibst. Du könntest sonst was machen.« Das kränkte Lillian – nicht weil sie glaubte, ihre Schwester unterstelle ihr, etwas Unredliches zu tun, sondern weil sie das Gefühl hatte, unvermittelt von der Seite gerammt zu werden, während sie gedacht hatte, dass sie einträchtig nebeneinanderher fuhren. Als Vera sagte: »*Wir* haben keine Ahnung …« verbündete sie sich zudem mit den Eltern und tat so, als ob die Drei eine Einheit bildeten und Lillian allein auf der anderen Seite stünde. Lillian fühlt sich Vera eng verbunden. Diese Verbundenheit verleiht Veras Worten die Macht, Lillian zu verletzen. Gleichzeitig punktet sie bei dem Wettbewerb um die Vertrautheit mit den Eltern. Auch wenn die Verbundenheit einem massiven Felsgestein gleicht, kann sie doch von einer Rivalitätsschicht überlagert werden.

Das hast du mit Absicht gemacht …

Das Mischungsverhältnis von Rivalität und Verbundenheit variiert von einem Schwesternpaar zum anderen – und manchmal auch bei ein und demselben Paar. Rivalität ist eine Form von Verbundenheit und kann auch in Situationen auftauchen, in denen eigentlich die schwesterliche Unterstützung im Vordergrund stehen sollte.

Shirley wartet darauf, dass Mona anruft und ihr sagt, wann sie sich treffen wollen. Ihre Ärger wächst: Seit Tagen versucht sie, ihre Schwester auf eine bestimmte Zeit festzunageln, aber Mona war sich nicht sicher, wann sie loskommen würde, wusste nicht, ob sie ihren Sohn noch beim Fußballtraining absetzten musste, konnte nicht einschätzen, wie der Verkehr sein würde. Doch irgendwann rief sie schließlich an. Die beiden trafen sich und verbrachten einen wunderschönen Tag miteinander. Shirleys Unmut war verflogen, sobald sie ihre Schwester sah und in die Arme schloss. Aber diese Art von Frustration, vor allem, wenn sie häufiger auftritt, kann Bemerkungen wie die folgende provozieren: »Ich liebe sie über alles, aber sie macht mich wahnsinnig.« Und die Äußerung könnte sowohl von Shirley als auch von Mona kommen. Shirley möchte gern im Vorfeld ganz genau wissen, was an einem bestimmten Tag auf dem Programm steht, aber Mona trifft Entscheidungen am liebsten auf den letzten Drücker. Die eine hat das Gefühl, ständig an der Nase herumgeführt zu werden, die andere fühlt sich unsinnigen Forderungen ausgesetzt.

Immer wenn zwei Menschen einen unterschiedlichen Stil haben, sind Frustrationen vorprogrammiert. Bei Freundinnen ist es leichter, die Unannehmlichkeit abzutun. »Na ja, Meryl kommt grundsätzlich zu spät« oder »Du kennst ja Chloe – die ist immer eine halbe Stunde zu früh dran«. Doch bei einer Schwester ist es schwieriger, weil kein Ende in Sicht ist. Unsere Wege – und Verhaltensweisen – kreuzen sich häufiger, deshalb werden wir bei jedem neuen Vorfall an den Ärger erinnert, den wir schon so oft empfunden haben. Und auch die Nähe als solche kann Unzufriedenheit erzeugen. Die Marotten einer Schwester gehen einem ähnlich auf die Nerven wie die eines Ehepartners oder Lebensgefährten – nicht nur die Angewohnheit, ständig zu spät oder zu früh aufzutauchen, sondern auch banale Merkmale wie die Neigung, Vorträge zu halten oder sich in Details zu ergehen, hochtrabende Ausdrücke zu benutzen oder Wörter falsch zu verwenden. Weil eine Schwester zur Familie gehört, fühlt es sich an, als sei sie unsere Repräsentantin gegenüber der Welt; alles, was sie tut, fällt auf uns selbst zurück.

Es gibt einen weiteren Grund, warum wir uns über das abweichende Verhalten der Schwester und die damit verbundenen Unannehmlichkeiten mehr ärgern als über dieselbe Marotte bei einer Freundin. Bei Schwestern entwickeln wir leicht den Verdacht, dass der Verdruss, den sie uns bereitet, nicht nur die unbeabsichtigte Folge eines anderen Wesens ist, sondern Absicht. Wir selbst sind uns vielleicht bewusst, dass wir uns weniger Gedanken darüber machen, wenn wir unsere Schwester auf die Palme bringen, als wenn wir eine Freundin verärgern, weil wir wissen, dass die Schwester uns auf alle Fälle verzeihen wird. Eine Freundin könnte beschließen, die Freundschaft aufzukündigen, aber eine Schwester kann nicht aufhören, unsere Schwester zu sein. Und wenn wir tief genug graben, stoßen wir möglicherweise auf einen winzigen (oder auch etwas größeren) Impuls, der uns drängt, die Schwester zu nerven, weil sie uns auch schon so oft genervt hat.

Laurie war mit dem Auto unterwegs, um sich mit einer Freundin zu treffen. Sie hatten sich in einem Restaurant verabredet, das Laurie noch nicht kannte. Obwohl sie sich penibel an die Wegbeschreibung gehalten hatte, hatte sie sich verfahren. Genau genommen irrte sie durch die Gegend, *weil* sie sich an die Wegbeschreibung gehalten hatte. Ihre Schwester hatte sie ihr gegeben, und obwohl Laurie wusste, dass es irrational war, hatte sie das Gefühl, ihre Schwester habe sie absichtlich in die Irre geführt. Sogar nachdem sie das Restaurant gefunden hatte, gärte der Ärger weiter in ihr. Ganz gleich, wie sehr sie versuchte, sich selbst vom Gegenteil zu überzeugen, sie wurde das Gefühl nicht los, dass ihre Schwester es darauf angelegt hatte, sie sinnlos im Kreis herumfahren zu lassen. Dieses Gefühl tat der Zuneigung, die sie für ihre Schwester empfand, keinen Abbruch und beeinträchtigte auch nicht ihre gegenseitige Nähe. Es war einfach ein Teil ihres Schwesterseins. Argwohn und Unterstützung können ohne Weiteres bei Schwestern nebeneinander bestehen.

Bin ich dir wichtig?

Da bei Schwestern neben ihrer tiefen Verbundenheit nicht selten auch Konkurrenz mit im Spiel ist, werden im Gespräch mitunter Beleidigungen vermutet, die gar keine sind. Dann kann die Unterscheidung zwischen Mitteilung und Metamitteilung hilfreich sein, um unnötige Verletzungen zu vermeiden.

Manchmal drückt man offen aus, wie viel die oder der andere einem bedeutet, etwa indem man ein Telefonat mit den Worten beendet: »Hab dich lieb.« Doch unabhängig davon, ob diese Worte ausgesprochen werden oder nicht, bewerten wir das Interesse und die Zuneigung, die andere uns entgegenbringen, nicht nur über die direkte Mitteilung, sondern auch anhand von Metamitteilungen. Das sind die Botschaften, die wir aus der Art und Weise ableiten, *wie* etwas gesagt wird, sowie aus der Tatsache, *dass* etwas gesagt oder eben auch nicht gesagt wird. Wenn wir mit jemandem sprechen, der uns nahesteht, achten wir auf solche Metamitteilungen und senden auch selbst welche aus, fassen sie allerdings oft auch anders auf, als sie gemeint sind. So wie bei Janet und ihrer Schwester Noreen:

Noreen teilte Janet mit, dass sie sich sehr über sie geärgert habe. Diese war völlig überrascht, weil für sie nichts vorgefallen war, und fragte nach dem Grund. Im Gespräch stellte sich dann Folgendes heraus: Janet besaß viele Abendkleider und hatte ihrer Schwester gegenüber öfter erwähnt, dass sie die meisten wahrscheinlich nie wieder anziehen würde, weil sie sie nur für berufliche Anlässe brauchte. Noreen dagegen hatte kein entsprechendes Outfit für ihren ersten und wahrscheinlich letzten Galaabend. Doch da Janet nie angeboten hatte, ihr ein Kleid zu leihen, musste Noreen sich eines kaufen. Janet war sprachlos. »Selbstverständlich hätte ich dir ein Kleid geliehen«, versicherte sie. »Ich wäre sogar überglücklich gewesen, dir eins zu geben. Aber du hast ja nie ein Sterbenswort gesagt. Wieso hast du mich denn nicht einfach gefragt?« »Ich habe darauf gewartet, dass du es mir anbietest«, antwortete daraufhin Noreen.

Janet kam sich vor, als sei sie bei einem Test durchgefallen, an dem sie ohne ihr Wissen teilgenommen hatte. Noch schlimmer aber war für sie, dass dieses »Durchfallen« anscheinend beabsichtigt gewesen war, weil sie ja unmöglich hatte wissen können, was ihre Schwester sich wünschte. Für sie war der Vorwurf daher völlig unsinnig.

Wenn man nur die Mitteilung betrachtet, nämlich das Ausleihen eines Kleides, hatte sie sicher Recht. Auf der Ebene der Metamitteilungen dagegen ergab auch der Standpunkt der Schwester Sinn: Hätte Janet ihr das Kleid angeboten, hätte Noreen nicht nur etwas zum Anziehen gehabt, sondern auch den Beweis, dass ihre Schwester auf sie schaut. Hätte Noreen von sich aus darum gebeten, hätte sie zwar das Kleid, nicht aber die Metamitteilung bekommen. Genau genommen erhielt sie in ihren Augen die gegenteilige Metamitteilung, nämlich: »Meiner Schwester ist es egal, wie es mir geht, also muss ich selbst sehen, wie ich klarkomme.«

Manche empfinden es als manipulativ zu erwarten, dass das Gegenüber eigentlich wissen müsste, was man denkt. Andere hingegen betrachten es als überflüssig auszusprechen, was man sich wünscht, nach dem Motto: »Wenn der anderen Person etwas an mir liegt, sollte sie sich in meine Lage versetzen können, dann weiß sie automatisch, was ich möchte oder brauche.« Beide Annahmen senden die Metamitteilung: »Ich hab dich lieb«, wenn auch auf unterschiedliche Weise. Die erste Annahme unterstellt: »Wer zur Familie gehört, fragt einfach.« Die zweite unterstellt: »Wer zur Familie gehört, weiß von allein Bescheid.« Wenn Schwestern von so unterschiedlichen Annahmen ausgehen, hört jede eine Metamitteilung, die gar nicht ausgesandt wurde. Wenn »zur Familie gehören« bedeutet, dass man direkt fragt, dann fühlt man sich weggestoßen, wenn man auf ein Angebot wartet. Wenn es bedeutet, dass man nicht fragen muss, dann fühlt man sich durch eine direkte Frage weggestoßen.

Metabotschaften erklären, warum eine Bemerkung von jemand Fremdem völlig an uns abprallen würde, uns hingegen völlig aus der Fassung bringt, wenn sie von der eigenen Schwester kommt. So sagte etwa eine Frau von ihrer Schwester: »Sie ist die Einzige, die es versteht, die Dinge so darzustellen, dass es mich aufregt. Ich reagiere dann automatisch darauf und weiß eigentlich noch nicht mal, wieso.« Genauso ratlos ist aber auch die Schwester.

Eine andere Frau erzählte, sie sei irritiert und verletzt, weil ihre Schwester oft sehr ärgerlich werde, wenn sie Witze oder lustige Bemerkungen mache, und dass sie vom Ausmaß der Wut immer wieder überrascht sei. Sie räumte allerdings ein, dass ihre Bemerkungen manchmal auch eine kleine Spitze enthielten, aber »nur eine ganz kleine«. Damit hatte sie schon den Kern getroffen, denn es bedarf keiner besonders scharfen Spitzen, um eine Schwester zu ärgern, die auf die Metamitteilung der Anerkennung von einem Menschen wartet, dessen Meinung so viel zählt. Jede Metabotschaft der Kritik – ob real oder eingebildet, groß oder klein – trifft dann ins Mark. Aber auch der unverhältnismäßige Ärger enthält eine Metamitteilung, die ausdrückt, wie wichtig die Worte der Schwester für sie sind.

Das Entscheidende ist, wer entscheidet

Ein weiterer Punkt, der insbesondere in der Beziehung zwischen Schwestern eine große Rolle spielt, betrifft die Frage, wer das Kommando hat. Sie bezieht sich auf die Hierarchie aufgrund des Altersunterschieds, und auch hier ist es wichtig, auf die Metamitteilungen zu achten.

»Mutter hat am Donnerstag einen Arzttermin«, teilt Loretta ihrer Schwester Mara am Telefon mit. »Du könntest sie vielleicht hinfahren.« Doch Mara antwortet: »Tut mir leid, aber gerade dann kann ich nicht.« Also bringt Loretta die Mutter zum Arzt, und obwohl sie ihr gerne hilft, ist sie sauer auf die Schwester. Wieso soll immer sie ihre Pläne umwerfen, während es bei Mara meist unmöglich ist? Außerdem kümmert sie sich um die Rechnungen der Mutter und sorgt dafür, dass deren Kühlschrank immer voll ist. Auch das tut sie zwar gern, aber manchmal ist sie schon genervt, dass die Schwester sie darin so wenig unterstützt.

Auf den ersten Blick erscheint sie eindeutig im Recht zu sein, doch auf der Ebene der Metamitteilung sieht es anders aus. Der Arztbesuch ist die Mitteilung, während die Metamitteilung lautet: Loretta hat sich wie der Boss benommen und entschieden, dass der Arztbesuch Maras Aufgabe sei. Indem sie sich um den Termin kümmerte, hatte sie zwar zunächst mehr Arbeit, hat aber auch den Zeitpunkt festgelegt. Diese Metamitteilung könnte zumindest teilweise erklären, warum Mara sich weigert, die Aufgabe zu übernehmen.

Wie aber hätte Loretta die Situation anders handhaben können? Eine Möglichkeit wäre gewesen, vorab zusammen mit Mara eine Liste der notwendigen Hilfen für die Mutter zu erstellen und gemeinsam zu entscheiden, wer jeweils welche Tätigkeiten übernimmt. Wenn die Arztbesuche dann beispielsweise zu Maras Aufgaben gehörten, sollte die Schwester auch selbst die Termine ausmachen. So könnte sie die Zeiten wählen, die zu ihren eigenen Plänen passen, oder selbst entscheiden, welche Termine sie dafür absagen müsste. Die Mitteilung wäre dieselbe: »Mutter zum Arzt fahren«, aber die Metabotschaft wäre eine andere, nämlich »Ich kümmere mich eigenverantwortlich« anstatt »Ich lasse alles stehen und liegen, um zu springen, wenn meine Schwester pfeift.« Wenn man also auf die Metamitteilungen und nicht nur auf die Mitteilungen an sich achtet, wird Maras Reaktion verständlicher. Auf der Grundlage dieses Verständnisses kann Loretta eine andere Reaktion bei ihrer Schwester auslösen, wenn sie sich selbst anders verhält.

Ich kann nicht glauben, dass sie das gesagt hat!

Wenn wir die Metamitteilungen berücksichtigen, können wir leichter erkennen, dass etwas, was die Schwester sagt, zum Teil eine Reaktion auf unsere eigenen Worte ist. Wir können diese Reaktion verändern, indem wir etwas daran ändern, wie wir mit ihr reden. Auch wenn das nicht immer funktioniert, trägt das Verständnis von Metamitteilungen dazu bei, Licht in bestimmte Äußerungen zu bringen, die vorher völlig unerklärlich erschienen, und die dadurch verursachte Verwirrung oder Bestürzung aufzulösen.

In diesem Zusammenhang sehr aufschlussreich war auch ein Gespräch zwischen zwei Schwestern, das im Rahmen eines Seminars aufgezeichnet wurde:

Shannon wohnt einige Autostunden entfernt von der Stadt, in der sie aufgewachsen ist und in der ihre Schwester Carrie und die Eltern immer noch leben. Sie besucht sie, so oft sie kann, und würde auch gerne noch häufiger kommen, wenn sie über Nacht bleiben könnte, d.h., wenn es eine Schlafmöglichkeit für ihre kleine Tochter gäbe. Die Mutter hat Shannon gesagt, dass Carrie ihr ein ausrangiertes Gitterbett vorbeibringen wird, das dann für Shannons Besuche im Gästezimmer stehen soll. Aber Carrie schiebt den Transport des Kinderbetts immer wieder auf: Sie hat keine Zeit; es ist schwierig, das Bett im Auto zu verstauen; sie muss warten, bis ihr Mann ihr helfen kann, es die Treppe hochzutragen usw. Eines Tages fragt Shannon ihre Schwester während eines Telefonats, warum sie der Bitte der Mutter, das Bett vorbeizubringen, nicht nachkomme. Die Antwort der Schwester trifft Shannon völlig unvorbereitet: »Mutter will kein Kinderbett in ihrem Haus. Sie sagt das nur, um deine Gefühle nicht zu verletzen.« Später im selben Gespräch zieht Carrie den alten Pfeil aus ihrem Köcher: »Du bist ja schließlich diejenige, die sich entschieden hat, von zu Hause wegzugehen und woanders zu leben – also sieh zu, wie du damit klarkommst.«

Als Carrie Shannon sagt, dass die Mutter nur so tue, als wolle sie das Kinderbett, ist das nicht nur verletzend, sondern auch verwirrend. Spricht Carrie die Wahrheit, schmückt sie die Wahrheit ein bisschen aus, oder hat sie sich das Ganze einfach nur ausgedacht? Ich kenne die Antwort nicht, aber es ist interessant zurückzuverfolgen, wie die Äußerung aus dem vorangegangenen Gespräch entstanden ist. Solange sich der Streit um den ausstehenden Transport des Kinderbetts für Shannon drehte, war es eine Sache zwischen den beiden Schwestern. Schwestern sollten sich gegenseitig unterstützen, und deshalb sollte Carrie eigentlich motiviert sein, die Aufgabe zu erledigen. Aber Shannon erhöht den Einsatz – und weckt den Konkurrenzgeist –, indem sie ihrer Schwester nicht nur einen Mangel an Hilfsbereitschaft vorwirft, sondern noch einen weiteren, schwerwiegenderen Vorwurf erhebt, nämlich dass Carrie die Wünsche der Mutter missachte. Carries Behauptung, dass die

Mutter eigentlich gar kein Kinderbett im Haus haben will, ist eine Verteidigung gegen diese Anklage ebenso wie eine Gegenanklage, die den Einsatz noch weiter erhöht: Die Mutter habe Carrie, nicht jedoch Shannon erzählt, wie sie tatsächlich über die Sache denke.

Die verletzende Behauptung, dass sie im Gegensatz zu Shannon die wahren Gefühle der Mutter kenne, betrifft den Streit über das Kinderbett. Doch die Einbeziehung von Shannons weit zurückliegender Entscheidung, ihre Geburtsstadt zu verlassen, scheint aus heiterem Himmel zu kommen. Deshalb ist es wichtig, genauer zu betrachten, wie diese Äußerung mit dem zuvor Gesagten zusammenhängt. Die Aufforderung, ein Möbelstück zu transportieren, hat Carrie vielleicht einfach an all die anderen Aufgaben erinnert, die ihr zufallen, seitdem ihre Schwester nicht mehr in der gleichen Stadt lebt – ein Beispiel dafür, wie die Entscheidung einer Schwester auch das Leben der anderen berührt. Carries Bemerkung scheint in diesem Gespräch unangebracht, aber alles, was eine Schwester sagt oder tut, kann auch solche Themen wieder zum Leben erwecken, die längst vergessen und begraben schienen.

Daneben macht dieser Austausch ganz deutlich, dass wir Geschöpfe des Gesprächs sind. Gespräche machen uns aus – unsere eigenen ebenso wie die der anderen. Wenn wir an Menschen denken, die wir kennen, erinnern wir uns häufig an Dinge, die sie gesagt haben. Und wenn wir anderen von diesen Leuten erzählen und von unserer Beziehung zu ihnen, beschreiben wir sie oft, indem wir etwas wiederholen, was sie gesagt haben. Das galt auch für Shannon: Sie wiederholte im Laufe einer Unterhaltung zum Thema Schwestern die Äußerungen, die ihre Schwester gemacht hatte. Wir alle sagen mitunter zu anderen und zu uns selbst: »Ist es nicht unglaublich, dass sie das zu mir gesagt hat?« Wir sammeln erinnerte Kommentare wie Fotos in einem Album, bewahren sie auf, weil sie uns die Gefühle zurückbringen, die diese Menschen in uns geweckt haben. Doch wie Fotos reißen auch erinnerte Worte einen einzelnen Moment aus dem Zusammenhang, in dem sie entstanden sind. In einem Gespräch tauchen Bemerkungen nicht unvermittelt, voll ausgeformt aus dem Mund des Sprechers auf. Jede Äußerung ist immer auch eine Reaktion auf das zuvor Gesagte: Deshalb ergibt ihre Gesamtheit ein Gespräch. Und häufig wäre die Bemerkung, die wir herausheben, um eine andere Person zu charakterisieren (»Stell dir vor, dass sie so etwas zu mir gesagt hat!«), gar nicht gefallen, wenn wir nicht unmittelbar zuvor etwas gesagt hätten, durch das sie ausgelöst wurde.

Carries Vorwurf erscheint kleinlich und gehässig. Aber sie reagierte auf Shannons Andeutung, dass sie für das Kinderbett sorgen solle, weil dies der Wunsch der Mutter sei. In diesem Kontext ist es daher nicht überraschend, wenn Carrie dagegenhält, dass es keineswegs der Wunsch der Mutter sei. Was hätte sie sonst zu ihrer Verteidigung vorbringen sollen? Der Gegenangriff bringt sie allerdings in eine schwierige Position, weil die Mutter tatsächlich gesagt hat, es sei ihr Wunsch. Das lässt Carrie nur einen einzigen Ausweg. »Ja, Mama hat das zwar gesagt, aber sie hat es nicht so gemeint.« Und warum sollte die Mutter etwas sagen, was sie nicht meint? »Sie wollte deine Gefühle nicht verletzen.«

Ob meine Interpretation dieses Gesprächs zutreffend ist, weiß ich nicht, aber es macht doch deutlich, wie wichtig es ist, den gesamten Kontext zu betrachten, in dem eine Bemerkung geäußert wird. Und unabhängig von den Motiven der Sprecherinnen ist klar, dass beide abwechselnd noch einmal nachlegten und die ursprüngliche Metabotschaft verschärften: Von »Du bist keine gute Schwester, weil du das nicht für mich tun willst« über »Du bist keine gute Tochter, weil du das nicht für Mama tun willst« bis hin zu »Mama sagt mir die Wahrheit, aber dir nicht«, wobei Letzteres impliziert »Ich gewinne, du verlierst« in einem der elementarsten Schwestern-Wettbewerbe: Wer steht Mutter und Vater näher?

Wie das Schmusen mit einer Katze

Viele der angeführten Frustrationserlebnisse zwischen Schwestern stammen von Frauen, die mir erzählt haben, dass sie ihrer Schwester sehr nahestehen und sie über alles lieben. Die Konkurrenz zwischen Schwestern hebt die Verbundenheit nicht auf. Weil Schwestern ihr Leben lang Schwestern bleiben, ganz gleich, ob sie einander häufig, selten oder gar nicht sehen (und sogar, wenn eine von ihnen gestorben ist), entwickelt und verändert sich die Verteilung von Verbundenheit und Konkurrenz im Laufe der Zeit.

Cecile telefonierte mit ihrer Schwester, allerdings sprachen sie nicht, weil ihnen irgendwann die Themen ausgegangen waren. Trotzdem legten sie beide nicht auf. Sie verbrachten einfach Zeit miteinander. Das tun sie, wie Cecile mir erklärte, weil das Wissen, dass die andere da ist, etwas Tröstliches hat, wie »das Schmusen mit einer Katze«. »Wenn eine von uns los muss«, fügte sie hinzu, »fühle ich mich immer irgendwie einsam.« Mehrere Monate, nachdem Cecile mir das erzählt hatte, fragte ich sie nach ihrer Schwester. Zu meiner Überraschung und Enttäuschung antwortete sie, dass sie nicht mehr mit ihr spreche. Ich hätte nicht überrascht sein sollen: Ich weiß, dass Schwesternbeziehungen nicht unveränderlich und schon gar nicht immer leicht sind.

Ich war darauf vorbereitet, die Anekdote mit dieser Erkenntnis ad acta zu legen: Nur wenige Schwestern sind exakt so, wie man es gern hätte, schon gar nicht die ganze Zeit. Schließlich will auch eine Katze nicht ständig beschmust werden. Aber die Geschichte ging anders aus. Als ich meine letzte Überarbeitung dieses Kapitels vornahm, erhielt ich einen Anruf von Cecile. Sie wollte mir mitteilen, dass sie – nach mehr als einem Jahr – wieder mit ihrer Schwester rede und dass sie wieder gemeinsam bei offener Telefonleitung »abhingen«. Durch das Jahr, in dem sie nicht miteinander gesprochen hatten, war der Draht zwischen ihnen nicht wirklich abgerissen. Ganz im Gegenteil – aufgrund der Stärke der Verbundenheit und der tiefen Zuneigung, die Cecile empfand, konnte ihre Schwester sie überhaupt erst so tief verletzen, dass sie den Kontakt abbrach. Das Jahr des Schweigens war ein ebenso beredtes Zeugnis der dauerhaften Verbundenheit dieser Schwestern wie die Tatsache, dass sie Trost aus der Gesellschaft der anderen über eine offene Telefonleitung schöpften.

2. »Wir stehen uns nahe, sind aber verschieden«

Vergleich und Gegensatz

Wann glaubt eine Abiturientin, die in allen Fächern die besten Noten in der Klasse hat und Zehntbeste ihres Jahrgangs ist, dass sie nicht klug sei? Wenn ihre Schwester als Zweitbeste abgeschnitten hat. Wann fühlt sich ein Mädchen mit 1,61 Meter wie eine »Riesin«? Wenn ihre Schwester nur 1,55 Meter groß ist.

Indem wir Menschen bestimmten Rastern zuordnen, erscheint die Welt überschaubarer, was mitunter dazu führt, sich gegenseitig in Schubladen zu stecken, die jedem eine feste Identität zuweisen.

Fast jede Frau, mit der ich sprach, beschrieb sich selbst und ihre Schwester als gegensätzlich: »Meine Seite unseres Zimmers war immer ordentlich, ihre immer ein einziges Chaos.« oder »Sie war die Brave, ich die Rebellin.« Oder »Ich war der Bücherwurm, sie die Sportliche.« Die unterschiedlichen Kategorien, mithilfe derer sich Schwestern vergleichen, beinhalten natürlich auch körperliche Merkmale wie Körpergröße oder Haarfarbe.

Auch bei mehreren Mädchen in der Familie verglichen sich die Frauen meist nur mit einer der Schwestern. In einem Artikel in der *Washington Post* erzählten sechs Schwestern, dass sie sich selbst als zwei Dreiergruppen betrachteten, wobei sie diese Dreiergruppen anhand von bestimmten dualen Merkmalen differenzierten:[1] »Bei uns ist alles drei plus drei: Blutgruppe, wer im Supermarkt lieber Papier- statt Plastiktüten nimmt, wer eine Collegeausbildung hat oder nicht, oder wer nur mit Strohhalm trinkt und wer nicht.« Es spielt dabei keine Rolle, ob eine Kategorie besonders wichtig ist wie etwa der Collegeabschluss oder die Vorliebe für Strohhalme – alles kann in ein Raster von Gemeinsamkeiten und Unterschieden eingeordnet werden.

Sie ist die Schöne, ich hab den Grips

Zu den Kategorien, nach denen Schwestern sich selbst einordnen oder von anderen eingeordnet werden, gehören auch die »Schöne« und die »Kluge«. Dass dies mehr über unser Bedürfnis nach Schubladen aussagt als über reale Faktoren, zeigt sich daran, dass ich – neben anderen – auch Gespräche mit Schwestern führte, die sich jeweils in genau der oben genannten Weise charakterisierten, aber eineiige Zwillinge waren!

Mädchen werden oft schon früh nach ihrem Äußeren beurteilt; in Filmen, im Märchen und in Liedern verliebt sich der Held meist auf den ersten Blick in die Heldin, weil sie so schön ist, wobei die körperliche Erscheinung für den inneren Wert steht.

Ich bin mit einer Familiengeschichte aufgewachsen, die diese Auffassung von Schönheit widerspiegelt. Mein Vater sprach häufig von seiner geliebten Großmutter, die ein wichtiger Teil seiner Kindheit in Warschau war. Nachdem er von ihren vielen wunderbaren Eigenschaften erzählt hatte, fügte er immer traurig hinzu, dass ihr Ehemann sie nie wirklich geliebt habe. Die große und einzige Liebe seines Großvaters war ihre Schwester, seine erste Frau, die bei der Geburt des ersten Kindes gestorben war. Nach jüdisch-orthodoxer Tradition hatte er als Witwer die Pflicht, die Schwester seiner verstorbenen Frau zu heiraten. Mein Vater beendete seine Geschichte mit folgender Erklärung: Sein Großvater hatte seine erste Frau geliebt, weil sie wunderschön war, aber ihre Schwester, seine zweite Frau und die Mutter seiner nächsten fünfzehn Kinder, hatte er nicht geliebt, weil sie es nicht war.

Das Äußere hat so viel mit dem inneren Wertgefühl einer Frau zu tun, dass Vergleiche in diesem Bereich besonders gefährlich sind. »Du bist fast so schön wie deine Schwester«, sagte eine Großmutter einmal ganz unbekümmert zu ihrer Enkelin im Teenageralter und meinte, ihr damit ein Kompliment zu machen. Solche Vergleiche werden schnell als Beleidigung aufgefasst, sodass eine Bewertung wie »Deine Schwester ist eine Augenweide« auch als unausgesprochenes »du aber nicht« verstanden werden kann.

»Meine Mutter sagt meiner Schwester und mir öfter, dass wir hübsch seien«, schrieb mir eine Studentin, »meist in Gegenwart der jeweils anderen, aber nie zu beiden. Wenn meine Mutter das zu meiner Schwester sagt, habe ich immer sofort das Gefühl, hässlich zu sein.«

Gleiches gilt auch für das Etikett des Klugseins. »Wenn ich mein Zeugnis bekam, versicherten meine Eltern mir immer, wie stolz sie auf mich wären. Doch ungeachtet der Tatsache, dass meine Schwester für ihr Zeugnis genauso gelobt wurde, beklagte sie sich später, dass unsere Eltern mich immer für die Klügere gehalten und deshalb auch mehr geliebt hätten.«

In Anbetracht des Umstands, dass bei Frauen oft auf das Äußere geachtet wird, könnte man meinen, dass die hübschere Schwester auch die besseren Karten hätte. Das trifft aber oft auch gerade nicht zu. Eine Frau, von Beruf Sozialarbeiterin, beneidete ihre Schwester, die als Anwältin arbeitete: »Ich wünschte, ich hätte auch Jura studiert, aber mir kam nie in den Sinn, dass ich klug genug dafür wäre.« In ihrer Familie galt ihre Schwester als die Intelligente, sie als die Hübsche.

Wir stehen uns nahe und sind uns fremd

»Woran schreiben Sie gerade?«, fragte mich einmal eine Frau.

»An einem Buch über Schwestern«, antwortete ich. »Haben Sie eine?«

»Ja«, erwiderte sie und fügte hinzu: »Meine Schwester und ich standen uns allerdings nie besonders nahe. Wir sind einfach zu verschieden.«

Ich musste lachen, denn in dieser kurzen Bemerkung war alles enthalten, was fast alle Frauen, mit denen ich sprach, früher oder später auch sagten – unabhängig davon, ob sie ein enges Verhältnis zu ihren Schwestern hatten oder nicht. Kommentare wie: »Die Leute können kaum glauben, dass wir Schwestern sind, so verschieden sind wir«, impliziert die Vorstellung, dass Schwestern sich eigentlich gleichen müssten.

Als ich an einem Buch über Mütter und Töchter arbeitete, bekam ich den Ausspruch: »Wir sind uns sehr ähnlich« genauso häufig zu hören wie das Gegenteil, nämlich »Wir sind völlig verschieden«. Bei meinen Gesprächen mit Schwestern tauchte zwar auch beides auf, aber die Betonung der Verschiedenheit war hier wesentlich ausgeprägter. Dies zeigt nach meinem Dafürhalten nicht unbedingt die echten Gemeinsamkeiten oder Unterschiede zwischen Schwestern im Gegensatz zu Müttern und Töchtern, sondern ist eher ein Ausdruck des eigenen Selbstverständnisses. Meine Studentin Hannah Yates etwa meinte, dass sie ihre Mutter und deren drei Schwestern so erlebe, als würden sie sich ineinander widergespiegeln, woraufhin Hannahs Mutter meinte, dass alle vier Schwestern ja eigentlich dächten, völlig verschieden zu sein, und noch hinzufügte: »Solange ich denken kann, hatte ich immer das Gefühl, ganz anders zu sein als der Rest der Familie. Als kleines Kind bis zum frühen Erwachsenenalter war es mir immer ein Rätsel, wieso ich in dieser Familie gelandet war und dachte oft, dass ich irgendwann meine ›richtige‹ Familie finden würde. In meiner Vorstellung sah ich mich selbst als unruhige kleine Seele, die ganz begierig darauf war, einen Körper zu finden und vor lauter Ungeduld schließlich in die falsche Familie gehüpft ist.«

Viele Frauen haben die Erfahrung gemacht, dass sie sich irgendwie fremd oder anders fühlten, was eine große Nähe aber keineswegs ausschließt. Frauen, die mir versicherten, sie stünden ihren Schwestern sehr nahe, sagten trotzdem genauso oft »Wir sind verschieden« wie Frauen, die von einem eher distanzierten Verhältnis berichteten.

In diesem Zusammenhang sehr aufschlussreich ist die Art, wie eine Schwester und ein Bruder (das engste Bruder-Schwester-Paar, das ich kenne) ihre Beziehung beschrieben, nachdem ich sie per E-Mail darum gebeten hatte. Die Schwester schrieb: »Obwohl wir beide uns in vieler Hinsicht ähnlich sind« (sie nannte einige Beispiele), schätzen wir auch die Dinge, die uns ganz verschieden machen.« Sie erörterte einige ihrer Unterschiede und wie sie dazu beitrugen, dass sie einander gegenseitig schätzten und liebten. Der Bruder zählte auch viele Punkte auf, die ihr positives Verhältnis und die gegenseitige Wertschätzung begründeten, aber er sagte nichts über Ähnlichkeiten oder Unterschiede. Für die Schwester wie für praktisch alle Frauen, die ich interviewte, waren die Gemeinsamkeiten und Unterschiede, von denen sie mir erzählten, ein Ordnungsprinzip für ihre Darstellungen.

Die Einschätzung der Nähe und die Beurteilung der Gleichheit oder Verschiedenheit sind für Schwestern offenbar nicht nur eine Methode, um ihre Beziehung zu verstehen und zu erklären, sondern auch im Hinblick auf die noch tiefer gehende Frage wichtig: »Wer bin ich?«

So nah und doch so fern

Unbewusst ordnen wir Menschen, die wir kennen, aber auch alles andere um uns herum entsprechend der jeweiligen Nähe oder Distanz zu uns selbst in einen fortlaufenden Zusammenhang ein. Der Linguist A.L. Becker bezeichnet dies als kontinuierliche Merkmalsabstufung der Person (*cline of person*)[2], wobei sich diese Differenzierung des relativen Abstands in der Sprache ausdrückt, angefangen bei den Pronomen »ich« und »du« bis hin zu »dies« (nah) und »jenes« (weiter entfernt), »hier« (nah) und »dort« (weiter entfernt), »jetzt« (nah) und »dann« (weiter entfernt). Diese sprachliche Abstufung erfolgt auch in anderen Kategorien. Tiere zum Beispiel können »Haustiere« (nah) sein oder Wildtiere (weiter entfernt); Menschen fallen in die Kategorien »Verwandte« (nah) und Freunde (nah) oder Fremde (weiter entfernt).

Die Kategorien »nah« oder »fern« stehen also für eine graduelle Merkmalsabstufung, weil nah und fern keine Entweder-oder-Kategorien darstellen, sondern Fixpunkte in einem fortlaufenden Zusammenhang. Menschen, Gegenstände und Begriffe sind an bestimmten Stellen auf diesem Kontinuum angeordnet und nicht auf das eine oder andere Extrem festgelegt. »Hier« kann sich auf etwas beziehen, das man in der Hand hält oder das sich im Raum befindet; »dort« kann etwas bezeichnen, das auf der anderen Seite des Zimmers oder des Landes liegt. »Jetzt« bedeutet ebenso gut »in diesem Augenblick« wie auch »im gegenwärtigen Zeitalter«; »damals« kann »gestern« oder »im letzten Jahrhundert« bedeuten. Dasselbe gilt auch für Personen. Neben den zwei Kategorien »Familie« und »Fremde« unterscheiden wir auch noch zwischen Mitgliedern unserer Kernfamilie, der weitläufigeren Familie und Freunden, die wie Familie für uns sind. Manche Verwandte sind uns näher, während wir zu anderen ein eher distanziertes Verhältnis haben, entweder aufgrund des Verwandtschaftsgrads (Geschwister sind uns näher als Cousins und Cousinen, direkte Cousins näher als Schwippcousins) oder aufgrund persönlicher Sympathien (ein bestimmter Cousin kann uns näher sein als ein Bruder oder eine Schwester).

Die kontinuierliche Merkmalsabstufung der Person, d.h., wie wir Menschen und Gegenstände in Bezug auf Nähe oder Entfernung zu uns selbst wahrnehmen, ist eine grundlegende Methode, die Welt zu ordnen und unseren Platz in ihr zu finden. Und daher stellt sich auch immer wieder die Frage nach Nähe und Distanz. Doch wovon ist sie abhängig?

Gleich oder anders

Bei der Einschätzung von Nähe oder Distanz geht es vor allem um die Fragen: »Bist du so wie ich, oder bist du anders?« Frauen beantworten sich diese beiden Fragen meist gleichzeitig, wobei sich die Antworten immer wieder auch in Reaktion auf sich verändernde Situationen wandeln. Bei Schwestern scheint es manchmal so, als ob sie sich selbst kaum anders definieren könnten als über den Vergleich mit der anderen – als wäre die Schwester ein Spiegel, in dem sie sich selbst sehen (oder sehen, wie sie hätten sein können).

Dazu fällt mir die Geschichte ein, als meine Schwester Naomi mich einmal vom Flughafen abholte. Wir umarmten uns zur Begrüßung, traten einen Schritt zurück, musterten einander von oben bis unten und brachen dann in schallendes Gelächter aus. Der Grund war: Wir waren fast identisch angezogen – bis hin zu den schwarzen hohen Schnürschuhen. Diese Gleichheit freute uns, denn wir treffen uns nicht allzu oft, führen ein recht unterschiedliches Leben, und zwischen uns liegen acht Jahre Altersunterschied. Wir sehen auch sehr unterschiedlich aus (meine Schwester Mimi und ich stehen uns dagegen altersmäßig viel näher und sehen uns außerdem so ähnlich, dass wir früher oft für eineiige Zwillinge gehalten wurden). Naomi und ich freuten uns deshalb so sehr über die gleiche Kleidung, weil wir dies beide sofort als Beweis für unsere Verbundenheit verstanden.

Interessant war auch der Bericht der 80-jährigen Colleen Miller von ihrer geliebten älteren Schwester Jeanne, die zwei Jahre zuvor gestorben war. Obwohl sie als Erwachsene in unterschiedlichen Städten gelebt hatten, bestand eine große Nähe und Zuneigung zwischen den beiden. Colleen begann ihre Schilderung damit, dass sie von ihren Unterschieden erzählte, wie etwa den anderen Lebensumständen, aber »tief drinnen waren wir uns sehr ähnlich.« Sie betonte zum Beispiel, dass sie beide ihr Leben lang die Neigung hatten, sich um andere Menschen zu kümmern. Sie beschrieb auch gemeinsame Angewohnheiten: »Montags machte man die Wäsche, dienstags wurde gebügelt und donnerstags die Wohnung geputzt. An dieses Ritual hielten wir uns beide.«

Colleen erzählte auch von einem Telefonat, das sie einmal mit ihrer Schwester geführt hatte. Jeanne beschrieb ihr darin einen Mantel, den sie sich gerade gekauft hatte, woraufhin Colleen feststellte, dass sie sich vor kurzem genau den gleichen Mantel gekauft hatte. Für Colleen zeigte diese Auswahl der gleichen Kleidungsstücke, dass sie und ihre Schwester trotz oberflächlicher Unterschiede und großer räumlicher Entfernung »tief drinnen« ähnlich waren und dass diese Ähnlichkeit ein Beweis ihrer Nähe war.

(Nah-)Sein oder Nicht(nah)sein

»Nähe« ist der heilige Gral der Schwesternbeziehungen. Ich habe oft gehört: »Ich wünschte, wir stünden uns näher«, nie jedoch das Gegenteil. Aber was genau bedeutet es eigentlich, sich nahezustehen?

Gegen Ende von Jeannes Leben überredete Colleen ihre Schwester, zu ihr und ihrem Mann George zu ziehen, damit die beiden sich um sie kümmern konnten. Besonders beeindruckt hat mich dabei eine Szene, die Colleen aus dieser gemeinsamen Zeit mit der Schwester schilderte:

> »Wenn George morgens zum Brötchenholen ging, steckte Jeanne immer den Kopf durch die Tür, und ich sagte dann: ›Los, komm rein.‹ Ich zog sie zu mir ins Bett, sie lag neben mir, und ich hielt ihre Hand. Sie hatte winzige, zarte Hände, wie ein kleiner Vogel. Wir lagen einfach da und fingen an zu reden und zu lachen; das haben wir so oft gemacht, als wir noch klein waren: zusammen im Bett liegen und einfach miteinander reden.«

Diese körperliche Vertrautheit ist eine von vielen möglichen Formen, die Nähe annehmen kann. Eine weitere ist: »Ich bin immer für dich da, wenn du mich brauchst.« Manche Schwestern fühlen auf diese Weise Nähe, auch wenn sie räumlich getrennt sind und nur unregelmäßig Kontakt haben. Dann gibt es noch die Nähe des »Ich weiß, mit wem du heute zu Mittag isst«. Sie gründet auf der Annahme, dass Vertrautheit bedeutet, sich selbst noch für die kleinsten Einzelheiten aus dem Leben der anderen zu interessieren. Für viele Frauen bedeutet Nähe: »Wir wissen um die kleinsten Schwankungen auf dem täglichen Gefühlsbarometer.« Für sie ist der Austausch über persönliche Probleme eine Voraussetzung für Nähe. Doch Colleen und ihre Schwester Jeanne haben trotz ihrer offenkundigen und anrührenden Vertrautheit nicht über persönliche Probleme gesprochen. Colleen war in ihrer ersten Ehe sehr unglücklich, erzählte ihrer Schwester jedoch erst davon, nachdem ihr erster Mann gestorben war. Als Jeanne fragte: »Wieso hast du mir nichts davon gesagt?«, antwortete Colleen: »Jeannie, du führst dein eigenes Leben und ich meins, und ich muss meine Probleme selbst lösen.«

Für Colleen tat »du führst dein eigenes Leben und ich meins« der empfundenen Nähe zur Schwester keinen Abbruch. Und die vielen Unterschiede, die es zwischen ihnen gab, änderten nichts an der grundlegenden inneren Gleichheit.

Sie ist wie ich

Sally telefonierte gerade mit einem potenziellen Arbeitgeber und tat ihr Bestes, um bei diesem Bewerbungsgespräch einen guten Eindruck zu machen. Es hing viel davon ab, und sie wünschte nichts sehnlicher, als in dieser Situation jemanden zur Seite zu haben, der einspringen könnte, falls sie einen Blackout hätte, oder der einen wichtigen Punkt ansprechen würde, falls sie etwas vergessen sollte. Und genau diese Hilfe bekam Sally: Während des gesamten Telefonats saß ihre Schwester an einem Nebenanschluss und sprach für sie – als Sally –, wann immer ihre Unterstützung notwendig war. Das war allerdings nur deshalb möglich, weil ihre Stimmen genau gleich klangen – sogar ihre Mutter konnte sie am Telefon nicht auseinanderhalten –, und die gemeinsame Anstrengung zahlte sich aus: Sally bekam den Job.

Zwei andere Schwestern, dreieinhalb Jahre auseinander, erzählten mir von ihrer Kindheit. Als sie gerade ein bestimmtes

Ereignis schilderten, rief die eine: »Genau! Da war ich zwölf.« »Nein!«, widersprach die andere. »*Ich* war zwölf!« »Das kann nicht sein«, hielt die erste dagegen, »du musst damals acht gewesen sein.« Trotz aller Überlegungen kamen sie zu keinem Ergebnis.

Wenn Schwestern von Erlebnissen aus der Kindheit berichten, fragen sie häufig: »Warst du das oder ich?«

Eine weitere Frau meinte, es habe sich total verkehrt angefühlt, als ihre Schwester ins Gymnasium kam, während sie selbst noch in der Grundschule war. »Ich wollte unbedingt auch ins Gymnasium, weil ich in meinem Kopf schon viel älter war.«

»Als kleine Kinder waren wir fast wie Zwillinge«, berichtete mir eine weitere Frau namens Alison, deren Schwester knapp zwei Jahre älter ist als sie. »Wir waren immer gleich angezogen, und viele Jahre lebte ich irgendwie wie durch sie.« Als sie klein waren, dachten die Schwestern sich Fantasiewelten aus, die sie gemeinsam bewohnten, und waren ständig zusammen, vor allem wohl deshalb, weil die Familie damals häufig umzog. Als sie dann älter wurden, waren beide auf Bücher versessen, gingen zusammen in die Bibliothek und kehrten gemeinsam mit ihren Schätzen zurück. »Nach der Schule zogen wir uns auf unser Zimmer zurück und lasen. Meine Schwester grub sich durch ihren Stapel, ich mich durch meinen, und dann tauschten wir. Ich hatte viele Jahre lang das Gefühl, als wäre sie ich.«

Ich war schon immer erwachsen

Alison profitierte auch unmittelbar von ihrer älteren Schwester. So wollte ihr Vater beispielsweise nicht, dass diese hochhackige Schuhe trüge. Nach einem harten Kampf, den sie erfolgreich ausgefochten hatte, durfte die jüngere es dann auch mit wesentlich weniger Widerstand.

Die Privilegien einer älteren Schwester fallen der jüngeren häufig ohne große eigene Anstrengung zu, oder sie werden ihr gewährt, weil sie fordert, gleich behandelt zu werden. Eine Studentin, Kathleen, berichtete, dass sie und ihre ein Jahr jüngere Schwester Laura fast immer gleichgestellt waren, weil diese von klein auf die gleichen Rechte eingefordert hatte:

> »Als ich fünf war, wurden die Stützräder von meinem Fahrrad entfernt, und sie bestand darauf, dass ihre auch abgemacht wurden. Als ich keinen Kindersitz im Auto mehr brauchte, wollte sie ihren auch nicht mehr. Meine Eltern konnten sie nicht bändigen, also gaben sie es auf. Sie wollte abends auch nicht früher ins Bett gehen als ich, folglich hatten wir immer dieselbe Schlafenszeit. Das Einzige, was ich früher tat als sie, war, zur Schule zu gehen – und jetzt überlegt sie gerade, ihren Abschluss ein Jahr früher zu machen!«

Eine ältere Schwester erscheint im Vergleich immer als erwachsen, deshalb ist so zu sein wie sie gleichbedeutend damit, selbst erwachsen zu sein.

Ich und mein Schatten

Alison, die in vielerlei Hinsicht von der schwesterlichen Allianz profitiert hat, beschrieb aber auch die Kehrseite:

> »Ich war die Kleinere und hatte immer das Gefühl zurückstehen zu müssen. Unsere Verwandten begrüßten meist zuerst meine ältere Schwester: ›Ach, so ein hübsches Mäd-

chen! Unglaublich, wie groß du wieder geworden bist! Ist sie nicht süß?‹ Und dann wandten sie sich mir zu und sagten: ›Hallo Alison.‹ Deshalb kam ich mir oft so vor, als ob ich unsichtbar wäre, wenn ich mit ihr zusammen war. Ich wurde immer mit ihr verglichen und konnte dann nicht mithalten.«

Viele Menschen haben als Kinder (und insgeheim auch als Erwachsene) das Gefühl, den Ansprüchen anderer in verschiedener Hinsicht nicht genügen zu können. Wie sollte eine jüngere Schwester der älteren auch gewachsen sein? Sie ist meist körperlich kleiner (manchmal allerdings auch größer, was dann durchaus zu einem Problem für die ältere Schwester werden kann) und weiß und kann vieles noch nicht so gut wie die Ältere.

Zahlreichen Frauen erging es ähnlich wie Alison, d.h., sie fühlten sich in der einen oder anderen Weise als die Unterlegene. Pat zum Beispiel, deren Schwester ständig in irgendwelchen emotionalen Krisen steckte, erklärte: »Ich löschte mich selbst aus, um dafür zu sorgen, dass es ihr gut ging.« Und weil ihre Schwester immer dramatische Geschichten über ihr Leben zu erzählen wusste, hatte Pat das Gefühl, dass ihre eigenen Erfahrungen dagegen verblassten. Es gibt immer nur einen begrenzten Gesprächsraum an einem Tisch oder in einer Familie. Wenn die eine Schwester sehr viel redet, wird die andere weniger erzählen. Wir neigen dazu, anderen bestimmte Absichten zuzuschreiben, und nehmen uns selbst als jemanden wahr, der reagiert, deshalb sind wir mitunter überrascht, wenn sich herausstellt, welche Absichten andere uns unterstellen. Eine ältere Schwester, Janine, erfuhr zu ihrer Bestürzung, als sie längst erwachsen war, dass ihre jüngere Schwester immer das Gefühl gehabt hatte, in ihrem Schatten zu stehen. Aus Sicht der Schwester hatte sie stets das Gespräch am Esstisch »dominiert« – quasi den gesamten Sauerstoff im Raum verbraucht –, was Janine aber gar nicht so empfunden hatte.

Auch eine andere Frau namens Candy stellte sich gern zur Schau und hatte schon früh ein ausgeprägtes Talent für große Auftritte. Sobald sie den Raum betrat, richtete sich die ganze Aufmerksamkeit auf sie, sodass alle anderen, einschließlich ihrer älteren Schwester Nadine, in den Hintergrund traten. Als Kind dachte sie sich nichts dabei, doch als die Schwestern älter wurden, kam es irgendwann noch zur Sprache. Candy stand zwar gern im Mittelpunkt, wollte ihre Schwester aber auch nicht verletzen, weshalb sie sich von da an in ihrer Gegenwart um mehr Zurückhaltung bemühte und sich selbst klein machte. Irgendwann reichte es ihr aber, und ihr kam der Gedanke: »Warum bin ich eigentlich die Einzige, die sich ändern muss? Wenn du dich neben mir klein fühlst, dann werde gefälligst größer!«

Dazu die Sichtweise von Nadine: »Als ich im vierten Jahr an der Highschool war, kam Candy in die erste Klasse. Ich war still und schüchtern und hatte nur einen kleinen Freundeskreis. Aber plötzlich sprachen mich Leute an, mit denen ich vorher noch nie ein Wort gewechselt hatte, und sagten: ›Ach, du bist also Candys Schwester.‹ Sie war äußerst beliebt und hatte jede Menge Verehrer. Sobald sie den Raum betrat, verschwand ich.«

Einer der Vorteile des Erwachsenwerdens ist, dass man diese Strukturen irgendwann hinter sich lassen kann, was allerdings innerhalb der Familie oft nicht einfach ist. Eine Erfahrung, die auch Nadine machte:

> »Inzwischen fühle ich mich ziemlich stark und selbstsicher, auch beruflich habe ich eine Menge erreicht. Nur wenn ich vor meiner Schwester stehe, kommen die alten Unsicher-

heiten sofort wieder zurück. Sie strahlt einfach so hell, dass es mir immer noch schwerfällt, mein eigenes Licht wahrzunehmen.«

Wenn wir beim Heranwachsen eine Schwester an der Seite haben, wird die Art, wie wir uns neben ihr fühlen, zu einem Teil unseres Selbstverständnisses. Es ist das unausweichliche Ergebnis des Vergleichs.

Ihren Schmerz spüren

Anderen Frauen kam es so vor, als ob die Stimmungslagen der Schwester zu ihren eigenen würden. »Es gab eine Zeit, in der sie sehr unglücklich war«, erzählte eine Frau von ihrer Schwester. »Das hat mich selbst so niedergedrückt, dass ich kaum noch atmen konnte. Wenn es ihr schlecht ging, konnte ich auch nicht schlafen, als würde ich es selbst erleben oder sogar noch schlimmer.« Diese tiefe Verbundenheit kann schön, aber auch beängstigend sein. Das Gefühl, so zu sein wie die Schwester, kann besonders beunruhigend sein, wenn sie körperliche, geistige oder psychische Probleme hat. Hallie etwa, deren ältere Schwester unter einer Lernbehinderung litt, war mehr als erleichtert, als sie im Alter von sechs Jahren feststellte, dass sie selbst nicht davon betroffen war.

Das Gefühl, einander ähnlich zu sein, ist eine starke Form der Bindung (*bond*) zwischen Schwestern und kann sowohl enge Verbundenheit im Sinne von Nähe und Vertrautheit bedeuten, wie auch als einengende Fessel im Hinblick auf Verantwortung empfunden werden. So beschreibt es zumindest die amerikanische Journalistin Barbara Walters in ihrer Autobiographie *Audition*, deren Leben durch die Behinderung der älteren Schwester schon früh eingeschränkt wurde:

»Ich lud zum Beispiel selten Freundinnen zu mir nach Hause ein, weil sie nicht wussten, wie sie mit meiner Schwester umgehen sollten.«[3] Von ähnlichen Erfahrungen berichteten auch andere Frauen; eine erzählte mir von ihrer drei Jahre älteren Schwester: »Die anderen Kinder hackten so lange auf ihr herum, bis sie schließlich zu weinen anfing. Ich rannte dann immer ins Haus, um Hilfe zu holen. Mir erschien es damals als meine Lebensaufgabe, mich um meine Schwester zu kümmern.«

In diesen beiden Fällen übernahmen die Jüngeren die Verantwortung für die ältere Schwester, in der Regel ist es jedoch umgekehrt. In einer Familie etwa, in der nach dem Tod eines Elternteils großes Leid herrschte, glaubten die jüngeren Geschwister lange Zeit, dass die Älteste von der Tragödie scheinbar unberührt geblieben war. Erst als Erwachsene erfuhren sie, dass es für die große Schwester genauso schmerzlich gewesen war wie für die anderen. Was sie für Unverwundbarkeit gehalten hatten, war in Wahrheit die Anstrengung der Ältesten gewesen, sich wegen der jüngeren Geschwister zusammenzureißen. Eine andere Frau sagte über ihre jüngere Schwester, die als Kind unter vielen Problemen gelitten hatte: »Ich kam mir damals vor, als säßen wir in einem Boot, das ihretwegen ins Kentern geriet, und hatte Angst, mit ihr zusammen unterzugehen.«

Tröstende Nähe und gefährliche Einengung sind zwei Seiten derselben Medaille. Das Gleiche gilt für den Wunsch, genauso zu sein wie die Schwester oder anders zu sein. In beiden Fällen kann man nicht an sich selbst denken, ohne gleichzeitig an die Schwester zu denken.

Verlorene Schwester, verlorenes Selbst

Der Verlust einer Schwester ist eine weitere Situation, die von der tiefen Verbundenheit zwischen Schwestern zeugt und von ihr geprägt wird.

Als Colleen Miller mir von ihrer Schwester Jeanne erzählte, die zwei Jahre zuvor gestorben war, sprach sie meist von ihr in der Gegenwartsform, denn sie war überzeugt: »Sie ist immer bei mir, auch jetzt ist sie hier bei uns im Zimmer.« Colleen beschrieb sie so lebendig, und die Liebe, die sie für sie empfand, war so greifbar, dass Jeannes Gegenwart auch für mich spürbar wurde.

Ähnlich intensiv, wenn auch auf andere Weise, berichteten Frauen, die ihre Schwester in sehr jungen Jahren verloren hatten. Jessica Handler etwa beschrieb in der Zeitschrift *Newsweek*, wie schmerzlich sie ihre beiden Schwestern vermisst, die beide an derselben erblich bedingten Blutkrankheit starben – eine im Alter von 27, die andere mit acht Jahren:[4] »Kleine Mädchen erinnern mich oft an meine Schwestern, als sie noch sehr jung waren. ... Wenn sie über den Spielplatz rennen oder Hand in Hand an mir vorbeilaufen, drehen sie die Zeit wieder zurück.«

Eva Nagel, eine Psychotherapeutin, war dreizehn, als ihre dreieinhalb Jahre ältere Schwester Laura eines Nachts plötzlich völlig unerwartet starb.

> »Nichts war je wieder so wie vorher. Meine Kindheit war mit einem Schlag zu Ende. Ich war anders geworden – mein ganzes Leben teilte sich von da an in ein Davor und ein Danach. Es hat mich früh reifen lassen und legte den Keim zu einer Spiritualität, zu der ich sonst vielleicht nicht gefunden hätte... Heute, mehr als 45 Jahre später, ist Laura noch im-

mer jeden Tag gegenwärtig, egal, ob ich mit einem Patienten über seinen kürzlich erlittenen Verlust spreche oder meine quirlige Enkelin beobachte, die sich mit derselben Konzentration in Bücher vertieft, wie ich sie noch von Laura in Erinnerung habe. Und wenn Sie mich fragen würden, ob ich eine Schwester habe, würde ich auch heute noch antworten: Ja, eindeutig.«

Diese Schwestern wurden durch den Tod getrennt, aber manchmal geschieht eine Trennung auch durch eine bewusste Wahl. Sehr bewegend etwa war der Bericht einer Frau, die mir von dem Schmerz erzählte, weil ihre Schwester die Beziehung zu ihr vollständig abgebrochen hat. Sie war todunglücklich darüber: »Bei einem Besuch bei meinen Eltern sah ich die Fotos von meiner Schwester und mir, als wir klein waren, als Teenager und als junge Frauen, unsere Köpfe zärtlich aneinandergeschmiegt, und mir wurde mehr denn je bewusst, wie sehr ich sie vermisse.« Sie versteht die Entscheidung ihrer Schwester bis heute nicht und hat alles versucht, um sie zu versöhnen. »Ich habe mich entschuldigt, ihr meine Liebe und mein Bedauern beteuert, aber es hat nichts genützt.« Für sie wiegt der Verlust umso schwerer, als sie dadurch auch die Verbindung zu den Kindern der Schwester verloren hat.

»Nimm deine Barbies aus meiner Hälfte des Zimmers!«

Die Dynamik in der Beziehung zwischen Schwestern zeigt sich nicht nur in solch dramatischen Ereignissen, sondern auch in vielen alltäglichen Begegnungen. Eine nicht zu unterschätzende Herausforderung etwa kann der Umstand sein, sich als Kind ein Zimmer mit der Schwester teilen zu müssen. So erging es zumindest mir und meiner Schwester Mimi.

Wir waren noch ziemlich klein, als wir unser gemeinsames Zimmer bezogen. Sie machte den Vorschlag, sie würde meine Hälfte des Zimmers nicht betreten, und ich solle nicht in ihre kommen. Ich stimmte zu, hatte dabei allerdings nicht berücksichtigt, dass sich die Tür auf Mimis Seite des Zimmers befand. Auf diese Weise hatte ich mich völlig in ihre Hände begeben – ein Vorfall, an den ich mich bis heute erinnere, weil ich mich in diesem Moment total von ihr ausgetrickst und in der Falle fühlte.

Eine Frau, die als Kind ebenfalls ein Zimmer mit ihrer Schwester geteilt hat, erinnert sich an ähnliche Manöver: »Wir haben immer wieder probiert, eine Grenzlinie zu markieren, damit jede eine Seite für sich hatte, aber wirklich geklappt hat das nie.« Das erschien mir eine treffende Metapher zu sein für die vielen Methoden, mit denen Schwestern versuchen, Gleichheit und Unterschiedlichkeit, Nähe und Distanz auszuhandeln: Die Suche nach verschiedenen Interessenbereichen, die Entscheidung, in verschiedenen Teilen des Landes zu leben – all diese Bemühungen könnte man als den Versuch betrachten herauszufinden, wie »jede eine Seite bekommen kann«.

Es gab aber auch ganz andere Erfahrungen: Beth und Amy hatten immer ein gemeinsames Zimmer gehabt, aber irgendwann wollte Beth ein eigenes und setzte ihren Eltern so lange zu, bis sie nachgaben. Freudig zog sie mit allen Habseligkeiten in ihr neues Reich um, aber schon in der ersten Nacht vermisste sie Amy so sehr, dass sie gleich am nächsten Tag wieder zurückzog.

Ein weiteres Schwesternpaar entdeckte die Freuden eines gemeinsamen Zimmers, als Besuch kam und die eine Schwester ihr Zimmer für ihn räumte und die Nacht bei der Schwester verbrachte. Das machte den beiden so viel Spaß, dass sie es dabei beließen und den anderen Raum in ein Spielzimmer umfunktionierten. Inzwischen studieren beide und teilen sich noch immer ihr altes Zimmer, wenn sie die Eltern besuchen.

Eine weitere Frau berichtete, dass es ihr als junger Collegestudentin sehr schwergefallen sei, sich daran zu gewöhnen, allein einschlafen zu müssen, und sie habe in den ersten Wochen immer wieder automatisch nach der Schwester im anderen Bett Ausschau gehalten.

Abgesehen von diesen und anderen Annehmlichkeiten, kann ein gemeinsames Zimmer natürlich auch viele Probleme mit sich bringen. Zum einen erhält die Schwester leichten Zugang zu Dingen, die einem wichtig sind. Sie kann sie ausborgen, stehlen, verstecken oder kaputt machen. Und natürlich bietet ein gemeinsames Zimmer auch zahlreiche Gelegenheiten zum Piesacken oder Tyrannisieren. Die Erfahrungen von Schwestern, die sich ein Zimmer oder Bett geteilt haben, spiegeln wider, dass Nähe und Gleichheit in vielfältiger Weise als erdrückende Einengung oder als Inbegriff von Trost und Sicherheit empfunden werden können.

Tritt nicht auf mich!

Es gibt einen Aspekt der Gleichheit, dem wir nicht entgehen können – und wenn wir es noch so gerne wollten: Das Älterwerden. Das Alter von Geschwistern schreitet nun mal im Gleichschritt voran, wenn die eine also einen Geburtstag feiert, wird die andere automatisch an ihr fortschreitendes Alter erinnert. Eine Frau berichtete mir, sie habe sich anlässlich ihres dreißigsten Geburtstags über ihre Schwester geärgert, weil sie erklärte: »Huch! Du wirst dreißig. Das heißt, dass ich fast vierzig bin. *Du lieber Himmel!*« Die Dreißigjährige mochte das Gefühl nicht, dass ihre Schwester sie hauptsächlich als Spiegel ihrer selbst betrachtete. Aber das ist unausweichlich, weil das Alter der beiden für immer verknüpft ist.

Individualismus ist ein typisches Merkmal der amerikanischen Gesellschaft, in der die meisten es für selbstverständlich halten, dass jeder Mensch eigenständig ist. Dies erklärt auch die in den USA übliche Vorgehensweise, Zwillinge unterschiedliche Schulklassen besuchen zu lassen, weil nämlich nur dann jedes Kind seine eigene Individualität entfalten könne. In anderen Kulturen herrschen dagegen ganz andere Vorstellungen. Eine Frau aus Griechenland etwa meinte, dass sie in ihrer Heimat nie gehört habe, dass Eltern die Individualität ihres Kindes fördern müssten. Und eine Frau aus Kuba berichtete, dass ihre ein Jahr ältere Schwester extra ein Jahr später eingeschult worden war, damit beide in dieselbe Klasse gehen konnten. Für ihre Eltern lag es auf der Hand, dass es für die Mädchen besser sei, einander in der fremden neuen Schulwelt unterstützen zu können. Als sie dann später in die USA kamen, wurden sie kurzerhand auf zwei Jahrgänge verteilt.

Such dir was Eigenes

Wie entstehen unsere Vorstellungen von dem, was wünschens- oder erstrebenswert ist, wenn nicht durch die Beobachtung der Menschen, die uns am nächsten stehen? Zu sehen, was die Schwester hat, genügt meist schon, um genau dasselbe haben zu wollen. »Sie bekam Blau und ich Rosa«, erinnerte sich eine Frau, »also wollte ich auch Blau.« Das hat nichts mit dem Wert der Sache an sich zu tun, sondern mit den Kirschen in Nachbars Garten, die immer ein bisschen süßer schmecken als die eigenen.

Obwohl die Erstgeborene es möglicherweise als Übergriff wahrnimmt, wenn die jüngere Schwester Interesse an dem Terrain zeigt, auf das sie selbst Anspruch erhoben hat, ist der daraus resultierende Wettbewerb nicht unbedingt etwas Negatives. Eine erfolgreiche Autorin schreibt ihre Karriere genau dieser Art von Konkurrenz zu. Sie ermutigte ihre Schwester, ihr schriftstellerisches Talent zu entfalten, und erkannte dann, dass es genau das war, was sie selbst immer gewollt hatte. Sie hatte gezögert, den Sprung zu wagen, aber als sie sah, dass ihre Schwester das Leben führte, von dem sie selbst geträumt hatte, fand sie den Mut, es ihr gleichzutun. Manchmal sind Wettbewerb und Inspiration ein und dasselbe.

Was du anhast, gehört mir!

Auf Kinderfotos sind Mimi und ich häufig identisch gekleidet. Die gleichen Sachen zu tragen wie meine Schwester, die zwei Jahre älter war als ich, kam mir damals ganz normal vor. Aber Mimi konnte dieser Gewohnheit wenig abgewinnen: Sobald sie sah, dass ich dieselben Sachen anhatte wie sie, zog sie sich um. Und wenn ich mich dann ebenfalls umzog, stürzte sie zum Kleiderschrank und suchte sich erneut etwas Anderes zum Anziehen.

Ich kann mir vorstellen, warum ich so aussehen wollte wie Mimi, die älter und schneller war als ich und das Leben viel besser im Griff hatte. Vermutlich dachte ich, dass dann einige ihrer Fähigkeiten und Privilegien auf mich abfärben würden, aber für Mimi muss es sich wie ein weiterer Übergriff dieses lästigen kleinen Eindringlings angefühlt haben, der ihr immer an den Fersen klebte.

Es gibt noch einen Grund, warum Mimi wenig begeistert auf die gleiche Kleidung reagierte: Während ich so sein wollte wie meine ältere Schwester, wollte sie vermutlich … sie selbst sein. Die Wahl der Kleidung ist für die meisten Frauen eines der wichtigsten Mittel, um ihre Identität zum Ausdruck zu bringen. Daher verwundert es auch nicht, dass das Teilen, Leihen oder sogar Stibitzen der Kleidung in so vielen Geschichten von Schwestern vorkam, dass ich ein eigenes Buch über dieses Thema hätte schreiben können, etwa mit dem Titel *Was du anhast, gehört MIR!* Das entspräche in etwa dem, was eine Frau als Teenager zu ihrer Schwester sagte, als sie eines Tages entdeckte, dass diese mit ihrer Strickjacke zur Schule gegangen war, und sie an Ort und Stelle zwang, sie wieder auszuziehen.

Eine andere Frau erinnert sich, dass die Kleidung ihrer älteren Schwester sich immer in einem wesentlich gepflegteren Zustand befand als ihre eigene, was sie zu ihrem Vorteil nutzte: »Ihre Sachen waren immer frisch gebügelt. Mein Timing musste gut sein, damit ich die Sachen nehmen konnte, solange sie nicht da war und ihr Zorn sich erst hinterher entladen konnte.«

Bei drei Schwestern, die einander altersmäßig sehr nah waren, erzählte die mittlere, dass sie immer diejenige gewesen sei, die besonders streng über ihre Sachen gewacht habe, denn wenn die Schwestern sie trugen, war es viel schwieriger, sich von ihnen abzugrenzen.

Manche tragen die Kleidung der Schwester auch, weil sie sich die gleiche Figur wünschen: »Sie war schlank und ich pummelig, sodass ich mich immer in ihre Sachen hineinzwängen musste. Wenn ich in etwas passte, das ihr gehörte, war das ein Zeichen dafür, dass ich beim Abnehmen Fortschritte gemacht hatte.«

Eine andere Frau erzählte, für sie sei es ein so selbstverständlicher Bestandteil der gemeinsamen Kindheit gewesen, die Kleidung mit der älteren Schwester zu teilen, dass es sich später am College ganz merkwürdig angefühlt habe, nur noch die eigenen Sachen zu tragen. Und eine weitere Frau meinte, sie habe sich immer gefreut, wenn ihre ältere Schwester etwas Schönes zum Anziehen bekam, weil sie wusste, dass es dann irgendwann sowieso in ihren Besitz übergehen würde.

Das Teilen – oder Stehlen – von Klamotten unter Schwestern war zwar ein häufig erwähntes Thema, traf jedoch keineswegs auf alle Schwestern zu und war auch beileibe nicht die einzige Methode, um Nähe auszudrücken oder zu erreichen. Eine Frau erzählte mir, dass es zu den Überzeugungen ihrer Mutter gehört habe, die Kleidung *nicht* zu teilen. Sie hielt alle ihre Kinder dazu an, aufeinander Acht zu geben, und förderte deren Zuneigung zueinander, aber sie warnte auch: »Tragt nie die Kleidung der anderen. Besorgt euch eure eigenen Sachen. Sonst entsteht Verwirrung.« Die Aufforderung, keine Kleidungsstücke zu teilen, beruht auf der Annahme, dass dadurch die Grenzen zwischen zwei Personen verschwimmen.

Dass die Schwester unsere Kleidung trägt, kann sich wie Diebstahl anfühlen. Sie stiehlt uns nicht nur den Pullover, sondern unsere Persönlichkeit, und beeinträchtigt unsere Identität. Wenn wir die Kleidung einer anderen Person tragen, ist es fast so, als steckten wir in ihrer Haut. Dadurch sind Nähe und Gleichheit kaum mehr zu unterscheiden.

3. Bewunderung und Herablassung

Konkurrenz und die Stellung in der Geschwisterreihe

Schwesternbeziehungen verändern und entwickeln sich. Dennoch gibt es einen Umstand, der stets unveränderlich bleibt: der Altersunterschied. Sogar Zwillinge sind sich dessen bewusst, dass die eine älter und die andere jünger ist, auch wenn es meist nur ein paar Minuten sind.

Die Altersrangfolge ist eine weitere Variante der Beziehungsdynamik zwischen Geschwistern, sodass sich neben der Frage: »Sind wir ähnlich oder anders, und wie viel Nähe oder Distanz wollen wir?« immer auch die Frage nach Macht und Status stellt, d.h. nach der Konkurrenz zwischen Geschwistern. Wenn unsere Wünsche voneinander abweichen, wessen Bedürfnisse setzen sich dann durch? Wenn wir unterschiedlicher Ansicht sind, wessen Wort zählt mehr? Zwischen Schwestern schafft das gemeinsame Aufwachsen in derselben Familie einerseits eine tiefe Verbundenheit, während andererseits der Altersunterschied eine natürliche Hierarchie vorgibt. Zu erkennen, wie die dynamischen Kräfte von Macht und Verbundenheit zusammenwirken, ist besonders wichtig für das Verständnis von Beziehungen zwischen Schwestern.

Zu den schönsten Erinnerungen an meine frühe Kindheit gehören die Abende, an denen mein Vater meine Schwester und mich zu Bett brachte und uns Geschichten erzählte, in denen wir die Heldinnen und Retterinnen in der Not waren. Leider dämmerte es Mimi eines Tages, dass sie ja eigentlich später ins Bett gehen durfte, weil sie die Ältere war. Da meine Eltern diese Tatsache nicht abstreiten konnten, musste ich von da an tatsächlich eher ins Bett. Mimi musste nichts dafür tun, sich dieses Recht auf längeres Aufbleiben zu verdienen. Es war ein Privileg, das ihr kraft ihres Alters verliehen wurde – nicht durch ihr absolutes Alter, sondern durch den Unterschied zwischen ihrem und meinem Alter. Ihr war es ganz egal, wann sie selbst schlafen gehen musste – solange sie nur länger wach bleiben durfte als ich.

Verbundenheit durch Status

Eine interessante Beobachtung machte Emily Sauerhoff, als sie eine Studie entwarf, um Gespräche zwischen Schwestern zu untersuchen. Sie und drei ihrer Freundinnen, alles 19-jährige College-Studentinnen, riefen jeweils ihre jüngere Schwester an (drei waren 16, eine 12 Jahre alt) und zeichneten die Gespräche auf. Bei der Auswertung fiel auf, dass sich die Unterhaltung in allen vier Fällen immer um das Leben der Jüngeren drehte: Das erste Schwesternpaar sprach über einen Ausflug der Jüngeren, deren Zeugnis und die Familienkatze. Das zweite Schwesternpaar diskutierte darüber, was die Jüngere an diesem Tag in der Schule erlebt hatte, und über ihre Freundinnen. Das dritte Paar redete über die Fahrkünste, einen geplanten Besuch in einer anderen Stadt und die Collegebewerbungen der Jüngeren. Und das letzte Schwesternpaar sprach über die Schule, Freundinnen und Wochenendaktivitäten der Jüngeren. Nur in einem einzigen Fall sprach die ältere Schwester über sich selbst, weil die Jüngere fragte: »Wie läuft's denn bei dir?« und auch der Antwort zuhörte.

Die Gespräche zeigten die Nähe und Verbundenheit dieser Schwesternpaare, die den Kontakt weiter aufrechterhielten, obwohl die Ältere schon im College war und die Jüngere noch zu Hause bei den Eltern wohnte. Sie zeigten aber auch die Statusunterschiede aufgrund des Altersunterschieds. Alle Gespräche drehten sich um die Erfahrungen der jüngeren Schwester und schlossen wenig oder gar keine Unterhaltung über das Leben der älteren Schwester ein. Die Preisgabe privater Informationen ist immer ein Zeichen der Verbundenheit, sofern die Offenlegung gegenseitig ist, nicht aber, wenn sie einseitig erfolgt. Denn diejenige, die ihre persönlichen Informationen preisgibt, macht sich dadurch verletzlich, während das Gegenüber, das nur die Fragen stellt, sich der anderen gar nicht zeigt. Erwachsene stellen Kindern Fragen, um Interesse zu zeigen und sie ins Gespräch zu ziehen; Kinder antworten in der Regel, reagieren aber nicht mit Gegenfragen. Auf »Was habt ihr heute in der Schule gemacht?« folgt normalerweise nicht: »Wir hatten einen Buchstabierwettbewerb. Und was habt ihr heute im Büro gemacht?«

Emily fiel auf, dass eine ältere Schwester, wenn sie doch einmal etwas über das eigene Leben erzählte, das Gespräch immer schnell wieder zurück auf die jüngere Schwester lenkte. So sagte etwa Claire, eine der Studentinnen: »Ich fahre übrigens morgen für einen Tag nach New York. Wünschst du dir vielleicht irgendwas Besonderes zu Weihnachten?« Ihre jüngere Schwester Hillary stellte daraufhin eine Frage, die das Gespräch auf Claire lenkte: »Wohin willst du denn in New York?« Claire beantwortete die Frage, richtete den Fokus dann aber sofort wieder auf die Jüngere: »Ach, nur nach Manhattan. Du weißt schon – wir gucken uns das Rockefeller Center und die Schaufenster an. Ich bring dir dann eine Designer-Tasche mit.«

Die älteren Schwestern in diesen Gesprächen gaben auch Ratschläge oder boten Erkenntnisse an, die auf ihrer größeren Lebenserfahrung beruhten, während die jüngeren Schwestern nichts Derartiges taten, d.h., auch hier war der einseitige Austausch klar erkennbar. Freundinnen können einander Ratschläge geben und die Erfahrungen der jeweils anderen kommentieren, ohne dass es ihre gleichberechtigte Stellung beeinträchtigt. Wenn dagegen nur eine Seite Ratschläge erteilt, wirkt sie natürlich klüger, erfahrener und reifer als die andere – wie es eben bei einer älteren Schwester oft der Fall ist. Status und Verbundenheit waren in diesen Gesprächen also untrennbar miteinander verknüpft.

Hierarchie schafft Nähe

Viele Menschen neigen zu der Annahme, dass Statusunterschiede Distanz erzeugen, während Gleichheit Nähe bedeutet. Auch ich war dieser Auffassung, als ich *Du kannst mich einfach nicht verstehen* schrieb, worin ich das häufige Gesprächsmuster beschreibe, bei dem eine Frau über ein Problem spricht und ärgerlich wird, wenn der Mann als Antwort sofort eine Lösung anbietet. Ich ging davon aus, dass sie zum Teil deshalb so reagiert, weil das Angebot einer Lösung ein Statusungleichgewicht herstellt: Die Person mit dem Problem wird in die Rolle der Unterlegenen gedrängt, während die Person mit der Lösung zur Überlegenen wird. Das erzeugt Distanz, obwohl es der Frau, die von einem Problem erzählt, vor allem darum geht, die Nähe zu bestärken. Für mich lag es daher auf der Hand, dass solche Statusunterschiede distanzierend wirken müssen.

Als ich das schrieb, war mir nicht klar, dass ich damit nur meine westlich geprägte Annahme zum Ausdruck brachte. In vielen anderen Kulturen geht man nämlich im Gegenteil davon aus, dass Statusunterschiede die Verbundenheit nicht erschüttern, sondern erst erzeugen und verstärken. So kam die

Linguistin Suwako Watanabe, die eine vergleichende Studie über amerikanische und japanische Collegestudenten bei Diskussionen in kleinen Gruppen durchführte, zu dem Ergebnis, dass die amerikanischen Studenten sich selbst dabei als Individuen sahen, die an einer gemeinsamen Aktivität teilnahmen, während die japanischen Studenten sich als Mitglieder einer durch die Hierarchie verbundenen Gruppe betrachteten. Als ich das las, stutzte ich zunächst. Durch Hierarchie verbunden? Erzeugt Hierarchie nicht Distanz? Ja, wenn man dabei etwa eine Chef-Angestellten-Beziehung im Sinn hat, nicht jedoch, wenn man an die Familie denkt. Eltern und Kinder oder Großeltern und Enkel haben ein sehr enges und gleichzeitig hierarchisches Verhältnis zueinander, und genau diese Hierarchie erzeugt Nähe. Dasselbe gilt auch für Geschwister.

Fast alle Amerikanerinnen, mit denen ich sprach, konzentrierten sich, wie im zweiten Kapitel ausgeführt, bei Erzählungen über ihre Schwester auf die Frage, ob sie gleich oder unterschiedlich waren, einander nahestanden oder ein eher distanziertes Verhältnis hatten. Bei Frauen aus anderen Kulturkreisen waren die Schilderungen dagegen eher auf Respekt und die Verpflichtungen ausgerichtet, die mit dem jeweiligen Alter und der Stellung in der Geschwisterhierarchie einhergingen. Eine in Vietnam aufgewachsene Frau erzählte zum Beispiel, sie sei zwar eine erwachsene Frau mit erwachsenen Kindern, dennoch sage die ältere Schwester ihr auch heute noch, was sie tun solle. Ihr gefiele das zwar nicht, aber da sie einer älteren Schwester ja nicht widersprechen könne, stimme sie zwar freundlich zu, ignoriere die Anweisungen dann aber später. Sie hatte mir zunächst auch gar nicht ausdrücklich gesagt, dass ihre Kultur einer jüngeren Schwester verbietet, respektlos mit den älteren Geschwistern zu reden, weil sie dieses Verbot für selbstverständlich gehalten hatte. Ihrer Meinung nach gibt die Hierarchie des Altersunterschieds ihrer Beziehung eine feste Struktur, die sie lebenslang behält und stärkt.

Gleichheit und Nähe einerseits und die Altershierarchie andererseits sind zwei unterschiedliche Formen des Kitts, der die Familie zusammenhalten kann. So können wir Nähe aufgrund oder trotz der Unterschiede und Gemeinsamkeiten empfinden, oder wir fühlen uns durch diejenigen Rechte und Pflichten miteinander verbunden, die sich aus unserer Stellung in der Altersrangfolge ergeben: Die Ältere trägt Verantwortung für die jüngeren Geschwister – gibt auf sie Acht, bringt ihnen etwas bei und beschützt sie (obwohl sie natürlich auch die Möglichkeit hat, ihre Macht auszunützen und die Jüngeren zu schikanieren). Die jüngeren wiederum schauen zu den älteren Geschwistern auf und tun, was sie sagen, zumindest solange sie noch klein sind.

Eine Amerikanerin philippinischer Abstammung berichtete, dass von ihr als der Ältesten immer erwartet wurde, den jüngeren Geschwistern ein Vorbild zu sein. Diese Erwartungshaltung beruht auf der Annahme, dass die jüngeren Geschwister ihr deshalb nacheifern werden, weil sie genauso sein wollen wie sie. Die westliche Welt dagegen verbindet mit dem Begriff Familie eher Gleichheit und Nähe, weshalb man bei uns auch davon ausgeht, dass sich die kindliche Geschwisterhierarchie aufgrund des Altersunterschieds mit der Zeit wieder auflöst. In Kulturen, in denen sich die Rechte und Pflichten innerhalb der Familie aus den unterschiedlichen Altersstufen ergeben, bewirkt diese Hierarchie dagegen dauerhafte Strukturen.

Aufstellung nach Alter

Eine Frau erzählte mir von ihrer Kindheit in Indien und von ihrer Schwester »Didi«, was allerdings nicht ihr eigentlicher

Vorname war, sondern »ältere Schwester« bedeutet (ein Wort für »jüngere Schwester« gibt es übrigens nicht). Doch nicht nur in Indien, sondern auch in China, Korea, Japan und vielen anderen Kulturen spricht eine jüngere Schwester die älteren Geschwister respektvoll als »ältere Schwester« oder »älterer Bruder« an, während die Älteren die Jüngeren einfach beim Namen nennen. Diese Anrede bleibt lebenslang erhalten und ist eine tägliche Erinnerung an den eigenen Platz in der vom Alter vorgegebenen Geschwisterrangfolge. In diesen Kulturen wird die Bedeutung des Alters noch dadurch verstärkt, wie die Menschen einander auch außerhalb der Familie anreden. In Korea zum Beispiel sprechen Frauen ältere Freundinnen mit »enni« = »ältere Schwester« an, jüngere Freundinnen dagegen mit dem Vornamen.[1] Dort wie auch in Indien und vielen anderen Ländern wird grundsätzlich jeder offensichtlich ältere Fremde respektvoll mit »ältere Schwester« bzw. »älterer Bruder« angesprochen. (Ähnlich bekunden wir unseren Respekt, indem wir Menschen mit ihrem Titel anreden. Deshalb nennen Eltern bei uns ihre Kinder auch beim Namen, während Kinder ihre Eltern meist in irgendeiner Form mit Mutter und Vater ansprechen.)

In Indien erstreckt sich die altersmäßige Rangfolge von Brüdern auch auf ihre Ehefrauen, unabhängig von deren Alter[2] (Ehefrauen leben traditionell im Großfamilienhaushalt des Mannes). So hat etwa die Ehefrau des jüngeren Bruders einen geringeren Status als die des älteren Bruders, selbst wenn sie älter ist. Diese Unterschiede spiegeln sich auch in den Begriffen wider, mit denen Verwandte angesprochen werden: Zur Schwester des Vaters sagt man *bua*, zur Frau seines jüngeren Bruders *chachi* und zur Frau seines älteren Bruders *tayi*. Die Ehefrau des Bruders der Mutter wird mit *mai* und die Schwester der Mutter mit *masi* angesprochen. *Masi* kommt von *ma jaisi*, was »wie eine Mutter« bedeutet und der besonderen Nähe der Schwesterbeziehung Rechnung trägt. Die ältere und jüngere Schwester der Mutter sind allerdings beide *masi*; ihr Status ist offenbar ausreichend über das Alter des Ehemanns und seine daraus resultierende Stellung in der Familie definiert. Solange man allerdings nicht weiß, welche Stellung eine Verwandte in beiden Bereichen einnimmt, lässt sich auch nur schwer erkennen, wie man ihr begegnen soll. Shilpa Alimchandani etwa, die in den USA aufwuchs, lernte die Begriffe für Familienangehörige in Hindi, der Muttersprache ihrer in Indien geborenen Eltern. Sie empfindet daher auch die amerikanischen Bezeichnungen für Verwandte als hoffnungslos unzureichend, um die vielfältigen Familienbeziehungen auszudrücken.

Auch ein mir bekanntes Ehepaar aus Korea behandelt seine vier in den USA geborenen Töchter entsprechend der koreanischen Altersrangfolge: Die Mutter ruft ihre Töchter einmal wöchentlich an: zuerst die älteste und dann der Reihe nach die anderen drei. Als die beiden mittleren Töchter als Kinder ihre ersten Fahrräder bekamen, durfte die ältere der beiden zuerst die gewünschte Farbe aussuchen. Und als die Familie in ein neues Haus einzog, erhielten die beiden älteren Mädchen jeweils ein eigenes Zimmer, während die beiden jüngeren ein gemeinsames Zimmer bekamen. Die erste Tochter, damals elf, ist achtzehn Monate älter als die Zweitgeborene, und die jüngste Tochter, damals sieben, ist drei Jahre jünger als die drittgeborene Schwester. Der Altersabstand zwischen den beiden mittleren Schwestern beträgt allerdings nur drei Minuten, denn die beiden sind eineiige Zwillinge. Dennoch hat die »Ältere« aufgrund dieser drei Minuten immer die Privilegien erhalten, die einer älteren Schwester zugestanden werden.

Die Zimmerverteilung war besonders interessant. Jeder Raum wurde entsprechend der altersabhängigen Zuweisung gestaltet: Die beiden Mädchen, die jeweils ihr eigenes Zimmer bekamen, wählten die Farben aus, die sie wollten, und die jüngere Zwillingsschwester wählte wiederum die Farbe für den Raum aus, den sie mit der Jüngsten teilen sollte. Doch als es Zeit wurde einzuziehen, gruppierten die Kinder sich selbst anders. Die Zwillinge zogen zusammen und überließen das zweite Einzelzimmer der Jüngsten. Für die Eltern war das kein Problem, denn sie hatten ihre Pflicht erfüllt, indem sie die Altersrangfolge bei der Verteilung der Zimmer berücksichtigt hatten. Die Kinder hatten sich dagegen ihrem eigenen Zugehörigkeitsgefühl entsprechend gruppiert.

Ein solches hierarchisches System schließt Konkurrenz allerdings nicht aus, wie die in den USA geborene Tochter chinesischer Eltern erfuhr, als sie ihre Cousinen in China besuchte. Diese hatten China noch nie verlassen und stellten daher die Sitte, dass der Ältesten der Vorrang einzuräumen ist, auch gar nicht in Frage. Das bedeutete allerdings nicht, dass die Jüngere bereit war, sich mit dem Zweitbesten zufriedenzugeben, sondern nur, dass sie etwas kreativer sein musste, um die Schwester auszustechen. Als die amerikanische Cousine nun Geschenke für die beiden kaufen wollte, wusste sie bereits, dass das Geschenk für die ältere Schwester teurer sein musste, weshalb sie zuerst mit ihr allein in ein Juweliergeschäft ging und sie einlud, sich ein Schmuckstück auszusuchen. Dessen Wert legte gleichzeitig das Limit für das andere Geschenk fest. Als nun die jüngere Schwester an der Reihe war, sich ebenfalls ein Schmuckstück auszusuchen, entschied sie sich für einen Anhänger, der preislich weit unter dem Geschenk für die Schwester lag. Dann wählte sie allerdings noch eine passende teure Kette aus. Obwohl Anhänger und Kette insgesamt mehr wert waren als das Geschenk für die ältere Schwester, war dies kein Problem für sie, so erklärte sie es der amerikanischen Cousine, denn sie würde der Schwester nur die Quittung für den Anhänger zeigen; von der Kette müsse sie ja nichts erfahren.

Die erwartete Ordnung

Solche Altershierarchien wie in Korea oder Indien gibt es zumindest ansatzweise auch in der westlichen Welt. Elise beispielsweise erzählte, dass sie die mittlere von drei Schwestern sei – neben ihrer vier Jahre älteren Schwester Linda und ihrer Zwillingsschwester Sandra, dem »Baby«, die nur vier Minuten jünger ist als Elise. Dieser minimale Altersunterschied genügte, um die Zwillinge in ein älteres und ein jüngeres Kind zu unterteilen.

Allen Zwillingen, mit denen ich sprach, war es wichtig zu erzählen, welche Schwester älter war und wie sich dieser Umstand auf ihre Beziehung auswirkte (»Ich kümmere mich um sie, wenn sie krank ist« oder »Ich koche ihr regelmäßig etwas zum Essen«), und oft hat sich dieses Muster bereits in früher Kindheit abgezeichnet. Eine Frau zum Beispiel sagte, dass sie sich gegenüber ihrem Zwilling wie eine ältere Schwester verhalte, obwohl der Altersunterschied nur acht Minuten betrage. Dazu zeigte sie mir ein altes Foto, auf dem sie den Buggy mit der Schwester schiebt, als sie selbst noch kaum laufen konnte.

Einer der Gründe, weshalb Zwillinge sich selbst als älter und jünger empfinden, ist sicher auch, dass sie ständig danach gefragt werden. »Das ist immer die zweite Frage, die dir gestellt wird«, sagte mir ein eineiiger Zwilling. »Die erste ist: ›Seid Ihr Zwillinge?‹ und gleich anschließend kommt: ›Welche ist denn die Ältere?‹« Das Primat der Älteren spiegelt sich schon in der Frage wider; es heißt nämlich nie »Wer ist jünger?«, sondern wird immer umgekehrt wahrgenommen. Und auch Kinder sind sich dieser Hierarchie meist schon sehr früh bewusst.

In diesem Zusammenhang beobachtete ich einmal zwei kleine Mädchen beim Spielen. Dabei verkündete die dreijährige Tessa: »Ich bin eine Prinzessin«, woraufhin ihre zweijährige Schwester Sarah sogleich antwortete: »Ich auch«. »Nein, bist du nicht!«, erwiderte Tessa, dachte kurz nach und stellte dann fest: »Du bist der Prinz.«

Tessa verhinderte nicht nur, dass die kleine Schwester sich in ihre Regentschaft einmischte, sondern entschied darüber hinaus, was Sarah sein durfte. Die kleine Schwester wiederum stellte dieses Arrangement erst gar nicht in Frage und akzeptierte sofort die Entscheidungsgewalt der älteren Schwester, indem sie die Rolle des Prinzen übernahm.

Diese Machtstrukturen aufgrund des Altersunterschieds können bis ins Erwachsenenalter fortbestehen, sich aber auch ins Gegenteil verkehren. So empfand beispielsweise die Sängerin Carly Simon laut ihrer Biographin Sheila Weller Gewissensbisse (und zugleich auch Schadenfreude), als sie berühmt wurde, weil in ihrer Familie immer die beiden älteren Schwestern als die Stars gegolten hatten. Carlys Ruhm »stellte die von den Schwestern erwartete Ordnung der Dinge auf den Kopf«.[3]

Die Reue der Gewinnerin

Interessant ist auch, wie sich die Machtverhältnisse aus der Kindheit im Erwachsenenalter darstellen: Vor einigen Jahren besuchten meine Schwester Mimi und ich ihre beste Freundin aus der Grundschule, die mich bei dieser Gelegenheit etwas schuldbewusst fragte, ob ich ihr noch böse sei, weil sie und Mimi mich früher so schlecht behandelt hätten, etwa als sie mich einmal absichtlich Katzenfutter essen ließen. Ich hegte weder einen Groll, noch konnte ich mich an die Sache mit dem Katzenfutter erinnern, bis sie mir erzählten, dass sie mir die Augen verbunden und verschiedene Sachen zu essen gegeben hatten, die ich erraten sollte. Ich konnte mich nur noch schwach an die Szene erinnern, außer dass ich den Fischgeruch aus der Katzenfutterdose so unangenehm gefunden hatte. Was mir aber plötzlich ganz lebhaft und fast körperlich spürbar wieder ins Gedächtnis kam, war das Gefühl der tiefen Dankbarkeit, dass meine ältere Schwester und ihre Freundin mich damals überhaupt in ihr Spiel miteinbezogen hatten.

Auch Mimi hatte als Erwachsene Gewissensbisse, weil es früher so leicht gewesen war, mich zu manipulieren. Sie litt unter der Reue der Gewinnerin. Wenn man einen Wettkampf mit Fremden gewinnt, kann man den Triumph mit ungetrübter Freude auskosten. Doch wenn wir gegen die Schwester antreten, ist es nicht so einfach, weil wir es nicht nur mit der Konkurrenz, sondern auch mit der Verbundenheit zu tun haben. Sie wusste schon als kleines Kind, wie viel Macht sie über mich besaß, und hatte dieses Gefühl zwar durchaus genossen, gleichzeitig aber auch immer Skrupel deshalb gehabt.

Zwei Zwillingsschwestern bewarben sich für die Basketballmannschaft ihrer Highschool. Nach einigen Probespielen, bei denen die Eltern und der ältere Bruder zuschauten, war die ganze Familie bestürzt über das Ergebnis: Eine Schwester hatte sich erfolgreich für die erste Schulmannschaft qualifiziert, die andere sollte nur in die zweite aufgenommen werden. Die Familie konnte sich angesichts dieses unakzeptablen Ergebnisses noch nicht dazu durchringen, nach Hause zu fahren. Schließlich gelangten sie zu einer Entscheidung: Die Zwillingsschwester, die in die erste Schulmannschaft gekommen war, ging noch einmal in die Sporthalle zurück und fragte den Trainer, ob ihre Schwester mit ihr zusammen zum Training für die erste Mannschaft kommen dürfe. Der Trainer stimmte zu, und die Schwester schlug sich so hervorragend, dass sie schließlich auch in der ersten Mannschaft spielte. Kein Zwilling fiel zurück, dank der Reue der Gewinnerin.

Auch jüngere Schwestern können unter dieser Art von Gewissensbissen leiden. Als Serena Williams ihre Schwester Venus bei einem Viertelfinalmatch der United States Open schlug, erlebte sie ebenfalls die Reue der Gewinnerin – und musste aufpassen, dass diese Gefühle sie nicht daran hinderten, ihr bestes Tennis zu spielen. In einem Interview sagte sie über die Situation, dass sie gegen ihre Schwester antreten muss: »Ich versuche, sie nicht anzusehen, weil ich mich sonst möglicherweise schlecht fühle. Ich will das Beste für sie. Ich habe sie wahnsinnig gern.«[4] Trotz der eindeutigen Freude über ihren Sieg konnte Serena doch nicht umhin, sich schlecht dabei zu fühlen, dass ihre Schwester verlor. Serena ist die jüngere der beiden Williams-Schwestern.

Der Groll der Verliererin

Rechte, die automatisch mit dem Alter einhergehen, sind institutionelle Macht – die Macht, die durch soziale Rollen verliehen wird. Es gibt jedoch noch eine andere Form von Macht, nämlich die interaktionelle Macht, die durch die Handlungen des Einzelnen entsteht. In einer Arbeitsumgebung ergibt sich die institutionelle Macht aus der Position, die jemand innehat, während die interaktionelle Macht auf dem Einfluss beruht, den der Einzelne durch sein Verhalten erwirbt. Wenn eine Mitarbeiterin Respekt genießt, hören die Kollegen häufiger auf das, was sie zu sagen hat, als bei jemandem, der als unzuverlässig und exzentrisch gilt. Eine Person, die schnell in Rage gerät, kann ebenfalls interaktionelle Macht gewinnen, weil die Kollegen vor ihr zurückschrecken und darauf bedacht sind, eine Explosion zu vermeiden. Diese Muster finden sich auch in der Familie. Wer älter ist, genießt institutionelle Macht im Hinblick auf Privilegien und Status. Wer jünger ist, erhält die institutionelle Macht, Forderungen zu stellen. In beiden Rollen kann das Individuum interaktionelle Macht erringen. Geschwister setzen ihren Willen möglicherweise durch, weil sie kontaktfreudiger sind, weil sie bevorzugt werden oder weil sie eher zu Wutausbrüchen neigen. Eine Frau zum Beispiel merkte an, dass ihre Schwester viel mehr Aufmerksamkeit erhielt als sie, weil »sie sich besser darauf verstand, krank zu werden«. Was immer die Quelle der Macht sein mag, die Schwester, die darüber verfügt, macht sich wahrscheinlich nicht viele Gedanken darüber. Doch die andere, der dieses Mittel nicht zur Verfügung steht, hegt möglicherweise einen geheimen Groll, der in unerwarteten Momenten und zur Überraschung der Schwester zum Ausdruck kommen kann.

Eine Collegestudentin fiel aus allen Wolken, als ihre jüngere Schwester den Briefumschlag mit den Ergebnissen ihres Studieneignungstests öffnete und triumphierend verkündete: »Ich habe zehn – nein, zwanzig Punkte mehr als du!« Sie hatte längst vergessen, dass ihre Eltern der Jüngeren oft die Leistungen der Älteren unter die Nase gerieben hatten, um ihren Ehrgeiz anzuspornen. Aber die Jüngere war sich der Last des Vergleichs immer bewusst, deshalb lag das Ressentiment dicht unter der Oberfläche, bereit, in unerwarteten Momenten hervorzubrechen. Eine andere ältere Schwester wurde ähnlich unvorbereitet vom Groll der jüngeren getroffen. Schwanger mit ihrem ersten Kind, sagte sie ihrer Schwester den Namen, den sie für das Baby ausgesucht hatte. Ihre Schwester explodierte: »Mein ganzes Leben lang hast du alles, was ich wollte, zuerst gekriegt! Ich hab mir diesen Namen schon vor zehn Jahren ausgesucht!«

Wenn zwei Personen im Gänsemarsch hintereinander gehen, hat diejenige, die hinten geht, immer im Blick, dass jemand vor ihr ist. Sie muss ihr Tempo der anderen Person anpassen, entscheiden, wie viel Abstand sie lässt, wie weit sie zurückfallen will oder wie schnell sie gehen muss, um die andere einzuholen. Diejenige, die vorne geht, sieht die Person hinter sich nicht, es sei denn, sie dreht sich extra zu ihr um. Sie vergisst leicht, dass die andere da ist. Genauso leicht vergisst die ältere Schwester auch den Wettbewerb, solange sie einen sicheren Vorsprung hat, und reagiert deshalb überrascht, wenn die jüngere ihrer Wahrnehmung der Situation in bissigen Bemerkungen Luft macht.

»Meine Stärken sind ihre Schwachstellen«, sagte eine Frau über ihre Schwester, »und umgekehrt.« Wir alle haben Stärken und Schwächen, Dinge, die wir gut beherrschen, und andere, die uns schwerer fallen. Aber wenn wir eine Schwester haben, können wir nicht an unsere Stärken und Schwächen denken, ohne an ihre zu denken. Und das erklärt manchmal nicht nur die Bemerkungen, die wir gegenüber der Schwester machen, sondern auch die Art, wie wir auf die Äußerungen anderer reagieren. »Ich gerate wirklich aus der Fassung«, sagte Karen, »wenn jemand die Art, wie ich etwas sage, korrigiert, oder andeutet, dass ich etwas nicht weiß, was ich eigentlich wissen sollte, so nach der Devise: ›Was? Das weißt du nicht?‹« Sie führt diese Reaktion auf die Vergleiche mit ihren Schwestern zurück. »Ich war die künstlerische, kapriziöse, sportliche Schwester, die ganz gut in der Schule, aber nicht hochintelligent war«, erklärt sie. »Nicht hochintelligent« impliziert, dass ihre beiden Schwestern – eine ältere und eine jüngere – klüger waren als sie. Karen hält diesen Vergleich für die Ursache ihres Schwachpunktes, ihrer »Achillesferse«, wie sie sagt.

Pamela ist gemessen an allgemeinen Maßstäben überaus erfolgreich. Sie hat promoviert und lehrt Klinische Psychologie an der Universität. Doch in ihrer eigenen Familie macht dieser Werdegang keinen besonderen Eindruck, vor allem nicht auf ihre ältere Schwester. Die Schwester war eine Zeitlang als Malerin tätig und machte deutlich, dass sie das hehre Leben einer Künstlerin für etwas Bedeutsameres hielt als die profanen Interessen einer Akademikerin. Sie gab die Malerei schließlich wieder auf und strebte stattdessen einen Doktortitel in Soziologie an. Daraufhin ließ sie Pamela wissen, dass die Soziologie mit ihren harten, nüchternen Statistiken dem Wischi-Waschi-Feld der Klinischen Psychologie weit überlegen sei. Pamela fühlt sich bei dem Vergleich mit ihrer Schwester wie die Teilnehmerin an einem lebenslangen Wettbewerb, bei dem sie nur verlieren kann.

Allerdings kann der Wettbewerb mit der Schwester sich auch durchaus positiv auswirken, etwa wenn sich die ältere Schwester durch die Leistungen der jüngeren angespornt fühlt, wie im folgenden Beispiel. Die Ältere hatte immer gesagt, sie sei zufrieden mit ihrer Position im mittleren Management. Aber als die jüngere Schwester ankündigte, sie werde einen neuen Job mit weit mehr Verantwortung und höherer Bezahlung antreten, änderte sie ihre Meinung. Innerhalb einer Woche hatte die Ältere ihren Lebenslauf aktualisiert, ließ verlauten, dass sie an einer Beförderung interessiert sei, und bekam eine höhere Stellung innerhalb ihres Unternehmens. In diesem Fall wirkte die Konkurrenz inspirierend. Ich vermute, dass die Sprossenleiter des Alters hier eine Rolle spielte. Die Erkenntnis, dass die jüngere Schwester einen überholt, bietet einen wesentlich kräftigeren Anstoß zum Handeln als die vertraute Erfahrung, dass die Jüngere bewundernd aufblickt und die Ältere sich behaglich auf einer höheren Sprosse eingerichtet hat.

Platzanweisung fürs Leben

Einige Frauen, mit denen ich sprach, beschrieben sich als die »typische Mittlere«, manche sahen sich dabei als die »Friedensstifterin«, andere als rebellisch oder schüchtern, weil sie sich »übergangen« fühlten. Diese Klassifizierung als »typisch Mittlere« oder auch »typisch Älteste« bzw. »typisch Jüngste« beinhaltete sehr unterschiedliche Vorstellungen davon, worin dieses Typische besteht. Manchmal bedeutet »typische Älteste« rebellisch, weil sie den Weg freimachen muss, aber manchmal bedeutet es auch, dass die Älteste besonders pflichtbewusst ist und immer tut, was man ihr aufträgt. Die Einzelheiten variierten zwar, aber alle Frauen gingen von der Annahme aus, dass die Stellung eines Kindes in der Geschwisterhierarchie die Persönlichkeit prägt und sich lebenslang auswirkt.

Eine Frau, die jüngste von vier Geschwistern, meinte einmal, dass sie sich selbst nicht für schüchtern halte und auch keine Probleme habe, sich in der Welt zu behaupten. Nur wenn die ganze Familie alljährlich an Weihnachten zusammenkäme, »sage ich während der ganzen Zeit ungefähr drei Wörter. Wahrscheinlich würde es noch nicht mal auffallen, wenn ich gar nicht da wäre.« Dieses Gefühl des Ignoriertwerdens führte sie darauf zurück, dass sie die Jüngste in der Geschwisterreihe ist.

In anderen Fällen fühlten sich umgekehrt die älteren Schwestern so, als würden sie nicht zählen. Ein Beispiel: Marsha zeigte ihrer älteren Schwester Sheila, einer Heilpraktikerin, ihre Hände, die plötzlich schuppig geworden waren, und sagte dazu: »Wahrscheinlich ein Vitaminmangel, ich werde meinen Hausarzt fragen.« Die Schwester dagegen meinte: »Das sieht aber sehr nach einem Ekzem aus. Geh lieber gleich zum Dermatologen.« Am nächsten Tag rief Marsha die Schwester an und bestätigte deren Vermutung: »Du hattest Recht, mein Arzt hat mich zum Dermatologen geschickt, und der meinte, es sei ein Winterekzem.« Anstatt sich zu freuen, dass sie Recht gehabt hatte, wurde Sheila wütend. »Nie glaubst du mir«, blaffte sie. »Immer musst du es erst von anderen bestätigt bekommen. Solche Probleme kenne ich doch von meinen Patienten, nur meine eigene Schwester denkt, ich hätte von nichts eine Ahnung. Du hast mir ja sowieso noch nie zugehört!«

Du hast mich total abgewürgt!

Ärger oder sogar Wutausbrüche aufgrund scheinbar belangloser Bemerkungen oder Handlungen kommen zwischen Schwestern gar nicht so selten vor – schon banale Meinungsverschiedenheiten können mitunter unverhältnismäßige Reaktionen auslösen, wenn sich dadurch eine seit langem schwelende Glut neu entflammt. »Rückblickend betrachtet war es absolut lächerlich!«, sagten Frauen mir häufig, wenn sie von einem Streit mit ihrer Schwester berichteten.

Eine meiner Studentinnen, Jennifer Kovach, nahm einmal ein Gespräch mit ihrem Freund Josh und ihrer ein Jahr jüngeren Schwester Lynds auf. Sie unterhielten sich über ein häufiges Thema bei Collegestudenten, nämlich über Mitbewohner in der Wohngemeinschaft, die nie aufräumen und ständig Chaos hinterlassen. An einem Punkt des Gesprächs rief Lynds erbost: »Ich wollte jetzt ungefähr fünfzig Mal was sagen, aber du würgst mich ja jedes Mal ab!«

Jen unterbrach kurz den Satz, den sie gerade zu Josh sagte, und meinte: »Tut mir leid!«, aber Lynds, die immer noch ärgerlich war, fauchte nur zurück: »Vergiss es!«

»Los, sag schon, was du sagen wolltest«, ermunterte Jen die Schwester, aber Lynds schmollte: »Nein. Jetzt will ich nicht mehr.«

Jen gab nicht auf. »Ich hab dich nicht gehört«, sagte sie und wiederholte noch einmal: »Los, sag doch, was du sagen wolltest.«

Lynds wiederholte nur ihren Vorwurf. »Ich hab es mindestens drei Mal versucht.«

Weil es aber eigentlich ein freundliches Gespräch in heiterer Atmosphäre war, konnten alle drei irgendwann das Absurde der Situation erkennen, und nach einigen Witzen über die Anzahl der vergeblichen Versuche, die Lynds unternommen hatte, um zu Wort zu kommen, brachte sie schließlich doch noch ihren Punkt vor.

Man kann darüber streiten, ob es falsch war, dass Jen einfach weiterredete, als Lynds versuchte, zu Wort zu kommen. Wie man diese Frage beurteilt, hängt vom eigenen Gesprächsstil ab – oder den eigenen Erfahrungen mit Geschwistern. Jen und Josh fielen sich dauernd gegenseitig ins Wort und redeten immer wieder gleichzeitig, aber keiner von beiden störte sich daran; sie unterhielten sich einfach. Manche Leute sind der Ansicht, dass die anderen das Rederecht abtreten und ihnen dadurch Gelegenheit zum Sprechen geben sollten. Andere halten es für ein Zeichen eines guten Gesprächs, wenn man gleichzeitig redet. Wenn man etwas sagen will und beim ersten Mal nicht durchkommt, versucht man es einfach weiter. Diese Unstimmigkeit hätte genauso gut zwischen zwei Freundinnen auftreten können, doch weil Jen und Lynds Schwestern sind, hat das Zusammenspiel ihrer Kommunikation mehrere Bedeutungsebenen. Lynds warf nur Jen vor, sie nicht zu Wort kommen zu lassen, obwohl auch Josh über sie hinweggeredet hatte – unbewusst vielleicht ein Vorwurf an die Schwester, sie nicht »beschützt« zu haben. Außerdem fällt auf, dass Lynds mit ihrer Weigerung zu sprechen sofort ins Zentrum der Aufmerksamkeit rückte.

Dieser flüchtige Austausch war zwar kein echter Streit – er ging im gemeinsamen Gelächter rasch vorüber und wäre auch schnell vergessen gewesen, wenn Jennifer das Gespräch nicht aufgezeichnet hätte –, aber es war sicher kein Zufall, dass Lynds Protest und ihr Gefühl, übergangen und nicht gehört zu werden, sich im Gespräch mit der älteren Schwester äußerte.

Durch ihre Weigerung zu sprechen kehrte sie die Macht-Dynamik um und ließ die Schwester buchstäblich darum »betteln«, doch zu sprechen.

Geld ist Liebe und Liebe ist Geld

Viele urplötzlich aufflammenden Streitigkeiten zwischen Schwestern enthalten ein solches Wettbewerbselement. Bei dem kleinen Zwist zwischen Jennifer und Lynds spielte die Konkurrenz um das Rederecht eine Rolle auf der Mitteilungsebene. Auf der Ebene der Metamitteilungen geht es dagegen häufig um Besitztümer und damit indirekt um Liebe – insbesondere darum, welche Schwester mehr Zuneigung von den Eltern erhält.

Sogar wenn Eltern offenbar alle Töchter gleich behandeln, können Schwestern Ungerechtigkeiten entdecken. In Griechenland ist es beispielsweise Tradition, dass Eltern, wenn es ihnen finanziell möglich ist, den Kindern ein Heim schenken – ein Haus oder eine Wohnung. Es ist üblich, ein Apartment auf dem Dach eines anderen zu bauen und für jedes Kind eine Etage hinzuzufügen, sobald Geld zur Verfügung steht. Angenommen, ein Ehepaar hat drei Töchter und gibt jeder eine Wohnung, wenn sie heiratet. Das ist eine Gleichbehandlung. Doch die veränderte Situation der Eltern und die konkrete Bauausführung bedeuten, dass die einzelnen Geschenke nicht gleich sein *können*. Für die älteste Schwester wird die erste Wohnung gebaut, jede folgende Wohnung wird neuer und daher moderner sein, außerdem höher liegen und deshalb mehr Sonne abbekommen. Die jüngste Schwester wird zwangsläufig in mehr als einer Hinsicht ganz oben landen. Und der Gegensatz zwischen den Wohnungen wird immer für alle erkennbar sein. Auch wenn sie nicht selbst in diesen Apartments leben, sondern sie vermieten, ist die unterschiedliche Behandlung greifbar, weil die neueren Wohnungen höhere Mieten einbringen. Die Unterlegenheit eines Apartments kann zum Symbol für die zahllosen Situationen werden, in denen sich eine Schwester von einer anderen übervorteilt fühlt. Und dieses Gefühl kann anhalten, auch wenn offensichtlich ist, dass die Ungleichheit sich nicht abwenden ließ und eine unvermeidliche Folge der Umstände ist.

Zu wissen, dass die meisten Eltern aufrichtig um Fairness bemüht sind, ändert mitunter nichts an den Gefühlen der Kinder, sodass jedes Geschenk vonseiten der Eltern Anlass für einen Streit sein kann. Die Eltern von Patricia etwa schenkten ihrer Schwester Regina eine teure Brosche, weil diese sich keinen kostspieligen Schmuck leisten konnte. Patricia dagegen erhielt kein solches Geschenk, weil sie finanziell viel besser dastand. Das sah sie zwar ein, war aber trotzdem gekränkt, was nicht weiter verwunderlich ist, denn die Bedeutung des Geldes reicht weit über die Frage der finanziellen Bedürftigkeit hinaus. Wenn von den Eltern Geld an das Kind fließt, symbolisiert es in der Regel Liebe. Und wenn der Geldhahn bei einem Kind großzügiger aufgedreht wird als beim anderen, kann dies durchaus problematisch werden – selbst wenn die Kinder längst erwachsen sind. Dann stellen sich mitunter Fragen wie »Wer bekommt mehr Anerkennung?« (oder mehr Aufmerksamkeit), »Wen besuchen die Eltern häufiger?« oder »Mit wem verbringen sie mehr Zeit?« (»Als meine Schwester in Urlaub war, hast du ihre Kinder ganze zwei Wochen gehütet. Und was ist mit meinen Kindern?«)

Letzte Chance für die Liebe

Dieser Wettstreit des »Wer hat mehr gekriegt?« endet mitunter noch nicht einmal mit dem Tod der Eltern. Ihr Verlust ist zwar oft eine schmerzliche Erfahrung, die viele Geschwister enger zusammenrücken lässt, aber noch weit häufiger sind unterschwellige Ressentiments oder offene Zerwürfnisse aufgrund von Erbstreitigkeiten, über die viele Frauen berichteten. Ein Freund beschrieb es so: »Das ist die letzte Chance, etwas von der Liebe deiner Eltern zu bekommen.«

In einer Kolumne des *New York Times Magazine* fand ich dazu einmal folgenden Leserbrief: »Meine geliebte Schwester... erhält seit langem finanzielle Unterstützung von meinen Eltern. Kann ich meine Eltern bitten, eine Aufstellung der bisher geleisteten Zahlungen an meine Schwester zu machen und die Summe dann von unserem späteren Erbe abziehen, damit sie und ich insgesamt gleich viel bekommen?« Die Antwort darauf lautete: »Sie können sie zwar fragen, aber Ihre Eltern müssen dieser Bitte nicht entsprechen. Es ist nämlich ihr Geld und kein Fond, den sie treuhänderisch für die Erben verwalten.«[5]

Trotzdem haben manche Menschen das Gefühl, dass das Geld oder Haus der Eltern eigentlich ihnen zustünde, oder sie machen sich Sorgen um ihren gerechten Anteil am Erbe, so wie sie auch wachsamen Auges darauf achten, ob ein Geschwister von den Eltern womöglich mehr Geschenke, Aufmerksamkeit oder Liebe erhält. Und mancher, der seine Eltern zu Lebzeiten nie dazu bewegen konnte, ihm seinen gerechten Anteil an ihrer Liebe zu geben, versucht dann mitunter, sie zumindest nach ihrem Tod dazu zu zwingen.

Claudia war dankbar, dass ihre Eltern ihr beim Kauf eines Hauses finanziell geholfen hatten. Ihr war zwar klar, dass ihre Schwester deshalb böse war, kümmerte sich aber nicht weiter darum, weil sie wusste, dass die Schwester und ihr Mann keine finanzielle Unterstützung brauchten. Deshalb traf es sie völlig unvorbereitet, als die Schwester nach dem Tod der Eltern verlangte, dass ihr Erbteil um den Betrag gekürzt werden sollte, den sie von den Eltern für das Haus erhalten hatte. Allein mit Blick auf das Geld befand sich die Schwester mit ihrer Forderung im Unrecht – wie auch die eben zitierte Gewissensfrage aus dem *New York Times Magazine* zeigt. Allerdings war die Forderung der Schwester auch eine Reaktion auf die Metabotschaft über die elterliche Liebe.

In einer anderen Familie hatte sich eine Frau Geld von ihren Eltern geliehen und noch nicht zurückgezahlt, als die Eltern plötzlich starben. Sie meinte daraufhin, dass das Geld ja eigentlich kein Darlehen, sondern vielmehr ein Geschenk gewesen sei, sodass man den Betrag bei der Aufteilung der Erbschaft unter den Geschwistern ausklammern müsse. In beiden Fällen ging es bei dem Vermögen der Eltern nicht nur um Geld, sondern auch um ihre Liebe.

Darüber hinaus gibt es noch einige andere Methoden, wie Geschwister sich mehr als nur ihren gerechten Anteil – oder was sie dafür halten – anzueignen versuchen, sobald die Eltern gestorben sind. Sogar wenn es nicht zu Streitigkeiten um das Erbe kommt, kann es böses Blut geben, weil der Schmerz des Verlusts groß ist und alles, was der Schwester zufällt, den Verlust noch schmerzlicher bewusst macht. Dazu gehören oft auch leidenschaftliche Auseinandersetzungen um Gegenstände von geringem oder gar keinem finanziellen Wert wie etwa ein Nadelkissen oder eine Tasse – in einer Familie brach sogar ein erbitterter Streit über ein Nachthemd aus. Das alles mag zwar absurd klingen, ist aber verständlich, weil es bei dem Konflikt – wie so häufig zwischen Geschwistern – meistens um die unterschwellige Frage geht, wer das größte Anrecht auf die Liebe der Eltern hat.

Natürlich gibt es auch umgekehrte Beispiele, wie etwa die Geschichte der drei Schwestern, die das einzige Erbstück der Mutter, das von Bedeutung für sie war, unter sich aufteilen sollten – es ging um eine Kette, die alle drei gern haben wollten. Eine der Schwestern machte daraufhin den Vorschlag, dass jede die Kette jeweils ein Jahr lang bekommen und sie dann an die nächste weitergeben sollte. Als die Schwestern einige Zeit später wieder zusammenkamen, zog diejenige, die die Kette zuerst bekommen hatte, drei kleine Schatullen aus der Tasche – sie enthielten alle eine Kette wie die der Mutter. Die Schwester hatte sie inzwischen beim Juwelier nachmachen lassen, und man konnte unmöglich erkennen, welche das Original war. Auf diese Weise bekamen alle drei die Kette der Mutter.

Der ewige Wettstreit

Die Idee mit den drei Ketten war eine kreative und einzigartige Lösung für das problematische Unterfangen, eine unteilbare Sache zu teilen. Das Erbe ist ein besonders dramatisches Beispiel für die allen Schwesternbeziehungen innewohnende Konkurrenz – eine Konkurrenz, die viele Formen annehmen und auf mannigfache Weise zum Ausdruck kommen kann.

»Ich habe gestern zwei Mal mit Mutter gesprochen«, sagte eine Frau. Ihre Schwester parierte: »Ich habe ein Mal mit ihr gesprochen, aber wir hatten ein besseres Gespräch.« Sie scherzten – in gewisser Weise. Schwestern konkurrieren mitunter nicht nur darum, wer mehr von den Eltern bekommt, sondern auch darum, wer umgekehrt den Eltern mehr gibt, wer sie besser kennt oder wer sich öfter um sie kümmert.

Dazu gibt es ein gutes Beispiel aus meiner eigenen Geschichte: Naomi und ich waren einmal zu Besuch bei unseren

Eltern, und sie bereitete gerade das Frühstück für sie zu. Als sie fertig war, stellte sie die Eier, den Toast und eine Tasse Kaffee vor meinen Vater auf den Tisch. Ich wusste, dass er seinen Kaffee am liebsten *nach* den Eiern, zusammen mit etwas Süßem, zu sich nahm, hielt mich aber zurück, weil es mir irgendwie falsch vorkam, meiner älteren Schwester zu sagen, was sie tun sollte. Ich dachte, es sei Sache meines Vaters, ihr das zu sagen. Das tat er auch, nachdem er die Eier verzehrt hatte und nun seinen heißen Kaffee wollte. An diesem Punkt konnte ich nicht mehr an mich halten. »Ich wusste es«, krähte ich. »Hab' noch dran gedacht, als du ihm den Kaffee gebracht hast.« Naomi war verständlicherweise sauer wegen meiner Besserwisserei und tat auch nichts, um ihren Ärger zu verbergen.

Das alles geschah schon vor vielen Jahren, aber diese Szene hat sich mir deshalb eingeprägt, weil sie so viele widerstreitende Gefühle in mir auslöste. Einerseits fühlte ich mich schlecht, weil Naomi sauer auf mich war und ich eigentlich wusste, dass ich gleich etwas hätte sagen sollen. (Und als ich dann doch damit herausplatzte, war mir sofort klar, dass ich besser den Mund gehalten hätte.) Andererseits genoss ich aber auch das Gefühl einer gewissen Befriedigung, die Vorlieben meines Vaters besser gekannt zu haben als sie.

Ich bin nicht besonders stolz auf diese Geschichte. Aber sie ist repräsentativ für die Art von Zusammenstößen, die sich manchmal zwischen Naomi und mir ereigneten, weil wir beide meinem Vater nicht von der Seite wichen. Es war eine seltsame Mischung aus Konkurrenz und Verbundenheit. Wir konkurrierten darum, wer stärker mit ihm verbunden war. Gleichzeitig war der Wettbewerb selbst eine Form von Verbundenheit zwischen meiner Schwester und mir.

Mit Schwestern unterwegs

Viele erwachsene Schwestern machen gemeinsam Urlaub. Das ist dann unter Umständen wie in alten Zeiten – man macht sich einen gemütlichen Abend im Pyjama, redet und lacht, albert herum wie in der Kindheit. Aber ein gemeinsamer Urlaub kann auch dazu führen, dass alte Rivalitäten aufbrechen. Wenn sich drei Schwestern ein Zimmer mit zwei Betten teilen, wer muss dann auf der Pritsche schlafen? Wenn man Pläne für den Tag macht, wessen Präferenzen setzen sich letztlich durch? Und dann ist da noch das leidige Thema Geld, das immer eine Rolle spielt. Eine Schwester ist vielleicht genügsamer, deshalb möchte sie in preiswerteren Hotels übernachten, in weniger kostspieligen Restaurants essen und weniger Trinkgeld geben. Und was ist eine faire Methode, die Kosten zu teilen, wenn es ans Bezahlen geht?

Im Anschluss an eine Familienfeier blieben drei Schwestern noch für ein paar Tage im Hotel, um gemeinsam Urlaub zu machen. Jetzt teilten sie die Hotelrechnung auf. Cindy, die Jüngste, kochte vor Wut. Esther, die Älteste, war der Ansicht, dass Cindy für das Extrazimmer bezahlen sollte, weil Cindys zwei Kinder sich geweigert hatten, in einem Zimmer mit ihren Kindern zu bleiben. Das klang einleuchtend, allerdings … nun ja, aus Cindys Sicht sprach einiges dagegen. Cindys Kinder hätten sich sehr gern ein Zimmer mit ihren Cousins geteilt, aber nicht *ein Bett*! Und das einzige Zimmer mit getrennten Betten hatte Betty, die dritte Schwester, in Beschlag genommen, weil sie und ihr Mann nicht in einem Doppelbett schlafen konnten. Deshalb war Cindy der Auffassung, dass es nicht die Bedürfnisse ihrer Kinder gewesen waren, die das Extrazimmer erforderlich gemacht hatten. Außerdem hatte sie die höchsten Reisekosten gehabt, weil sie und ihre Familie mit dem Flugzeug anreisen und ein Auto mieten musste, während ihre Schwestern mit dem eigenen Wagen gekommen waren. Schließlich stand noch die Frage im Raum, wer es sich leisten konnte, mehr zu bezahlen. Cindys Familie hatte ein höheres Einkommen, das stimmte, aber Esther lebte auf einem Anwesen, das eine Menge wert war – weit mehr als Cindys Haus.

Der Streit über die Hotelrechnung war besonders spannungsgeladen, weil die Schwestern sowieso schon gereizt waren. Was war passiert? Früher am Tag waren sie getrennte Wege gegangen. Betty sollte Cindy später zum Lunch mitnehmen, aber Cindy kam zu spät. Aus Cindys Sicht gab es einen guten Grund für die Verspätung: Aufgrund ihres Stoffwechsels muss sie unbedingt etwas essen, wenn sie wirklich hungrig ist. Deshalb musste sie Halt machen, um einen kleinen Imbiss zu sich zu nehmen, und sie konnte unmöglich ahnen, dass die Bedienung so lange brauchen würde.

Doch diese mildernden Umstände änderten nichts an der Tatsache, dass ihre Schwestern, denen ebenfalls der Magen knurrte, sauer auf sie waren, weil sie zu spät kam. Doch Cindy war ebenfalls sauer auf ihre Schwestern. Sie hatte ein Paket aufgeben müssen, und Betty, die auf gemeinsamen Reisen immer das Autofahren übernahm, hatte sie zum nächstgelegenen Postamt gebracht, aber sie war nicht bereit gewesen, noch weiter zu fahren, um eine UPS-Filiale zu suchen, was wesentlich günstiger gewesen wäre. Und das war noch nicht alles. Wenn die drei ohne ihre Ehemänner unterwegs sind, nehmen sie sich immer zusammen ein Zimmer, und Cindy ist diejenige, die normalerweise auf der Pritsche schläft. Sie versteht den Grund – sie ist die Jüngste und hat den stärksten Rücken –, aber trotzdem gibt es ihr das Gefühl, die Außenseiterin zu sein, die nicht dazugehört. Seit ihrer Kindheit fühlt sie sich wie das fünfte Rad am Wagen, weil sie mehr als sechs Jahre jünger ist als ihre nächstältere Schwester, während die anderen beiden nur zwei Jahre auseinander sind. Das klingt jetzt vielleicht etwas kompliziert, aber derartige Verwicklungen sind ganz typisch für familiäre Interaktionen. Der aktuelle Konflikt ist nie die ganze Geschichte. Jeder Kommentar, jede Handlung trägt Bedeutungen aus früheren Interaktionen in sich – aus den Äußerungen und Handlungen eines ganzen Lebens. Und alles hat nicht nur auf der Mitteilungsebene eine Bedeutung, sondern auch auf der Ebene der Metamitteilungen, wo Verbundenheit und Macht ausgehandelt werden.

4. Auf wessen Seite stehst du?

Ausrichtungen und Allianzen verstehen

Jede Familie bildet auf vielfältigen verbalen und nonverbalen Kommunikationsebenen ein Netzwerk aus ständig wechselnden Allianzen oder Ausrichtungen, die als *Alignments* bezeichnet werden. Solche veränderlichen *Alignments* richten sich mal an dem einen, mal an dem anderen Familienmitglied aus: Eltern können sich zusammenschließen und für die Kinder ein undurchdringliches Bollwerk darstellen, Kinder können sich mit den Geschwistern gegenüber einem Elternteil verbünden oder mit einem Elternteil gegenüber dem anderen Elternteil. Eine Frau erzählte zum Beispiel: »Wenn Mutter mir früher den Hintern versohlen wollte oder mich anbrüllte, rief ich stets nach meinem Vater, der dann die Rolle meines Verbündeten gegenüber meiner Mutter übernahm, anstatt sich auf Mutters Seite zu stellen.«

Eine andere Frau namens Joan berichtete: »Immer wenn meine Mutter bei mir zu Besuch war, rufe ich hinterher, kaum dass sie aus der Tür ist, sofort meine Schwester an: ›Weißt du, was Mama schon wieder gemacht hat?!‹ oder ›Du glaubst nicht, was sie heute wieder gesagt hat!‹ Meine Schwester ist nämlich der einzige Mensch, der versteht, warum ich bei meiner Mutter immer die Wände hochgehe.«

Wenn zwei Personen über eine dritte Person sprechen, schaffen sie ein *Alignment*, das sie miteinander verbindet, und das denjenigen, über den sie sich austauschen, ausschließt. Joan und ihre Schwester erzeugen diese gemeinsame Ausrichtung einfach, indem sie über ihre Mutter reden. Sie formen eine Allianz, indem sie ihr gegenüber dieselbe Haltung einnehmen und darin übereinstimmen, wie sie auf das, was die Mutter sagt oder tut, reagieren.

Zu wissen, dass die Schwester ihre Reaktion auf die Mutter versteht und teilt, gibt Joan die beruhigende Gewissheit, dass ihr Standpunkt zutreffend ist. Doch es gibt auch eine besondere Art der Enttäuschung, ein unverwechselbares Gefühl der Verlassenheit oder sogar des Verrats, wenn Schwestern unterschiedliche Haltungen gegenüber ihren Eltern einnehmen. Wenn Joans Schwester etwa geantwortet hätte: »Mir macht es nichts aus, wenn Mama das sagt; sie meint es doch gar nicht so«, hätte Joan allein dagestanden. Das *Alignment*-Konzept hilft also zu verstehen, warum wir von unserem Gegenüber enttäuscht sind, wenn wir eine Verbindung suchen oder erwarten, die auf einer gemeinsamen Wahrnehmung beruht, sie aber nicht bekommen.

Schwestern im Gespräch

In ihrer Geschichte »Das weiße Pferd« porträtiert Margaret Atwood die Art, wie Schwestern ihre übereinstimmende Ausrichtung demonstrieren und eine gemeinsame Welt durch das Gespräch schaffen können.[1] Lizzie, die in der Stadt lebt, macht einen Besuch auf der Farm, wo ihre Schwester Nell mit ihrem langjährigen Partner lebt, der noch nicht dazu gekommen ist, sich von seiner Frau scheiden zu lassen. Beim Lesen eines Abschnitts, der einen Dialog zwischen den beiden Schwestern wiedergibt, wurde ich immer verwirrter, bis mir klar wurde, dass Atwood zutreffend dargestellt hatte, wie Schwestern durch ihr Gespräch eine gemeinsame Welt erschaffen, zu der kein anderer Zutritt hat. In der folgenden Szene bildet Atwood für den Leser die Erfahrung nach, ein Gespräch zwischen Schwestern zu belauschen:

> »Die Luft ist so herrlich«, sagte Lizzie und atmete tief ein. »Ihr solltet für immer hierbleiben. Eigentlich brauchst du gar nicht mehr in die Stadt zu fahren. Wann werft ihr endlich diese rostigen alten Maschinen weg?«
>
> »Das ist eine Rasenskulptur. Das könnte *ihnen* so passen«, sagte Nell. »Dann wären sie mich für immer los.«
>
> »Sie werden's überleben«, sagte Lizzie. »Sie leben sowieso im Mittelalter. Ist das eine Egge?«
>
> »Vielleicht würden sie Gladys [das Pferd] mögen«, sagte Nell hoffnungsvoll.
>
> »Es geht nicht um Gladys«, sagte Lizzie.
>
> Nell dachte darüber nach. »Das würde sie anders sehen«, sagte sie. »Ich glaub, das ist ein Scheibenpflug. Das andere ist eine Zugegge.«
>
> »Howl [den Hund] würde sie bestimmt nicht mögen«, sagte Lizzie. »Weil er so feige ist. Was du brauchst, ist ein rostiger alter Wagen.«
>
> »Den haben wir. Damit fahren wir«, sagte Nell. »Er ist nicht ganz richtig im Kopf. Ich kann sie aber verstehen. Inzwischen hat sich alles verändert. Daran sind sie nicht gewöhnt.«
>
> »Das ist ihr Problem«, sagte Lizzie, die trotz ihrer Zerbrechlichkeit Härte zeigen konnte, wenn es um andere ging, insbesondere um andere, die Nell verletzten.

Als ich den Abschnitt zum ersten Mal las, war ich ratlos. Die Worte »Zugegge« und »Scheibenpflug« kannte ich nicht, aber ich konnte mir aufgrund des Kontextes zusammenreimen, dass es sich um Begriffe für landwirtschaftliche Geräte handelte. Aber um wen ging es bei »sie« und »ihnen«? Ich blätterte zurück und las die vorangehenden Seiten noch einmal, um zu sehen, ob mir eine Erwähnung der Personen, auf die hier Bezug genommen wurde, entgangen war, aber ich fand nichts. Mittelalter? Inzwischen hat sich alles verändert? Wovon um alles in der Welt redeten die Schwestern da?

Die Erklärung fand sich, als ich weiterlas:

> Wenn Lizzie und Nell sich unterhielten, ließen sie oft einen Teil ihrer Gedankenfolgen aus, in der Gewissheit, dass die andere die Lücke schon ausfüllen würde. *Sie* bedeutete ihre Eltern, nach deren Grundsätzen – veralteten, prüden Grundsätzen, Lizzies Ansicht nach – nur billige Flittchen sich darauf einließen, mit einem verheirateten Mann zusammenzuleben.

Mit dieser Erkenntnis las ich die Passage noch einmal. Es war, als beobachte man, wie ein verschwommenes Bild scharf wird. Ich verstand jetzt nicht nur, dass sich »sie« und »ihnen« auf die Eltern der Schwestern bezog, sondern auch, dass Atwood deutlich macht, wie die Schwestern durch ihr Gespräch ihre gemeinsame Ausrichtung zum Ausdruck bringen und erzeugen. Indem sie Pronomen verwenden, ohne die dazugehörigen Substantive überhaupt zu erwähnen, demonstrieren und bestärken die Schwestern das Band ihrer gemeinsamen Herkunft. Die Eltern müssen nicht ausdrücklich in das Gespräch eingeführt werden, weil sie immer da sind, wie Geister, die über dem Ganzen schweben und nur von den Schwestern wahrgenommen werden.

Was ebenfalls immer über ihnen schwebt, ist das Wissen, dass die Eltern Nells Beziehung zu einem verheirateten Mann missbilligen. Als Lizzie sagt, dass Nell für immer auf der Farm bleiben sollte, denkt Nell deshalb sofort, dass das bedeuten würde, ihre Eltern nicht mehr zu sehen: Beide Schwestern wissen, dass die Eltern sie nicht auf der Farm besuchen würden. Als Lizzie erklärt: »Sie leben sowieso im Mittelalter«, verbündet sie sich mit Nell, indem sie die Missbilligung der Eltern damit abtut, dass diese ohnehin völlig veraltete Ansichten haben. Und als Nell sagt: »Inzwischen hat sich alles verändert«, baut sie auf der Bemerkung ihrer Schwester auf, um zum Ausdruck zu bringen, dass sie versteht, warum es schwer für die Eltern ist, ein Verhalten zu akzeptieren, das zu ihrer Zeit undenkbar gewesen wäre.

Dieses Gespräch veranschaulicht noch in einer anderen Hinsicht die gemeinsame Ausrichtung der Schwestern: Sie springen zwischen zwei Themen hin und her – Eltern und landwirtschaftliche Geräte –, ohne diesen Wechsel anzukündigen. Als Nell sagt: »Das ist eine Rasenskulptur. Das könnte *ihnen* so passen«, ist nicht gemeint, dass die Eltern Gefallen an der Rasenskulptur finden könnten, sondern an Nells Fernbleiben von der Stadt. Als Lizzie antwortet: »Sie leben sowieso im Mittelalter. Ist das eine Egge?«, wechselt sie vom Thema Eltern zurück zum Thema Farmgeräte. Um dem Dialog zu folgen, muss der Leser einzelne Themenfäden wie bei einem Knoten entwirren, weil Atwood die Art, wie viele Schwestern miteinander reden, perfekt wiedergibt. Diese typische Sprechweise erklärt auch, warum eine Frau meinte, dass sie sich, wenn sie mit Schwestern zusammen ist, am Ende immer außen vor fühlt. Das Gespräch zwischen Schwestern enthält unverständliche Anspielungen, unausgesprochene Annahmen und Gesprächsgewohnheiten, die auf der gemeinsamen familiären Herkunft gründen.

Gemeinsame Erinnerung, gemeinsames Gespräch

Wenn Schwestern mir von Ereignissen und Menschen aus der Vergangenheit erzählten, wiederholten und erweiterten sie häufig die Äußerungen der anderen, als würden sie zusammen eine Skulptur erschaffen, ihr gemeinschaftlich Gestalt geben. Ich konnte oft übereinstimmende Bezugnahmen beobachten, wie folgendes Beispiel zeigt.

Millie (76), Frances (74) und Wendy (67), berichteten von ihrer Kindheit und Jugend in einer Kleinstadt. Millie erinnerte sich, dass sie und Frances einmal einen Hund als Geburtstagsgeschenk für die Mutter gekauft hatten:

Millie: »Wisst ihr noch – der Hund?«
Frances: »Richtig! Du hast ihr einen Hund geschenkt!«
Millie: »Es war der hässlichste Hund, den man sich überhaupt nur vorstellen kann!«
Wendy: »Er war wirklich *potthässlich*!«

Als Millie fragte: »Wisst ihr noch – der Hund?«, hätte Frances einfach »Ja« antworten können. Stattdessen erwiderte sie: »Richtig – du hast ihr einen Hund geschenkt!« Auf diese Weise teilte sie ihrer Schwester nicht nur mit, dass sie sich erinnerte, sondern griff ihre Worte auf. Die sieben Jahre jüngere Wendy war bei dem Ereignis zwar noch nicht dabei, stimmte aber ebenfalls in das Gespräch mit ein, indem sie das Thema »hässlicher Hund« wieder aufnahm: »Er war wirklich *potthässlich*!«

Die Schwestern erinnerten sich in diesem Gespräch auch an eine Anekdote über ihren Vater, der einen Teil des Familienvermögens erfolgreich in Aktien angelegt hatte. Der Mutter missfiel das Risiko, weil ihr die damals noch nicht lange zurückliegende Weltwirtschaftskrise noch präsent war, bei der ihr Mann alles Geld verloren hatte. Ihre Kritik erstreckte sich auch auf den Banker, der ihrem Mann die Aktien verkaufte. Frances erzählte eine Geschichte, und ihre Schwestern stimmten ein, zeigten, dass sie die Erinnerung und das Wissen um die Haltung der Mutter mit Frances teilten, aber auch ihren Gesprächsstil. Wendy lieferte den Namen des Börsenmaklers, und Millie steuerte die Motivation für die Antipathie der Mutter bei.

Frances: »Sie lebten auf dem Land, und dieser Broker kam ungefähr einmal pro Woche zu uns.«
Wendy: »Mr. Rivers!«
Frances: »Und Mutter benahm sich jedes Mal so, als ob er Alkoholiker wäre.«
Millie: »Stimmt!«

Obwohl Frances die Geschichte erzählte, machten Wendy und Millie sie zu ihrer eigenen, indem sie weitere Informationen beisteuerten (»Mr. Rivers!«) und den Ablauf bestätigten (»Stimmt!«). Auf der Mitteilungsebene tauschten die Schwestern Informationen über ihre Kindheit aus, auf der Ebene der Metamitteilungen verstärkte die gemeinsame Schilderung die Allianz der Schwestern.

Wenden wir uns nun einem Beispiel der nachfolgenden Generation zu. Die Schwestern Michele und Gae sprachen ebenfalls, als ob sie gemeinsam eine Seite des Gesprächs hielten, während ich die andere allein bestritt. Als sie mir zum Beispiel erzählten, dass sie sich zusammen eine Immobilie in Florida gekauft hatten, hätten ihre Bemerkungen genauso viel Sinn ergeben, wenn sie von ein und derselben Sprecherin gekommen wären:

Michele: Wir haben eine Verwandte da unten.
Gae: Eine Cousine meiner Mutter.

Jede griff die Worte der anderen auf, um ihren Gedanken weiterzuführen:

Michele: Sie hat sich denselben Komplex angesehen. Sie sah ihn sich an, und eine Freundin von ihr war auch noch dabei.
Gae: Ja, Wilma.
Michele: Wilma und sie haben entschieden …

Das Gefühl, dass die Schwestern gemeinsam eine Seite des Gesprächs bestritten, blieb auch bestehen, als sie mir von einer Meinungsverschiedenheit berichteten, die sich auf die Einrichtung ihrer gemeinsamen Wohnung bezog:

Gae: Das Einzige, worüber wir uns wirklich nicht einigen konnten, war der Ventilator. Weißt du noch?
Michele: Oh ja, klar! Weil ich ihn in der Mitte wollte.
Gae: Und ich klar dagegen war!

Das sind nur einige wenige Beispiele für den Eindruck, den ich im gesamten Gespräch hatte – sowohl als es stattfand, als auch später, als ich das Transkript las: Gae und Michele erzählten mir nicht nur von ihrem Leben als Schwestern, sondern brachten ihr Schwestersein auch deutlich durch ihre Sprechweise zum Ausdruck. Auf der Mitteilungsebene berichteten sie mir von gemeinsamen Erlebnissen aus der Vergangenheit, auf der Ebene der Metamitteilungen zeigte – und erzeugte – die Art, wie sie über diese Erfahrungen sprachen, ein *Alignment* zwischen ihnen.

Wenden wir uns nun abschließend einem letzten Beispiel für

die kooperative Sprechweise von Schwestern zu. Chika und Amara, beide in den Zwanzigern, erzählten mir von ihrem internationalen Hintergrund. Ihr Vater, der aus Nigeria stammte, und ihre Mutter, die aus Grenada kam, hatten sich während des Studiums in Minnesota kennengelernt, wo Amara geboren wurde. Die Familie zog dann für kurze Zeit nach Nigeria, wo Chika zur Welt kam, bevor die beiden mit ihrer Mutter in die USA zurückkehrten. Die Schwestern sprachen häufig wie eine Person und beendeten wechselseitig ihre Sätze:

Chika: Ich kam also da drüben zur Welt, und dann kehrte sie wieder hierher zurück, und wir sind hier aufgewachsen.

Amara: Wir sind hier aufgewachsen, in Washington, D.C., aber wir haben etwa zweieinhalb Jahre in Grenada gelebt.

Amara griff Chikas Worte auf: »Wir sind hier aufgewachsen«, wiederholte sie und vollendete den Satz ohne Verzögerung oder Unterbrechung, die beiden übernahmen einfach zusammen eine Seite des Gesprächs.

Dann ergriff Chika wieder das Wort, erkannte an, dass ihre ältere Schwester mehr Erinnerungen an ihre gemeinsame Zeit in Grenada hatte, fügte aber ihre eigene Perspektive hinzu – und ihre Schwester wiederholte ihre Worte, so wie der Chor in einem griechischen Drama die Worte der Figuren wiederholt, um sie zu unterstreichen.

Chika: Ja, was das betrifft, hat sie mehr Erinnerungen als ich. Aber ich weiß auch noch eine Menge.

Amara: Sie weiß auch noch eine Menge.

Hier ein weiteres Beispiel dafür, wie eine Schwester den Satz der anderen nahtlos weiterführt und beendet, als sprächen sie mit einer Stimme:

Amara: Bei mir ist das so: Wenn du mich bittest, etwas für dich zu tun, dann tue ich das, werde aber trotzdem
Chika: einen Streit vom Zaun brechen.
Amara: Genau. (*lacht*).

Nicht nur Schwestern sind zu dieser Art von Ko-Konversation fähig. Alle Familienmitglieder können das, und auch bei Freunden kommt diese Form des Gesprächs vor. Immer wenn zwei oder mehr Menschen sich darüber einig sind, wann es angemessen ist, sich einzuklinken, können sie die Worte und die Rhythmen des anderen aufgreifen und die erfreuliche Erfahrung machen, dass ihre Gesprächsbeiträge sich harmonisch ergänzen wie bei einem gemeinsamen Tanz. Doch wenn es sich bei den beiden Personen, die mit einer Stimme reden, um Schwestern handelt, bereitet die Unterhaltung ganz besonderes Vergnügen. Die Verbundenheit, die durch den gemeinsamen Gesprächsstil erzeugt wird, bestärkt auf der Ebene der Metamitteilungen die Verbundenheit aufgrund der geteilten Erinnerungen. Was sie sagen und wie sie es sagen, wirkt zusammen und schafft eine feste Linie der Übereinstimmung und gemeinsamen Ausrichtung zwischen ihnen.

Mütter und Allianzen

Die meisten Eltern freuen sich, wenn ihre Töchter eine enge Bindung zueinander haben. Problematisch kann es dann werden, wenn diese Verbindung den Ausschluss der Eltern beinhaltet.

In einem sehr persönlichen Essay in der Zeitschrift *More*

beschreibt die Autorin Joyce Maynard die Beziehung zu ihrer älteren Schwester Rona[2] (parallel dazu erschien auch ein von Rona verfasster Beitrag). Joyce und Rona sind einander sehr zugetan, haben sich aber auch viel Schmerz und Kummer bereitet: »Die Geschichte von meiner Schwester und mir besteht zu einem großen Teil aus verpassten Signalen, aus Gefühlen, die wahrgenommen, aber nie ausgedrückt wurden.« Sie schreibt, wie sehr sie es bedauere, nicht bei der Hochzeit ihrer Schwester gewesen zu sein: Rona hatte kurzfristig beschlossen zu heiraten, und Joyce hatte ihre Eltern »angebettelt«, zur Hochzeit fahren zu dürfen. Die Mutter bestand jedoch darauf, dass Joyce ihre Collegekurse nicht versäumen dürfe, was aber die Schwester gar nicht erfuhr. »Rona wusste nur, dass ihre einzige Schwester nicht zu ihrer Hochzeit erschienen war.« Joyce hatte ihr ihren Wunsch nicht mitgeteilt, und auch die Mutter hatte Rona nichts von Joyces' Wunsch gesagt.

Die gegenseitige Verletzung und die daraus folgende Entfremdung zwischen den Schwestern resultierten aus dem Fehlen eines direkten *Alignments* zwischen den beiden. Hätte ein solches Bündnis bestanden, hätte Joyce direkt mit Rona gesprochen, egal, ob sie der Empfehlung der Mutter dann gefolgt wäre oder nicht.

Maynard erwähnt noch ein weiteres Beispiel: Joyce brach ihr Studium mit 18 Jahren ab, um mit dem Schriftsteller J.D. Salinger zusammenzuleben. Erst Jahre später erfuhr sie, welche Sorgen Rona sich deshalb gemacht hatte, nämlich dass Joyce sehr leiden würde, wenn die Beziehung in die Brüche ginge, was sich nach einem knappen Jahr auch bewahrheiten sollte. Rona sprach über ihre Besorgnis aber nicht direkt mit Joyce, sondern in einem Brief an die Mutter. Auch in diesem Fall kommunizierten die Schwestern nicht unmittelbar, sondern nur über die Mutter.

Wie diese Beispiele zeigen, können Gespräche gemeinsame

Ausrichtungen und folglich Beziehungen widerspiegeln, verstärken oder zerstören. Gleichzeitig belegen sie auf inspirierende Weise, dass es möglich ist, solche *Alignment*s neu zu bilden und Beziehungen wiederherzustellen, wie die Maynard-Schwestern durch ihre beiden aneinander ausgerichteten, ehrlichen und tief bewegenden Essays demonstrieren.

Das Aushandeln von Allianzen

Allianzen werden in Gesprächen immer wieder neu verhandelt und können sich auch rasch ändern. Ein Dialog zwischen zwei Schwestern, den Courtney Ivins für eine Seminararbeit bei mir aufgezeichnet hat, zeigt, auf welche Weise dies geschieht.

Die Schwestern Jessica (20) und Becky (18) sind Collegestudentinnen und haben noch eine jüngere Schwester namens Katie (14). Jessica und Becky gehen auf unterschiedliche Colleges und wohnen an verschiedenen Orten, wobei Jessicas College näher zum Elternhaus liegt als das von Becky. Im Verlauf der Unterhaltung sprechen die Schwestern auch darüber, wie die Jüngste damit zurechtkommt, als nunmehr einziges Kind bei den Eltern zu leben:

Jessica: »Sie hat mich vor ein paar Wochen angerufen und mich angefleht: ›Du musst mich hier rausholen. Mom und Dad haben sich total gegen mich verschworen.‹ Ich hab ihr gesagt, sie soll mich doch einfach mal besuchen.«
Becky: »Bei mir geht das nicht.«
Jessica: »Natürlich kann sie dich auch besuchen.«
Becky: »*Ich* kann dich nicht einfach so besuchen kommen.«
Jessica: »Ich weiß, das ist jammerschade.«

Die Unklarheit darüber, worauf sich »das« bezieht, spiegelt Beckys widersprüchliches *Alignment* als mittlere Schwester wider. Jessica nimmt an, dass Becky sich mit den Worten: »Bei mir geht das nicht« mit ihr zusammenschließt als ältere Schwestern von Katie. Deshalb versichert sie ihr, dass Katie sie doch auch besuchen könne. Aber das hat Becky gar nicht im Sinn, als sie sagt: »Bei mir geht das nicht«, sondern sie solidarisiert sich dabei mit Katie, die Sehnsucht nach der älteren Schwester hat. Als Jessica das merkt, beruhigt sie Becky erneut, aber auf andere Weise. Sie bildet schnell eine neue Allianz mit ihr, indem sie sagt, sie bedauere es ebenfalls, dass sie einander nicht besuchen können.

Im weiteren Gesprächsverlauf wird dann noch einmal ein *Alignment* aufgehoben und wiederhergestellt: Becky versucht, sich mit Jessica zu verbünden, indem sie Kritik an Katie übt, weil diese ihr Bad nicht sauber hält. Aber Jessica verteidigt Katies Recht, mit dem Badezimmer so zu verfahren, wie sie will, da sie es ja als Einzige benutzt. Becky insistiert:

Becky: »Sie ist ein echtes Ferkel! Wenn man in ihr Bad kommt, ist es immer schmuddelig.«
Jessica: »Das ist doch … ist mir gar nicht aufgefallen.«
Becky: »Ich bin ja ziemlich pingelig mit meinem Bad.«
Jessica: »Ist mir überhaupt nicht aufgefallen.«
Becky: »Es ist wirklich eklig!«
Jessica (*mit leiser, albernder Stimme*): »Ist mir überhaupt nicht aufgefallen.«

Dann sagt Jessica zu Becky, dass sie das Bad doch selbst saubermachen solle, wenn die Unordnung sie störe. Becky gelingt es schließlich doch noch, Jessica zumindest ein »Igitt!« zu entlocken, als sie ihr erzählt, dass Katie immer Zahnpastareste im Waschbecken kleben lässt.

Damit stellen Jessica und Becky wieder ein gemeinsames *Alignment* als ältere Schwestern gegenüber der Jüngsten her. Das *Alignment*-Konzept bietet eine Möglichkeit, die subtilen Veränderungen hinsichtlich der Verbundenheit und Konkurrenz, die die Schwestern in ihrem Gespräch verhandelten, zu benennen – und zu erkennen.

Die Schwester an unserer Seite

In den Augen der Welt und der eigenen Familie erscheinen Schwestern häufig als Einheit. Man hört oft, dass Schwestern zusammen bei ihrem Nachnamen genannt werden. Innerhalb der Familie werden Schwestern oft schlicht als »die Mädchen« bezeichnet. Auf diese Weise in einen Topf geworfen zu werden wird in dem ewigen Kampf zwischen Verbundenheit und Unabhängigkeit oft zwar als tröstlich, manchmal aber auch als unangenehm empfunden.

Der Trost kann darin liegen, dass uns jemand, der uns gut kennt, in schweren Zeiten zur Seite steht, so wie in Giselas Fall. Sie war ein jüdisches Mädchen, das 1939 in Berlin lebte und deren Familie damals verzweifelt auf Visa wartete, um zu Verwandten in die USA zu emigrieren. Die damals 13-jährige Gisela hatte das Glück, noch im gleichen Jahr in einem Kindertransport nach England zu kommen, während es den Eltern und der älteren Schwester erst 1941 gelang, Deutschland zu verlassen. Gisela konnte nicht vor 1946 zu ihnen in die USA ausreisen und war zu diesem Zeitpunkt dann bereits eine junge Frau von 20 Jahren, die sich längst ein eigenes Leben in Yorkshire aufgebaut hatte und ihre englische Pflegefamilie, der sie sehr zugetan war, nur widerstrebend verließ. Ihre Mutter, außer sich vor Freude über das Wiedersehen mit der Tochter, konnte gar nicht verstehen, warum Gisela den Wunsch hatte, in England zu bleiben bzw. wieder dorthin zurückzugehen. Nur Giselas Schwester konnte nachfühlen, wie ihr zumute war. Und erst als die Schwester Verständnis dafür zeigte, warum sie so an ihrer englischen Pflegefamilie hing, wurde es Gisela möglich, diese Bindung wieder zu lösen und in den USA bei ihrer »alten« Familie zu bleiben, von der sie sieben Jahre getrennt gewesen war.

Enge Bindungen zwischen Schwestern können aber auch zu schwierigen Situationen führen: Bobbi (9) und Rose (7) waren zunächst zuhause unterrichtet worden. Als sie schließlich doch in eine öffentliche Schule kamen, stellte dies eine große Herausforderung für die beiden Mädchen dar, vor allem für die kleine Rose, die viel schüchterner und ängstlicher war als Bobbi. Wenn sie etwas auf dem Herzen hatte, flüsterte sie es meist zuerst der Schwester zu, die es dann stellvertretend für sie aussprach. Als Rose nach den ersten Tagen in der Schule gar nicht mehr aufhörte zu weinen, ließ die Schulleitung kurzerhand einen Stuhl neben den von Bobbi stellen, damit sie eine Zeitlang neben der großen Schwester in deren Klasse sitzen konnte.

Aus Roses Perspektive war das Vertrauen zu Bobbi als ihrem Sprachrohr sicher ein großer Trost, für Bobbi mag es dagegen etwas anders ausgesehen haben: Eine Neunjährige, selbst belastet von den Herausforderungen einer neuen Umgebung, muss nicht nur die Verantwortung für eine Siebenjährige übernehmen, sondern muss sich darüber hinaus auch noch ihren Platz in einer fremden Klasse voller Gleichaltriger mit einer heulenden kleinen Schwester an der Seite erkämpfen. Das *Alignment* zwischen ihnen war tröstlich für Rose, aber belastend für Bobbi.

Auch das Bild, das ich von einer Hochzeit bei Freunden mitgenommen habe, hat sich mir dauerhaft eingeprägt. Alle Gäste waren höchst erfreut, als der Bräutigam bei der Hochzeitsfeier zusammen mit seinen beiden Schwestern ans Mikrofon trat und sie gemeinsam ein Lied anstimmten. Es gab allerdings noch eine dritte Schwester, die währenddessen zwischen den Hochzeitsgästen saß und sehr niedergeschlagen aussah. Ich konnte nicht in Erfahrung bringen, warum sie nicht mitsang, aber ihr Beispiel machte mir auf drastische Weise deutlich, wie sich ein *Alignment* zwischen Geschwistern äußern kann.

Die Schwester an der Seite der Eltern

Große Enttäuschung und eine entsprechende Distanz zwischen zwei Schwestern kann auch ein Bündnis der einen Schwester mit den Eltern bewirken.

Die Anthropologen Charles Darrah, James Freeman und J.A. English-Lueck führten in diesem Zusammenhang eine Langzeitstudie bei amerikanischen Familien durch, in der sie vor allem die Details ihres Alltagslebens beobachteten. In ihrem Buch *Busier Than Ever* zeigen sie, dass jede Familie eine eigene Welt ist, in der die Eltern ihre Weltanschauung und Wertvorstellungen an die Kinder weitergeben. Sie beschreiben darin u.a. auch die Geschichte von Hettie, einem siebenjährigen Mädchen, das mit seinen Freundinnen am liebsten »Barbie« spielte. Hetties Eltern duldeten zwar ihre Vorliebe, machten gleichzeitig aber auch keinen Hehl daraus, dass sie die stereotypen Geschlechterrollen der Barbie-Puppen ablehnten. Hetties zwölfjährige Schwester Sonya übernahm die Einstellung ihrer Eltern, indem sie Hetties Beschäftigung mit den Barbies verächtlich abtat.[3] Sonya hätte sich ebenso gut auch mit ihrer kleinen Schwester verbünden können, ohne sich gegen die Eltern zu stellen, indem sie etwa gesagt hätte: »Viele Mädchen in diesem Alter spielen mit Barbies. Das geht von allein vorbei.« Stattdessen stellte sie sich auf die Seite der Eltern und verstärkte damit Hetties Isolation innerhalb der Familie.

Ähnliches widerfuhr Emma, als sie beschloss, mit ihrem Freund zusammenzuziehen. Sie wusste, dass die Eltern dagegen sein würden, und wappnete sich bereits gegen eine entsprechende Reaktion. Den Brief von ihrer dreieinhalb Jahre älteren Schwester hatte sie allerdings nicht erwartet. Darin warnte die Schwester, dass Emma einen großen Fehler begehe, da es für eine Frau wichtig sei, bis zur Hochzeit Jungfrau zu bleiben; so hätte sie es gehalten, und das sei der Grund, warum sie heute glücklich verheiratet sei. Emmas Freund, den sie später heiratete, war fuchsteufelswild; seiner Ansicht nach mischte sich Emmas Schwester in Dinge ein, die sie nichts angingen. Emma stimmte ihm zu, fühlte sich durch diesen Brief aber auch verraten, denn er zeigte, dass sich die Schwester auf die Seite der Eltern gestellt hatte anstatt auf ihre. Von den Eltern bekam Emma zwar auch einen Brief, aber als sie mir diese Geschichte Jahrzehnte später erzählte, konnte sie sich nicht mehr an dessen Inhalt erinnern. Es war der Brief ihrer Schwester, der ihr im Gedächtnis geblieben war (und immer noch im Magen lag), weil durch ihn das gemeinsame schwesterliche *Alignment*, das sie sich eigentlich erhofft hatte, so plötzlich untergraben worden war.

Eine Schwester muss sich nicht unbedingt der Meinung der Eltern anschließen, um bei der anderen Schwester als Verräterin zu gelten – oft genügt schon die Wiedergabe des elterlichen Standpunkts, wie die folgende Geschichte zeigt.

Zwei Schwestern gerieten in Streit, als eine von ihnen, Patty, seit kurzem geschieden und Mutter von zwei Kindern, sich ein teures Zweifamilienhaus kaufen wollte. Der Preis lag über dem ursprünglich geplanten Budget, aber sie wollte eine Haushälfte vermieten und die Einnahmen daraus zur Rückzahlung der Hypothek nutzen. Als ihr Vater ihr Vorhaben ablehnte, war sie zunächst sprachlos, denn er hatte ihr ursprünglich versprochen, bei der Anzahlung für ein kleines Einfamilienhaus unter die Arme zu greifen. Jetzt allerdings meinte er, ein solches Projekt nicht ruhigen Gewissens unterstützen zu können. Patty war darüber so wütend, dass sie den Kontakt zum Vater abbrach – und ebenso zu ihrer Mutter, weil diese aus Pattys Sicht die Möglichkeit gehabt hätte, den Vater umzustimmen, wenn sie nur gewollt hätte.

Pattys Mutter war bestürzt, da sie wusste, dass ihre Tochter sie in dieser schwierigen Zeit eigentlich brauchte. Außerdem war durch den Streit der Kontakt zu den Enkeln abgeschnitten. Sie bat daher Pattys ältere Schwester Diane, in dieser schwierigen Situation zu vermitteln: »Auf dich wird sie hören. Sag ihr, dass ich mit der ganzen Sache nichts zu tun habe. Warum will sie denn *mich* bestrafen?« Jüngere Schwestern hören oft auf die ältere. Aber in diesem Fall ging der Plan nicht auf. Dianes Vermittlungsversuch stellte sich für Patty so dar, als habe die Schwester sich mit der Mutter verbündet (und dadurch indirekt auch mit dem Vater), nicht zuletzt weil sie eigentlich von ihr erwartet hatte, dass sie ihre Partei ergreifen würde. Und anstatt das Gespräch mit der Mutter wieder aufzunehmen, brach sie auch den Kontakt zur Schwester ab.

Auf wessen Seite stehst du?

Eine Familie besteht aus so vielen einander überschneidenden und manchmal auch widerstreitenden Allianzen und Ausrichtungen, dass mitunter nicht klar ist, wessen Standpunkt man eigentlich teilt und auf wessen Seite man jeweils steht.

Cynthia und ihr Freund zogen nach Kalifornien, wo sie nur einen einzigen Menschen kannten: Stan, den Exmann von Cynthias Schwester Tracy. Cynthia fragte Tracy, ob es für sie in Ordnung wäre, wenn sie Kontakt mit Stan aufnähmen. Die Scheidung von Stan war einvernehmlich verlaufen, und die beiden hatten noch immer ein gutes Verhältnis. Doch als Cynthia und ihr Freund nicht nur Kontakt zu Stan aufnahmen, sondern auch noch bei ihm wohnten, rastete Tracy aus (wie Cynthia es ausdrückte). Aus Tracys Sicht (die sie erst entwickelte, als die Szene vor ihren Augen konkrete Gestalt annahm), fühlte es sich wie Verrat an, dass ihre Schwester sich mit ihrem Exmann verbündete, nachdem ihr eigenes Bündnis mit ihm aufgelöst war. Cynthia hatte an ihre eigene gemeinsame Ausrichtung mit Stan gedacht: Sie hatten sich immer gemocht, er hatte viele Jahre lang zur Familie gehört. Doch diese Ausrichtung geriet in Widerspruch zu der Allianz mit ihrer Schwester.

Judys Tochter hatte gerade ihr erstes Kind zur Welt gebracht und fühlte sich überfordert und erschöpft, weshalb sie ihre Mutter bat, zu ihr zu kommen. Judy wäre der Bitte gern nachgekommen, half aber gerade ihren beiden Schwestern, den Haushalt der kürzlich verstorbenen Mutter aufzulösen. Sie fühlte sich nicht nur wegen der Schwestern dazu verpflichtet, sondern wollte auch gern beim Ausgraben alter Erinnerungen dabei sein, die sie während des Aufräumens entdeckten – eine einmalige Gelegenheit, die sich nicht wiederholen würde. Judy war hin- und hergerissen, entschied sich aber schließlich doch, der Tochter beizustehen, nicht ohne das ständige Gefühl, ihre Schwestern im Stich gelassen zu haben.

Was wie ein *Alignment* zwischen zwei Schwestern wirkt, kann tatsächlich drei Menschen umfassen. Unter Umständen gibt es eine Schattengestalt, durch die sich die Verbindungsfäden verheddern, nämlich den Ehepartner einer Schwester. Alexandra und Lenore erbten zusammen das Haus der Eltern, als diese starben. Sie ließen den Wert des Hauses schätzen, und Lenores Ehemann, ein professioneller Landschaftsarchitekt, stellte fest, dass der Vorgarten und auch der Garten hinter dem Haus einen ungepflegten Eindruck machten. Er bot an, die verkümmerten Azaleen zu ersetzen, die alten Rosenbüsche zu trimmen und den Garten, den die Mutter zuletzt vernachlässigt hatte, ganz allgemein auf Vordermann zu bringen. Der Grundstücksmakler war ebenfalls der Ansicht, dass dies den Wert des Hauses erhöhen würde, deshalb nahm Alexandra das Angebot ihres Schwagers dankbar an. Doch als sie einige Wochen später zum Haus kam, entdeckte sie zu ihrem Entsetzen, dass man die wunderschönen alten Rosenstöcke dezimiert, die Azaleen und jede andere blühende Pflanze herausgerissen und den ganzen Boden aufgewühlt hatte – ohne etwas Neues zu pflanzen. Es sah schlimmer aus als ungepflegt; es sah aus wie eine Baustelle. Ihr Schwager hatte entschieden, dass der Garten ganz neu angelegt werden müsse. Er hatte mit den entsprechenden Vorarbeiten begonnen und die alten Pflanzen alle entfernt, dann jedoch die Arbeit eingestellt, weil er einen großen Auftrag bekam. Die Arbeit am Elternhaus seiner Frau stand nicht mehr ganz oben auf seiner Prioritätenliste. Das Ergebnis war, dass das Haus weit unter dem ursprünglichen Wert verkauft wurde. Alexandras Position war klar. Sie war wütend auf ihre Schwester. Aber Lenore fühlte sich hin- und hergerissen, weil sie nicht wusste, auf wessen Seite sie sich stellen sollte. Obwohl auch sie durch das Verhalten ihres Mannes finanzielle Einbußen hinnehmen musste, ergriff sie letztlich seine Partei.

Alexandra und Lenore stritten aufs Heftigste. »Warum hast du ihn alles aufreißen lassen, wenn er die Sache nicht zu Ende bringt?«, verlangte Alexandra zu wissen.

Lenore verteidigte ihren Mann: »Er wollte es ja zu Ende bringen. Er wusste nicht, dass er diesen großen Auftrag bekommen würde. Es gibt wichtigere Dinge im Leben als dieses Haus!«

Bei ihrem Streit zogen beide Schwestern die Vergangenheit in das aktuelle Gespräch hinein – oder fassten sie vielmehr in Worte, da die Vergangenheit in Familien immer präsent ist.

»Das ist kein Einzelfall«, sagte Alexandra anklagend. »Ihr beide fangt ständig irgendwas an und bringt es dann nicht zu Ende. Das ist eure Sache, aber in diesem Fall ist es auch meine Sache.«

Lenore schoss zurück: »Warum machst du so ein großes Theater darum? Du brauchst das Geld doch gar nicht. Du hast mehr Geld als wir.« Dann sagte Lenore etwas, das nur Geschwister sagen können – und zwar jederzeit. »Du hast schon immer mehr bekommen als ich. Du warst ja schon immer der Liebling!«

Wer wird bevorzugt?

Der »Liebling«, diese immerwährende Bedrohung und häufige Obsession von Geschwisterbeziehungen, ist eine der wichtigsten Triebfedern familiärer *Alignments*.

Viele Eltern geben sich große Mühe, ihre Kinder alle gleich zu behandeln. Einige Frauen berichteten, dass sie und ihre Geschwister sich jeweils für den »Liebling« der Eltern gehalten hatten. Doch die Mehrheit der Frauen, mit denen ich sprach, erzählten ohne Zögern, welche Schwester bzw. welcher Bruder von welchem Elternteil jeweils bevorzugt wurde, wobei sie sich durchaus nicht immer darin einig waren, wer das war.

»Meine Schwestern denken immer noch, dass ich Mutters Liebling gewesen bin«, sagte mir eine Frau. »Ich sehe das allerdings nicht so, denn sie hat mich manchmal geschlagen.« Wie kann ein Kind der Liebling eines Elternteils sein, wenn es von ihm geschlagen wird? Das Konzept des *Alignment* liefert uns möglicherweise eine Antwort auf diese Frage.

Egal, ob die Verbindung zwischen zwei Familienmitgliedern auf Zuneigung oder Kritik beruht, auf Liebe oder Feindseligkeit – das *Alignment* wird durch die Aufmerksamkeit erzeugt, die dem Kind vonseiten der Eltern entgegengebracht wird, wie auch durch die Intensität der Gefühle zwischen Eltern und Kind.

Eine Frau sagte in diesem Zusammenhang: »Mein Vater hat früher häufig zu mir gesagt: ›Niemand kann mich so in Rage bringen wie du.‹ Trotz seines Ärgers fühlte ich mich dabei immer als etwas Besonderes.« (Auch zwischen Schwestern können Streitigkeiten Ausdruck oder Ursache von gemeinsamen *Alignments* sein. Eine Frau, die älteste von sechs Geschwistern, meinte dazu: »Ich amüsiere mich am besten mit der Schwester, mit der ich mich am meisten streite.«)

Eine andere Frau namens Gail erinnerte sich, wie ihre Schwester einmal den Vater anschrie: »Du hast ja immer nur Gail im Kopf!«, während Gail glaubte, dass die Eltern sie ablehnten. Der Grund dafür war, dass sie als Kind unter Schlaflosigkeit litt und chronisch unglücklich und hyperaktiv war. Als sie einmal hörte, wie ihre Eltern im Schlafzimmer laut darüber stritten, wie man mit ihr umgehen sollte, schloss sie daraus, dass die Eltern sie ablehnten. Ihre Schwester sah dagegen nur, dass sich die elterliche Aufmerksamkeit vor allem auf Gail richtete. Das *Alignment*-Konzept hilft zu erklären, wie Gail auf den Gedanken kommen konnte, gehasst zu werden, während ihre Schwester sie für den Liebling der Eltern hielt. Eltern können ein Kind nicht nur dadurch bevorzugen, dass sie ihm mehr Anerkennung oder mehr Geschenke geben als dem anderen, sondern auch, indem sie ihm mehr Zeit und Aufmerksamkeit schenken.

Bei Rosalyn lag der Fall etwas anders. Ihre Eltern taten alles, um kein Kind zu bevorzugen, allerdings mit zweifelhaftem Erfolg. Als Rosalyn ihre Mutter einmal um eine besondere

Leckerei für ihren Geburtstag bat – den Honigkuchen, den sie so gern aß –, meinte diese, das sei unmöglich, denn dann müsse sie ja auch noch zwei Kuchen für ihre beiden Schwestern backen, und dafür habe sie keine Zeit. Am Ende bekam Rosalyn dann zwar doch noch ihren Honigkuchen – einen kleinen allerdings, weil die Mutter den Teig gedrittelt hatte –, aber sie fühlte sich miserabel dabei, denn schließlich war es ja ihr Geburtstag, und noch nicht einmal da konnte sie etwas Besonderes sein. Die Absicht der Eltern, kein Kind zu bevorzugen, hatte in diesem Fall zur Folge, dass keines der Mädchen den ganzen Kuchen der elterlichen Liebe bekam.

Scheidung: Die große Umstrukturierung

Eine Scheidung ist ein tiefgreifendes Ereignis, das die bisherigen familiären Allianzen so verändern kann, dass sich völlig neue Konstellationen ergeben.

Eine Frau, die jüngste von vier Geschwistern, war elf Jahre alt, als ihre Eltern sich trennten. Über diese Zeit sagte sie bei einem Gespräch: »Wir haben uns damals gegenseitig beruhigt und getröstet. Meine Geschwister sind immer der wichtigste Teil meiner Familie gewesen.«

Taylor wiederum war zwölf, als ihre Eltern sich scheiden ließen, und drückte ihre Erinnerung an die damalige Zeit folgendermaßen aus: »Ab da wurde ich erwachsen und fing an, die Lücke auszufüllen.« Mit der Lücke waren die Bedürfnisse ihrer damals zehnjährigen Schwester Joanne gemeint, sie betrachtete sich selbst und ihre Mutter als die beiden Erwachsenen, die für ein Kind, ihre Schwester, verantwortlich waren.

Neue *Alignments* nach einer Scheidung werden noch komplexer, wenn ein Stiefelternteil hinzukommt, vor allem wenn diese neue Beziehung schon vor der Scheidung bestanden hat und deshalb scheinbar oder tatsächlich der Auslöser für die Trennung war: Evelyn hatte ein engeres Verhältnis zu ihrem Vater als ihre Schwester. Als er die Familie verließ, um mit einer anderen Frau zusammenzuleben, die er später heiratete, wollte ihre Schwester nichts mehr mit ihm oder seiner neuen Freundin zu tun haben. Evelyn brach die Beziehung zu ihm jedoch nicht ab, was ihre Schwester ihr nicht verzeihen konnte. In ihren Augen hatte sie sich auf seine Seite gestellt, anstatt ein Bündnis mit ihr einzugehen und den Vater gemeinsam auszuschließen.

In einem anderen Fall war eine der beiden Töchter vom Vater bevorzugt worden. Als er die Familie wegen einer jüngeren Frau verließ, brach die frühere »Lieblingstochter« jeden Kontakt zu ihm ab. Die andere Schwester dagegen freute sich über die Chance, endlich ins Zentrum der väterlichen Aufmerksamkeit zu rücken, was ihr bislang immer verwehrt geblieben war, da die Schwester diesen Platz besetzt hatte.

In einer weiteren Familie war Roberta von ihrer Mutter immer besser behandelt worden als ihre Schwester Carolyn. Als nun die neue Frau des Vaters in Erscheinung trat, die er sofort nach der Scheidung geheiratet hatte, fühlte sich Roberta aus Loyalität gegenüber der Mutter verpflichtet, der »Neuen« die kalte Schulter zu zeigen. Carolyn dagegen, die sich vorher von ihrer Mutter benachteiligt gefühlt hatte, bildete ein *Alignment* mit ihrer Stiefmutter, in dem Roberta keinen Platz hatte. Da sich der Vater an die Seite seiner neuen Frau stellte, war Roberta nun doppelt ausgeschlossen, denn abgesehen von der selbstgewählten Ablehnung der Stiefmutter verlor sie auch noch das *Alignment* mit dem Vater und der Schwester.

In einem anderen Fall führte die Scheidung ebenfalls zu einer grundlegenden Neuausrichtung, von der beide Töchter betroffen waren: Die jüngere, Iris, hatte immer ein besseres Verhältnis zu ihrem Vater gehabt als ihre Schwester Lauren.

Nachdem der Vater die Familie verlassen hatte und zu seiner neuen Freundin gezogen war, litt Iris sehr, denn sie hatte sich immer in der Zuneigung des Vaters gesonnt, der sie mit umso mehr Liebe überschüttet hatte, je weniger er sich mit seiner Frau verstand. Jetzt allerdings konzentrierte sich seine ganze Zuneigung auf die neue Freundin, was Lauren auf der rationalen Ebene akzeptierte, Iris aber nicht. In ihren Augen verbündete sie sich dadurch mit dem Vater und brach das *Alignment* mit ihr. Bald darauf schloss Lauren sich allerdings der Meinung der Schwester an, dass der Vater sie schlecht behandle, sodass sie ein neues *Alignment* mit der Schwester bildete, das jenes zum Vater ersetzte.

Eine Seite wählen müssen

In all diesen Fällen wurden die Schwestern durch die Scheidung der Eltern gezwungen, sich für eine Seite zu entscheiden. Nicht alle Scheidungen haben diesen Effekt: Viele werden mit einem Minimum an Streitigkeiten zwischen den Eltern ausgehandelt. Oft ist auch gar keine Trennung der Eltern nötig, damit es zu solchen Parteinahmen kommt. Kinder entscheiden sich möglicherweise eigenständig für eine Seite oder erhalten eine Seite zugeteilt, auch wenn die Eltern zusammenleben.

Ein extremes Beispiel ist die Geschichte von vier Schwestern, die mir die Sitzordnung beschrieben, die in ihrer Kindheit beim Abendessen herrschte: Die Eltern saßen einander gegenüber an der Stirnseite des Tisches; die beiden älteren Mädchen zur Rechten und zur Linken des Vaters, die beiden jüngeren rechts und links von der Mutter. Der Vater sprach an seinem Ende des Tisches ausschließlich mit den beiden älteren Schwestern, meist über Politik und intellektuell anspruchsvolle Themen. Die jüngeren Töchter unterhielten sich dagegen ausschließlich mit der Mutter über dies und das. Diese parallel verlaufenden Gespräche wie auch die streng reglementierte Sitzordnung trugen dazu bei, dass völlig getrennte *Alignments* entstanden.

Bei anderen Frauen gab es solche Vorgaben zwar nicht, aber viele beschrieben ihre familiären *Alignments* im Hinblick auf den einen oder anderen Elternteil. Chris etwa sagte von sich selbst: »Ich konnte besonders gut mit unserem Vater umgehen und wusste immer gleich, wenn er sauer wurde und wie man ihn besänftigen konnte.« Sie und ihre Schwester Ruth waren auch äußerlich dem Vater ähnlich, während ihre Schwester Ellie eher der Mutter glich – beides Leseratten, während Chris und Ruth sich lieber handwerklich betätigten. Auch andere Frauen schilderten ihre Schwestern und sich selbst über den Vergleich mit den Eltern. »Sie hat den Humor unseres Vaters« oder »das hitzige Temperament unserer Mutter« waren häufige Beschreibungen, wenn es um die typischen Merkmale der eigenen Schwester ging.

Indem wir Geschwister in Teams aufteilen, die an dem einen oder anderen Elternteil ausgerichtet sind, suchen wir Parallelen – Ähnlichkeiten und Unterschiede –, die uns helfen, unsere Familien zu verstehen. Es ist eine weitere Variante des Versuchs, uns selbst zu erkennen, indem wir auf unsere Geschwister schauen.

Übernahme von Ausrichtungen

Einmal hörte ich eine Mutter zu ihrer Tochter sagen: »Wir beide müssen auf unser Gewicht achten. Bei deiner Schwester ist das anders.« Dieses kurze Statement ist typisch für ein häufig vorkommendes *Alignment* zwischen Familienmitgliedern aufgrund physischer Merkmale, das fast immer auch ein

Werturteil impliziert. In diesem Fall antwortete die Tochter: »Ich weiß schon, dass du meine Schwester hübsch findest, weil sie schlank ist, und mich nicht.« Sie war sich deshalb so sicher, weil sie die Selbstkritik der Mutter im Hinblick auf die eigene Figur längst auch für sich übernommen hatte.

Alignments mit anderen Familienmitgliedern wie etwa der Schwester können auch auf die eigenen Kinder übergehen. Wenn eine Mutter beispielsweise bei der Tochter bestimmte Züge wiedererkennt, die sie an der eigenen Schwester mag, ist diese Gemeinsamkeit etwas Positives: »Sie kommt mir manchmal wie das Kind meiner Schwester vor«, berichtete eine Mutter von ihrer Tochter. Da sie die Schwester für ihren Fleiß und ihre Intelligenz bewunderte, war sie froh, Ähnliches auch bei der Tochter zu entdecken. Es entstand ein indirektes *Alignment* zwischen Tochter und Schwester, indem die positiven Gefühle der Mutter in Bezug auf ihre Schwester auch auf die Tochter übertragen wurden.

Umgekehrt begegneten mir auch Negativ-Beispiele, wie etwa bei Kayla, die eines Tages von der Schule nach Hause kam und ihrer Mutter erzählte, dass die Lehrerin zu ihr gesagt hätte: »Du wirst ja wohl nie aufs College kommen wie deine Schwester«, worauf die Mutter antwortete: »Ich weiß, wie du dich jetzt fühlst. Ich hatte auch so eine Schwester, die immer klüger war als ich.« Kaylas Mutter hatte sich als Kind der älteren Schwester immer unterlegen gefühlt, und Kayla übernahm dieselbe Haltung gegenüber ihrer Schwester Vivian. Das *Alignment* der Mutter mit der älteren Schwester hatte sich auch hier auf die Tochter übertragen.

Eleanor hegte einen ähnlichen, wenn auch kleineren Groll, der aus der gemeinsamen Ausrichtung ihrer Mutter mit deren Schwester, Eleanors Tante, resultierte. Als Eleanor klein war, arbeitete die Mutter in einer Kleiderfabrik. Manchmal brachte sie Kleider für ihre Tochter und ihre Nichte, die Tochter ihrer jüngeren Schwester, mit nach Hause. Die Nichte durfte sich immer als Erste ein Kleid aussuchen. Das war schon schlimm genug, doch eines Tages, als die Mutter den Mädchen zwei Kleider zeigte, die sie mitgebracht hatte, erklärte die Nichte, sie wolle beide haben – und Eleanors Mutter erfüllte ihr den Wunsch. Aus einer bestimmten Perspektive, nämlich der von Eleanor, zog die Mutter ihr die Cousine vor. Aber ich vermute, dass das Verhalten der Mutter überhaupt nichts mit den Mädchen, sondern in erster Linie mit den Müttern zu tun hatte. Eleanors Mutter hatte sich immer um ihre jüngere Schwester gekümmert und setzte dieses Verhalten jetzt gegenüber der Nichte fort. Wenn sie also der Nichte die erste Wahl oder sogar beide Kleider überließ, erweiterte sie einfach die selbstlose Fürsorge, die sie immer gegenüber ihrer Schwester gezeigt hatte, auf deren Tochter.

Ich verstand diese Sichtweise besser, als ich mit einer Frau sprach, die einen ähnlichen Impuls beschrieb, den sie und ihre Schwester als »Lammkoteletts« bezeichnen. Wenn nur noch ein Lammkotelett übrig sei, erklärte sie, und ihrer beider Kinder es wollten, stünden sie vor der Wahl: »Welches Kind soll es bekommen?« Diese Frau betete ihre Schwester an, von daher lag die Entscheidung auf der Hand. »Natürlich gebe ich es immer *ihrem* Kind.« Sie erzählte das, um mir zu erklären, wie sehr sie ihre Schwester liebt, nicht um mir zu sagen, wie sehr sie ihre Kinder vernachlässigt. Die Lammkoteletts sind ebenso wie das Kleidergeschenk ein Beispiel dafür, wie *Alignments* zur nächsten Generation durchsickern können.

Häufige Alignment-Kombinationen

Das häufigste *Alignment*, von dem ich in den vielen Gesprächen mit Schwestern hörte, war das zwischen Mutter und ältester Tochter – geschildert aus der Sicht der jüngeren Schwester. Viele berichteten, dass ihre Mutter und die ältere Schwester eine Einheit bildeten, von der sie sich ausgeschlossen fühlten. Diese Einheit konnte viele Formen annehmen: Mal waren es gemeinsame Interessen, mal setzte die Mutter höhere Erwartungen in die Älteste und widmete ihrer Ausbildung mehr Aufmerksamkeit als der der jüngeren Schwester. Manchmal tauschte sie sich auch häufiger mit der älteren Tochter aus als mit der jüngeren oder sorgte sich mehr um sie.

Viele jüngere Schwestern fühlten sich dadurch verständlicherweise verletzt. Doch mehr Aufmerksamkeit kann auch mehr Kontrolle bedeuten, sodass manche jüngere Schwestern meinten, sie hätten sich durch diesen Ausschluss im Gegenteil eher freier gefühlt. Ihre Mütter waren so auf die ältere Schwester konzentriert, dass sie selbst mehr Freiraum hatten, ihre eigenen Wege zu gehen.

Während die jüngere Tochter meist nur das *Alignment* zwischen Mutter und älterer Schwester wahrnimmt, sieht die ältere möglicherweise ganz andere Allianzen, von denen sie sich wiederum ausgeschlossen fühlt. Häufig bestehen auch mehrere *Alignments* nebeneinander, die aus ganz unterschiedlichen Perspektiven wahrgenommen werden. Solche *Alignments* zu verstehen ist wichtig, denn sie bieten eine Erklärung dafür, wie sich bestimmte Muster in der Kindheit entwickeln – Muster, die selbst dann noch fortbestehen können, wenn die Schwestern längst erwachsen sind.

5. »Ich bin die Prinzessin, du bist der Frosch«

Die jüngere Schwester oder Die Sicht des Froschs

Eines Tages werkelte ich mit Naomi und Mimi, meinen beiden älteren Schwestern, in Naomis Küche. Wir bereiteten gerade das Essen für unsere Großfamilie zu, die sich in Naomis Haus versammelt hatte. Mimi schnitt den Kohl, Naomi formte Hamburger, und ich war die eifrige Assistentin, die fragte, ob sie helfen könne, und jede Aufgabe übernahm, die ihr zugetragen wurde. Da kam Mimis Mann Bruce zur Tür herein.

»Ich möchte einen Spaziergang machen«, sagte er zu Mimi. »Willst du vielleicht mitkommen?«

Ohne in ihrer Arbeit innezuhalten, fragte Mimi: »Wo willst du denn hin?«

»Wenn du mitkommst, die Straße hoch zum See. Wenn ich allein gehe, in die Berge«, erwiderte er.

»Ich muss aber noch den Kohl schneiden«, sagte Mimi. Sie arbeitete weiter, während Bruce erwartungsvoll auf der anderen Seite des Küchentischs stehen blieb.

Ich sah, dass Bruce nur deshalb blieb, weil er lieber mit seiner Frau spazieren gehen wollte, und dass Mimi zwar gerne mitkäme, ihre Arbeit aber nicht einfach liegen lassen konnte.

»Geh ruhig mit Bruce«, mischte ich mich schließlich ein, »ich mach dann für dich weiter.«

Mimi ließ das Messer fallen, noch ehe ich den Satz ausgesprochen hatte, und schon eine Sekunde später war sie mit ihrem Mann zur Tür hinaus. Ich schämte mich plötzlich, dass mir diese offensichtliche Lösung nicht gleich eingefallen war. Warum hatte ich gezögert und die Szene nur beobachtet, als wäre ich unfähig, etwas zu tun? Und warum ging Mimi davon aus, dass es allein ihre Aufgabe war, den Kohl zu schneiden? Warum kam sie nicht auf den Gedanken, dass ich das ebenso gut könnte?

Die Antwort auf diese Fragen ist ganz einfach und liegt in unserer Geschwisterkonstellation begründet: Mimi als die Ältere ist immer die Tüchtige gewesen; die Annahme, es sei ihre Aufgabe, alles zu erledigen, was gerade ansteht, ist ihr in Fleisch und Blut übergegangen. Ich wiederum neige dazu, mich in Gegenwart meiner beiden älteren Schwestern eher inkompetent zu fühlen, und warte lieber ab, bis man mir die Aufgaben zuteilt – nicht, weil ich Angst davor hätte, mitanzupacken, sondern weil ich fürchte, etwas falsch zu machen, zum Beispiel das falsche Messer oder die falsche Schüssel zu nehmen, die Scheiben zu dick oder zu dünn zu schneiden usw.

Als ich das Kohlschneiden übernahm, fielen mir plötzlich all die älteren Schwestern ein, die sich in den Gesprächen darüber beklagt hatten, dass ihre jüngeren Schwestern nicht ihren Anteil an der Arbeit übernehmen, sondern sich lieber bedienen lassen. Ich erkannte mich mit einem Schlag selbst in all den »Böse-Schwestern«-Geschichten wieder, die mir erzählt worden waren. Damals in der Küche meiner Schwester überlegte ich, dass ich eigentlich wie eine Drückebergerin wirken musste, beruhigte mich aber mit dem Gedanken, dass ich nie einfach nur herumsitze, sondern immer frage, ob ich helfen kann, und alles mache, was man mir aufträgt. Und ich erledige immer freiwillig den Abwasch, etwas, von dem ich weiß, dass ich es kann; ich muss mir keine Sorgen machen, dass ich etwas falsch machen könnte (obwohl ich immer frage, welchen Schwamm oder welche Lappen die Gastgeberin bevorzugt).

Dann kam mir plötzlich der Gedanke, dass die Frauen, die

von ihren älteren Schwestern immer als faul wahrgenommen werden, vielleicht nicht deshalb so passiv sind, weil sie bedient werden wollen, sondern weil sie sich im Vergleich mit ihrer Schwester nicht kompetent genug fühlen oder sich scheuen, ins Revier der Schwester einzudringen.

Meine Geschichte mit Mimi nahm ein glückliches Ende. Mimi und Bruce konnten ihren Spaziergang machen, und mir machte es großen Spaß, den Kohl zu schneiden. Ausnahmsweise hatte ich einmal nicht nur den Tisch gedeckt oder eine Schüssel geholt, nachdem ich gefragt hatte, ob ich helfen kann, sondern hatte gesehen, dass es etwas zu tun gab, und war von mir aus aktiv geworden. In diesem Moment war ich fast euphorisch, weil ich meine bisher übliche Vorgehensweise in der Interaktion mit meinen Schwestern plötzlich verändern konnte. Ich hatte mich um eine neue Rolle im Familienschauspiel bemüht – und sie bekommen.

Die Familienökologie

Die folgende Begegnung illustriert die Dauerhaftigkeit der Familienökologie. Sie fand ebenfalls in der Küche statt, ein häufiger Schauplatz für Gespräche zwischen Schwestern, weil die Küche der symbolische Mittelpunkt eines Hauses ist – und ein Raum, in dem Frauen sich häufig versammeln. Die Psychologin und Autorin Rona Maynard schildert diese Begebenheit in einem Essay, der ihre Beziehung zu ihrer jüngeren Schwester, der Autorin Joyce Maynard, zum Thema hat.[1] (Joyces' Essay habe ich in Kapitel 4 zitiert.)

Rona zermarterte sich den Kopf über den bevorstehenden Besuch ihrer Schwester. Joyce sollte an einer Veranstaltung in der Stadt teilnehmen, in der Rona lebt, und wollte bei ihrer Schwester übernachten. Rona sträubte sich innerlich gegen den Besuch, weil sie sich bei Joyces' letztem Aufenthalt erdrückt und in ihrer Privatsphäre verletzt gefühlt hatte. Das beste Beispiel dafür war die Art, wie Joyce die Küche ihrer Schwester übernommen hatte: »Telefon unters Kinn geklemmt, Teigmixer in der Hand, überall Mehl und die Musikanlage voll aufgedreht.« Rona stand vor einem Dilemma. Sie wusste, die Schwester würde furchtbar gekränkt sein, wenn Rona ihr sagte, dass sie nicht bei ihr übernachten könne. »Ich konnte es nicht ertragen, meiner Schwester wehzutun – oder mich selbst zu verlieren, indem ich sie beschwichtigte«, schreibt Rona in ihrem Essay. Sie fand eine Lösung: Joyce konnte bei Rona übernachten, aber Rona würde nicht da sein. Sie würde sich zusammen mit ihrem Mann ein Zimmer in einem nahegelegenen Hotel nehmen.

Eine perfekte Lösung, fand Rona, aber Joyce sah das nicht so. Joyce, die Jüngere, hatte sich immer nach der Anerkennung der großen Schwester gesehnt und sich immer (wie Joyce in ihrem begleitenden Essay schreibt) von ihr zurückgewiesen gefühlt. Dieselbe Dynamik wurde jetzt erneut durchgespielt. Das eigene Haus zu räumen, damit Joyce darin übernachten konnte, war ein bewundernswerter (man könnte fast sagen heroischer) Versuch von Rona, ihre Schwester nicht zu enttäuschen. Es ist aber auch ein perfektes Beispiel für die Wiederholung einer Zurückweisung bei scheinbarer Akzeptanz. Joyce wollte ihre Schwester besuchen, nicht im Haus ihrer Schwester übernachten. Indem sie aus ihrem eigenen Haus auszog, schlug Rona das wichtigste Element von Joyces' Bitte – ihren Wunsch nach Nähe – aus, und Joyce fühlte sich einmal mehr zurückgewiesen. Das ist Familienökologie. Selbst ein Versuch, die Dynamik zu verändern, kann damit enden, dass man sie reproduziert.

Ich bin doch nicht hilflos!

Zum gleichen Thema gibt es noch eine Erfahrung, die sich mir tief eingeprägt hat: Naomi, damals 25 Jahre alt, plante eine fünfwöchige Europareise. Unsere Eltern wollten nicht, dass sie allein fuhr, und da Mimi nicht konnte, wurde beschlossen, dass ich Naomi begleiten sollte, obwohl ich erst 17 war. Ich sah der Reise mit freudiger Erwartung entgegen und jobbte abends und am Wochenende, um etwas zu den Reisekosten beisteuern zu können. Zwischen Naomi und mir hatte es nie Konflikte gegeben. Ich bewunderte und verehrte sie. Die Aussicht, einmal für längere Zeit ganz allein mit ihr zusammen zu sein, war für mich ebenso verlockend wie die Aussicht, Europa zu sehen.

Wir machten viele schöne Erfahrungen auf unserer gemeinsamen Reise, aber es gab auch Situationen, in denen ich richtig böse auf Naomi war – manchmal hatte ich den Eindruck, Naomi verhalte sich gerade so, als sei ich völlig unfähig oder gar nicht da. Wenn es etwas zu erledigen gab – Naomi tat es, und ich zockelte brav hinterher. Sie hatte in der Schule Französisch gelernt, also lag es nahe, dass sie in Frankreich die Führung übernahm. Sie konnte auch ein bisschen Jiddisch, sodass es auch durchaus sinnvoll war, dass sie unser Sprachrohr in der deutschsprachigen Schweiz wurde. Trotzdem fand ich, dass sie mich des Vergnügens einer Reise durch ein fremdes Land beraubte, indem sie mich nicht mit den Einheimischen selbst reden ließ und oft so tat, als sei ich gar nicht vorhanden.

Eine Sprache allerdings gab es, die ich ziemlich gut beherrschte und Naomi gar nicht: Spanisch. Als wir auf unserer Reise mit dem Zug irgendwann auch nach Barcelona fuhren, wurde ich immer aufgeregter bei der Vorstellung, bald in einem Land zu sein, dessen Sprache nur *ich* konnte. Endlich kamen wir an, stiegen aus, und Naomi steuerte schnurstracks auf einen Bahnangestellten zu, um ihn nach dem Weg zu fragen – auf Französisch.

Mich packte die Wut. Ich hatte es ihr schon übel genommen, dass sie wegen ihrer Sprachkenntnisse ständig alles in die Hand nahm, aber jetzt versuchte sie, mit jemandem zu reden, der sie gar nicht verstand, während direkt neben ihr ihre Schwester wartete, die die Sprache beherrschte. Ich schmiedete Rachepläne.

Einige Tage später trafen wir auf eine Gruppe junger Spanier. Ich unterhielt mich gerade angeregt mit ihnen, als Naomi mich bat, ihr zu übersetzen, was ihr Gesprächspartner gesagt hatte. Ich weigerte mich. Noch heute kann ich mich daran erinnern, dass ich in diesem Moment dachte: Am Bahnhof fandest du mein Spanisch nutzlos, und jetzt plötzlich hast du es dir anders überlegt? Na los, dann versuch doch, dich auf Französisch zu verständigen!

Während ich dies schreibe, krümme ich mich innerlich bei dem Gedanken, wie gehässig ich damals war. Mittlerweile ist mir natürlich längst klar, dass Naomi, als sie in Spanien ihr Französisch einsetzte, um nach dem Weg zu fragen, nicht mich und meine Sprachkenntnisse klein machen wollte. Wahrscheinlich hat sie in diesem Moment gar nicht an mich gedacht, sondern einfach nur das getan, was sie immer tat und was von ihr als der Ältesten auch immer erwartet wurde: Sie sah, dass etwas erforderlich war, und versuchte, es so gut wie möglich zu erledigen. Ich hätte also gar nicht vor Wut kochen müssen, sondern ganz einfach sagen können: »He, ich kann Spanisch, ganz vergessen?« Auf diese Idee kam ich damals allerdings nicht, sondern sah in dem Moment nur, dass meine Schwester wieder einmal so tat, als wäre ich gar nicht anwesend. Das ist die seltsame Natur der Familienökologie: Man denkt, dass man auf die einzig mögliche Weise auf das Verhalten anderer reagiert. Man sieht nicht, dass man auch anders reagieren könnte.

Hallo! Ich bin auch noch da

Bei der Rückkehr von unserer Reise landeten Naomi und ich am Kennedy Airport (der damals noch Idlewild Airport hieß). Damals war die Zollabfertigung offen einsehbar. Alle, die jemanden abholen wollten, der mit einem internationalen Flug angekommen war, konnten von einer Galerie aus verfolgen, wie die Passagiere durch den Zoll geschleust wurden. Als wir zum Zoll kamen, entdeckten wir dort oben unsere Eltern, die uns zuwinkten. Später hörte ich einmal, wie mein Vater jemandem erzählte, wir wären problemlos durch den Zoll gekommen, der Zollbeamte habe uns nicht mal aufgefordert, unsere Koffer zu öffnen, weil Naomi mit ihm geflirtet habe. Ich war erbost. Ich hatte mich ebenfalls mit dem Zollbeamten unterhalten. Mein Vater redete, als wäre ich gar nicht dabei gewesen. Auch diese Szene verstehe ich im Rückblick besser. Heute ist mir klar, dass mein Vater seine siebzehnjährige Tochter nicht als flirtende Frau sehen wollte. Aber zu der Zeit war es für mich ein weiteres Beispiel unter vielen, die sich angesammelt hatten, ein Beispiel dafür, dass mein Vater nur meine älteste Schwester wahrnahm, so als wäre ich gar nicht da.

Als meine Eltern über achtzig waren, zogen sie nach Florida. Beim Ausräumen des Hauses, in dem sie viele Jahre gewohnt hatten, fielen ihnen Fotos, Papiere und Erinnerungsstücke in die Hände, die lange Zeit irgendwo gelegen hatten. Unter anderem gruben sie ein altes Fotoalbum mit dicken schwarzen Seiten aus, auf denen die Fotos mit kleinen Fotoecken befestigt waren. Auf jeder Seite waren vier Babyfotos, und unter jedem Foto stand ein kleines Gedicht, handgeschrieben in einer winzigen Schrift, die ich als die meines Vaters erkannte. Das Baby auf den Fotos war Naomi. Mein Vater hatte die Gedichte für sie geschrieben. Als ich das Album sah, fühlte ich mich gekränkt. Unter meine Babyfotos hatte mein Vater keine Gedichte geschrieben. Es gab überhaupt sehr wenige Babyfotos von mir. Als ich die Schublade mit den alten Fotos durchsah, fand ich nur Bilder von Naomi: Naomi als Kleinkind, Naomi als kleines Mädchen auf einem Pony sitzend, Naomi verkleidet als Krankenschwester. Und so weiter.

Beim Betrachten dieser Bilder fühlte ich mich, als wäre ich bewusst ausgeschlossen worden. Aber das war natürlich Unsinn. Es gab ja damals gar kein Ich, das ausgeschlossen werden konnte, weil ich noch gar nicht geboren war. Aber es fühlte sich trotzdem so an. Und wenn ich oben schrieb, »mein Vater« habe die Gedichte geschrieben, war auch das unzutreffend. Geschrieben hatte sie Naomis Vater; damals war er noch nicht »mein« Vater, weil es mich noch nicht gab. Vor einigen Jahren habe ich ein Theaterstück geschrieben, das auf meiner Familie basiert und sich vor allem um meinen Vater dreht.[2] Zur Vorbereitung fragte ich meine Schwestern, was ihnen aus der Kindheit noch von unserem Vater im Gedächtnis geblieben war. Naomi schilderte eine anrührende Szene nach der anderen. Einmal, als sie sich das Knie aufgeschlagen hatte, hob er sie auf, trug sie ins Haus und verband ihr Knie. Er brachte ihr bei, ein Blatt Papier in der Mitte zu falten, wenn eine Entscheidung zu treffen war, und eine Liste der Punkte zu machen, die dafür- und dagegensprachen. Er warf ihr Ideen zu, so wie andere Väter ihren Kindern Bälle zuwerfen, und debattierte mit ihr, damit sie lernte, logisch zu denken und zu argumentieren. Als ich die Geschichten hörte, die Naomi erzählte, war ich überrascht – und neidisch – darüber, dass er ihr so viel Zeit gewidmet hatte. Meine Erinnerungen an meinen Vater sind vor allem Erinnerungen daran, wie sehr er mir fehlte; er war selten zu Hause. Als Naomi noch klein war, hatte er einen normalen Achtstundentag und war an den Abenden und am Wochenende zu Hause. Als Mimi und ich klein waren, hielt ihn seine Arbeit an den meisten Abenden und vielen Wochenenden im Büro fest. (Hier werde ich an einen Vorteil erinnert, den ich hatte: Als ich schrieb »Mimi und ich«, war es ein tröstlicher Gedanke, dass Mimi an meiner Seite war, mir Gesellschaft leistete und mein Schicksal teilte.)

Ich habe auch meinen Vater gefragt, ob er sich noch daran erinnern könne, wie meine Schwestern und ich als Kinder waren. Aber natürlich, sagte er und fing an, mir besondere Vorfälle zu schildern – die sämtlich mit seinem ersten Kind zu tun hatten. Zum Beispiel erinnerte er sich noch daran, dass Naomi einmal die Windpocken hatte. Er erzählte: »Der Arzt sagte, wenn man sich kratzt, gibt es Narben. Also nicht kratzen. Und sie hat so gelitten. Sie sagte: ›Juck mich, Mommy. Juck mich.‹ Und wir sagten: ›Nein, du darfst dich nicht kratzen.‹ Sie war ein so braves Mädchen, sie hat sich nicht gekratzt. Jetzt gibt es ja eine Salbe dagegen, eine Cortisonsalbe, wenn ich die auftrage, hört der Juckreiz sofort auf. Es ist erstaunlich. Jedes Mal, wenn ich eine Cortisonsalbe auftrage und der Juckreiz nachlässt, denke ich an Naomi. Wenn wir damals schon Cortison gehabt hätten, wäre das Problem gelöst gewesen.« Ich fragte ihn, wie es denn war, als Mimi und ich die Windpocken hatten. Wir müssen doch auch unter Juckreiz gelitten haben! Aber daran, dass Mimi und ich die Windpocken hatten, konnte er sich nicht erinnern.

Ich weiß, dass all diese Dinge – das Fotoalbum, die Gedichte, die Zeit, die Daddy Naomi widmete, als sie noch klein war – die Folge der Umstände waren. Zwar wurden wir in dieselbe Familie hineingeboren, aber diese Familie sah zum jeweiligen Zeitpunkt unserer Geburt anders aus. Doch die veränderten Umstände sind nicht die ganze Geschichte. Es gibt kein Entrinnen vor der Vorrangstellung des ersten Kindes. Jede Erfahrung, die man macht, hat eine ganz besondere Resonanz, wenn man sie zum ersten Mal macht. Patricia O'Brien zitiert in ihrem Roman *Harriet und Isabella* Harriet Beecher Stowe: »Das erste Kind ist reine Poesie. Der Rest ist Prosa.«[3] Viele Kinder, die keine Erstgeborenen sind, spüren das. Einige bringen den Rest ihres Lebens mit dem Versuch zu, die Poesie zu erreichen. (Manchmal mit so spektakulärem Erfolg, dass ihre erstgeborenen Schwestern sich ihr ganzes Leben lang fragen, wie es kommt, dass sie zu Prosa reduziert wurden.)

Für dich ist es leicht

Bisher ging es um Herausforderungen, vor denen jüngere Schwestern häufig stehen. Welche Schwierigkeiten den älteren Schwestern begegnen können, schildert die Erzählerin in Tillie Olsens Kurzgeschichte »Ich stehe hier und bügle«. Darin schaut sie auf die Zeit zurück, in der sie ihre Kinder großgezogen hat,[4] und bedauert, dass ihre älteste Tochter Emily aufgrund der schwierigen Lebensumstände immer zu kurz kam, während die jüngere Schwester Susan es später viel leichter hatte (und der älteren trotzdem das Leben schwer machte):

> »Sie war ein Kind, dem selten ein Lächeln geschenkt wurde. Ihr Vater verließ mich, noch ehe sie ein Jahr alt war. Die ersten sechs Jahre musste ich arbeiten, wenn es Arbeit gab, und sie allein nach Hause lassen oder zu Verwandten schicken. Es gab Zeiten, in denen ihr eine Fürsorge zuteilwurde, die sie hasste … Sie war ein Kind banger, nicht stolzer Liebe. Wir waren arm und konnten ihr nicht die Grundlage für ein unbeschwertes Heranwachsen bieten. Ich war damals eine junge Mutter, eine zerstreute Mutter.«

Es gab noch einen anderen Umstand, der bei Emily einen »nagenden Groll« auslöste. Ob nun infolge ihrer unterschiedlichen Erziehung oder zufälliger Erbanlagen – »ihre jüngere Schwester schien all das zu sein, was sie nicht war«. Was Emily an Susan ärgerte, war zum Teil deren Verhalten: »Susan, die Emilys kostbaren Dingen nie widerstehen konnte, sie verlor oder aus Ungeschick zerbrach.« Außerdem hatte Susan Vorteile, die aus ihrer Persönlichkeit resultierten: Susan erzählte »anderen Witze und Rätsel, um Beifall zu bekommen, während Emily stumm dasaß (um mir später zu sagen: ›Es war *mein* Rätsel, Mutter, ich habe es Susan erzählt‹).« Manche von Susans Vorzügen hingen mit zufällig angeborenen Merkmalen zusammen: Emily war »dunkel und dünn und ausländisch aussehend in einer Welt, in der Blondheit und lockiges Haar und Grübchen Ansehen brachten, sie war langsam, wo Schlagfertigkeit gepriesen wurde.« Susan war »gold- und lockenköpfig und pausbäckig, schnell und wortgewandt und selbstsicher, all das in Erscheinung und Auftreten, was Emily nicht war.«

Unterschiede in Aussehen und Persönlichkeit können Schwestern in jeder Konstellation auszeichnen. Doch die Schwestern in dieser Geschichte hatten vor allem deshalb eine so radikal unterschiedliche Kindheit, weil die Lebensumstände der Mutter bei der Geburt der jeweiligen Tochter ganz unterschiedlich waren. Emilys Mutter wurde zur verarmten Alleinerziehenden, die unter finanziellen Sorgen und großen psychischen Belastungen litt, als Emily ein Jahr alt war. Susans Mutter war glücklich wiederverheiratet und finanziell gut gestellt. Emily und Susan wurden in unterschiedliche Familien hineingeboren, weil die Lebensumstände der Familie sich verändert hatten – und die Veränderungen das jüngere Kind begünstigten. Emily hätte vermutlich verstanden, was eine Frau mir sagte, die ihre Beziehung zu ihrer älteren Schwester folgendermaßen beschrieb: »Ich war ihr ganzes Leben wie ein eingewachsener Zehennagel für sie.«

In Olsens Kurzgeschichte hatten sich die Lebensumstände der Familie zum Besseren verändert, als die jüngeren Kinder kamen. Es ist natürlich ebenfalls möglich, und geschieht auch häufig, dass es andersherum läuft – dass sich die wirtschaftliche und emotionale Situation der Familie verschlechtert, anstatt sich zu verbessern. Einen Umstand gibt es jedoch, der jüngere Schwestern in Familien, die nur Töchter haben, unverhältnismäßig stark betrifft.

Mädchen, die eigentlich Jungen sein sollten

Eine nicht zu unterschätzende Problematik für die jüngste Schwester kann sich auch aus dem Umstand ergeben, dass die Eltern anstelle des erhofften Sohns wieder »nur« ein Mädchen bekamen.

Dazu kann ich aus meiner eigenen Familie berichten, denn mein Vater erzählte früher oft und gerne die Geschichte vom Tag meiner Geburt: Er wartete nervös im Krankenhaus, und der Arzt erschien mit düsterer Miene. »Tut mir leid, Mr. Tannen.« Hier machte mein Vater immer eine bedeutungsvolle Pause, bevor er weitersprach: »Tut mir leid, Mr. Tannen. Es ist wieder ein Mädchen.« An dieser Stelle fuhr mein Vater lachend fort: »Ich rief daraufhin: ›Aber genau das wollte ich doch! Ich mag die beiden anderen so gern, dass ich am liebsten noch eins wollte.‹ Aber der Arzt glaubte mir nicht, sondern entschuldigte sich immer wieder, als wäre es sein Versäumnis, dass es ein Mädchen war.«

Dieser Arzt steht nicht allein mit seiner Annahme, dass die Geburt eines dritten Mädchens vor allem für den Vater eine Enttäuschung sein muss. Wenn ich zum Beispiel jemandem erzähle, dass ich die jüngste von drei Schwestern bin, werde ich oft gefragt, ob meine Eltern sich damals denn nicht einen Jungen gewünscht hätten. Wenn ich dann die Geschichte von meinem Vater wiedergebe, um zu zeigen, dass es nicht so war, meinen manche, mein Vater hätte das nur gesagt, damit ich mich besser fühle.

Es gibt auch gute Gründe für diese Annahme. Von vielen Frauen wurde mir gesagt, dass die dritte, vierte oder fünfte Tochter nur deshalb zur Welt kam, weil die Eltern auf einen Jungen gehofft hatten. Eine Frau sagte dazu: »Sie haben so lange weitergemacht, bis sie endlich einen Sohn bekamen.« Beim vierten Versuch hatten sie Erfolg, sodass die dritte Tochter zur Verliererin wurde. Nach der Geburt des Bruders »konzentrierte sich die ganze Aufmerksamkeit nur noch auf ihn, sodass sie als drittes Mädchen einfach unterging. Wir beiden älteren Schwestern haben sie gar nicht groß beachtet, und auch meine Mutter nicht.«

Ich habe auch von Familien gehört, in denen der ersehnte Sohn nie kam, und die Eltern – oft waren es die Väter – die Tochter ablehnten. Nicht selten wurde auch die letztgeborene Tochter (oder eine ältere Schwester) wie ein Junge behandelt. In einer Diskussionsrunde mit sechs Frauen begegneten mir gleich drei solcher Fälle.

Die erste Frau berichtete: »Ich habe drei Schwestern und bin das zweite von vier Mädchen. Mein Vater wollte unbedingt einen Jungen, aber nach dem vierten Mädchen gab er es auf und machte einfach mich zu seinem Sohn.« Sie bekam einen Jungen-Spitznamen, der Vater brachte ihr früh bei, mit dem Rechenschieber umzugehen, und auf dem Golfplatz war sie immer sein Caddie.

Eine zweite Frau bestätigte: »Ich habe zwei ältere Schwestern, und meine Eltern wollten unbedingt, dass ihr drittes Kind ein Sohn wird. Dann kam ich, und mein Vater behandelte mich von Anfang an wie einen Jungen. Nur mit mir hat er später über seine Geschäfte und Finanzen gesprochen.« Eine dritte Frau mit der gleichen Konstellation ergänzte: »Mein Vater wollte auch immer einen Jungen. Also nahm er mich als eine Art Ersatzsohn mit zum Angeln, weil ja sonst niemand da war.«

Diese Frauen waren in ihren Siebzigern, Achtzigern und sogar Neunzigern. Anfangs dachte ich, ihr hohes Alter würde erklären, warum ihre Väter unbedingt einen Sohn wollten und dass sich inzwischen sicher vieles geändert hätte, aber vergleichbare Geschichten hörte ich auch von einigen weit jüngeren Frauen. Manche waren dabei durchaus zufrieden, wie ein Sohn behandelt worden zu sein. Eine Frau, die älteste von drei Schwestern, erinnerte sich in diesem Zusammenhang: »Jedes Mal, wenn meine Mutter schwanger war, bastelte mein Vater für uns Flugzeuge und schenkte uns Spielzeugautos. Statt eines Puppenhauses besaßen wir eine Tankstelle. Als wir dann schließlich doch noch Puppen bekamen, wussten wir zuerst gar nicht, was wir damit anfangen sollten.«

Ich weiß nicht, ob es positiv oder negativ ist, wie ein Junge behandelt zu werden. Wahrscheinlich ist beides zutreffend, mit Sicherheit aber besser, als schlecht behandelt oder ganz ignoriert zu werden, wie es vielen letztgeborenen Mädchen in Familien ergeht, in denen sich die Eltern eigentlich einen Sohn gewünscht hatten. Denn oft hat dieses letztgeborene Mädchen die ganze Last der Enttäuschung zu tragen. Das deckt sich auch mit der Aussage einer Frau, in deren Familie alle drei Töchter wussten, dass ihr Vater sich eigentlich einen Sohn gewünscht hatte und die Enttäuschung darüber die jüngste Schwester am härtesten traf.

Überraschung, Überraschung!

Ich weiß nicht nur wegen der Geschichte, die mein Vater so gern erzählte, dass mein Dasein nicht dem Wunsch meiner Eltern nach einem Sohn entspringt. Nachdem ich diese Vermutung jedoch öfter zu hören bekommen hatte, beschloss ich im Alter von 25 Jahren, die Sache ein für alle Mal für mich zu klären:

»Als ich geboren wurde, hat da einer von euch vielleicht doch gehofft, dass es ein Junge werden würde?«

Die Antwort meine Mutter kam rasch: »Ich wollte ja damals eigentlich kein Kind mehr und bin deshalb auch gar nicht auf die Idee gekommen, darüber nachzudenken, ob es ein Junge oder ein Mädchen werden sollte.«

Während ich dies niederschreibe, muss ich leise lachen, weil es Eigenschaften in Erinnerung ruft, die ich an meinen Eltern immer geschätzt habe: den trockenen Humor meines Vaters und die gnadenlose Ehrlichkeit meiner Mutter. Einige der Geschichten aus meiner Kindheit, die ich in diesem Buch wiedergebe, tun weh, wenn ich daran zurückdenke, aber diese nicht. Auch das Wissen, dass mein Vater noch ein Kind wollte, meine Mutter dagegen nicht, schmerzt heute im Gegensatz zu früher nicht mehr. Meine Eltern sprachen immer offen darüber, und manche Leute waren überrascht oder sogar schockiert, wenn sie das hörten. »Wie konnten deine Eltern dir so was erzählen?«, fragten sie dann ungläubig. Aber bei den Recherchen für dieses Buch stellte ich fest, dass diese Ehrlichkeit in meiner Familie gar nicht so außergewöhnlich ist. Ich habe von vielen Frauen gehört, dass sie oder ihre Geschwister ungeplant oder sogar ungewollt waren.

Sicher kann es verletzend sein zu wissen, dass man kein Wunschkind war, und es mag klüger erscheinen, den betroffenen Kindern diese Tatsache vorzuenthalten. Sie kann jedoch unter Umständen mehr Schaden anrichten, wenn sie unter den Tisch gekehrt oder nur im Flüsterton darüber gesprochen wird, denn letztlich verbindet sich alles, was geheim gehalten wird, mit der Metabotschaft: »Das ist so furchtbar, dass man es nicht laut sagen darf.« Worüber offen gesprochen wird, enthält hingegen die Metamitteilung: »Das ist ein ganz normaler Teil des Lebens.« Erstaunlich ist, wie häufig ich zu hören bekam (und mit welcher Bandbreite an Formulierungen), dass ein später geborenes Kind ungeplant war und welche Konsequenzen damit einhergingen.

Eine Frau berichtete zum Beispiel, dass die Schwangerschaft, die zur Geburt ihrer jüngeren Schwester geführt hatte, ein Unfall gewesen sei, während sie selbst ein Wunschkind war. Ihre Schwester weiß bis heute nichts davon, denn die Mutter hatte es nur ihr, der Älteren, gestanden, damit die Schwester sich nicht gekränkt fühlte. Indem die Mutter das Geheimnis ausschließlich der älteren Tochter anvertraute, verstärkte sie das Bündnis mit ihr, von dem die jüngere Tochter doppelt ausgeschlossen wurde: zum einen dadurch, dass sie ungeplant war, zum anderen, weil sie darüber im Dunkeln gelassen wurde. Die ältere Schwester war allerdings auch nicht glücklich darüber, von diesem Geheimnis zu erfahren. Seitdem sie wusste, dass ihre Mutter diese Information als geheim einstufte, hat sie sich immer wieder gefragt, ob sie selbst nicht vielleicht auch ungewollt war.

Eine andere Frau, deren eigene Geburt ungeplant gewesen war, vermutete diese Tatsache als den Grund, warum ihre Mutter sie immer so schlecht behandelte und nie ein Geheimnis daraus gemacht hatte, dass sie die ältere Schwester vorzog.

In einer weiteren Familie litt die dritte und letztgeborene Tochter sehr darunter, ungeplant gewesen zu sein, da sie während der Weltwirtschaftskrise in den 1930er Jahren zur Welt kam. Ihre älteste Schwester führt die heutigen Probleme der Jüngsten auf die Umstände ihrer Geburt zurück:

> »Als meine Mutter merkte, dass sie schwanger war, geriet sie in helle Panik. Die Zeiten waren furchtbar schlecht, und mein Vater hatte keine Arbeit, also probierte sie jedes nur

mögliche Hausmittel, um einen Abort herbeizuführen, aber vergeblich. Als das Baby geboren wurde, war es klein, schrie ständig und musste andauernd gestillt werden. Meine Mutter war schließlich völlig zermürbt – es war eine traurige Zeit. Die Kleine war eindeutig nicht gewollt, und als sie älter wurde, spürte sie das auch.«

In anderen Familien konnte auch offen und mit Humor über ungeplante Schwangerschaften gesprochen werden. Eine Frau etwa berichtete mit einem Lachen: »Ich war eine absolute Überraschung, hat meine Mutter immer gesagt.« Sie wiederholte: »Ich war ein Versehen. Wenn man schon vier Kinder hat, sagt man sich nicht: ›Los, lass uns noch ein Kind kriegen!‹ Unmöglich.« Aber später im Gespräch fügte sie hinzu: »Obwohl meine Geburt ein Unfall war, fühlte ich mich nie irgendwie überflüssig. Ich fühlte mich wie das jüngste Kind und hatte alle Vorteile des Nesthäkchens.« In dieser Familie war es kein Geheimnis, dass die Geburt der jüngsten Schwester ungeplant gewesen war.

Ihr heiterer Ton fiel mir besonders auf, weil ich mich an eine Bemerkung erinnerte, die eine andere Frau über ihre Schwester gemacht hatte: »Wie mag man sich fühlen, wenn man mit dem Wissen durchs Leben geht, ein Versehen gewesen zu sein!« Sie ging davon aus, dass ein solches Wissen nur schmerzlich sein konnte.

Bei einem Gespräch mit fünf Geschwistern, drei Schwestern und zwei Brüdern, stellte sich die Jüngste mit den Worten vor: »Ja, und dann kam ich.« Doch noch ehe sie ihren Satz ganz zu Ende gesprochen hatte, rief schon ein Bruder: »Ein Versehen!« Und unter allgemeinem Gelächter bestätigte eine der Schwestern: »Stimmt, sie war ein Versehen!« Die Leichtigkeit, mit der in dieser Familie offen darüber gesprochen wurde, vermittelte die Metabotschaft, dass das Ungeplantsein in diesem Fall kein Stigma war.

Dennoch scheint die Ausgangsposition für ungeplante Kinder eher problematisch zu sein. In einer Studie wurde kürzlich festgestellt, dass 2001 die Hälfte aller Schwangerschaften in den USA ungewollt waren.[5] Die Wahrscheinlichkeit eines ungeplanten Kindes ist beim Letztgeborenen am höchsten, was in jedem Fall ein größeres Konfliktpotenzial für das jüngste Kind einer Familie darstellt.

Du bist der Mopp

Als sie klein waren, spielten Tina und ihre vier Jahre ältere Schwester Georgette ein Spiel, das sie »Mopp« nannten. Georgette packte Tina an den Füßen und schleifte sie durchs Haus, sodass ihr langes blondes Haar sich ausbreitete wie ein Wischmopp. Es machte Spaß, an den Füßen durchs Haus geschleift zu werden wie ein Wischmopp. Allerdings zeigen die folgenden Beispiele, dass jüngere Schwestern oft einen schweren Stand haben. Colleen etwa berichtete, dass bei Rollenspielen ihrer älteren Schwester Jeanne und deren Freundinnen Colleen immer die Rollen übernahm, die sonst keiner wollte. Das machte ihr nichts aus, denn sie war froh, überhaupt mitspielen zu dürfen. Eine andere, Andrea, erzählte, dass ihre ältere Schwester bei Rollenspielen immer die Rolle der Prinzessin übernahm, während sie die Hexe, der Zwerg, der Prinz oder der Frosch sein musste.

Auch beim Ärgern jüngerer Schwestern können Kinder sehr kreativ sein. Lauren beispielsweise erinnert sich, dass ihre kleine Schwester Kate ein Stofftier besonders liebte: »Ich schnappte es mir, legte es oben auf den Ventilator, rief: ›Sieh her, Kate!‹, und stellte den Ventilator an, sodass es in die Zimmerecke flog. Kate wurde dann immer wütend und weinte. Da das Stofftier dabei heil blieb, wurde es bei der nächsten Gelegenheit gleich wieder so benutzt.«

Nicht alle Besitztümer, die von älteren Schwestern ins Visier genommen werden, sind so strapazierfähig wie Stofftiere. Jesse blieb am liebsten in ihrem Zimmer und spielte mit ihren Papierpuppen. Sie machte Kleidungsstücke für sie, ordnete sie immer wieder neu an, dachte sich Geschichten über sie aus und bewegte sie, während sie die Geschichten laut erzählte. Eines Tages, als sie nach Hause kam, sah sie etwas Merkwürdiges. Ihre ältere Schwester stand über der Tonne, in der die Familie das Papier verbrannte, aber es war gar kein Müllverbrennungstag. Jesse ging also hin und spähte in die Tonne, um zu sehen, was da brannte. Und entdeckte die verkohlten Überreste ihrer Anziehpuppen. »Sie machten nur Unordnung«, erklärte ihre Schwester. »Und ich wollte mir deine blöden Geschichten nicht mehr anhören.« Jesse war Anfang vierzig, als sie mir diesen Vorfall aus ihrer Kindheit erzählte. Sie fügte hinzu: »Ich liebe meine Schwester. Ich bin stolz auf sie. Aber ein Teil von mir, der ist immer noch … *Papierpuppen*!« Als sie das sagte, vermittelten ihre Körpersprache und ihr Tonfall, wie sie sich gefühlt hatte, als sie entdeckte, was ihre ältere Schwester mit ihren geliebten Papierpuppen gemacht hatte – und dass Reste dieses Gefühls immer noch in ihrer Beziehung zu ihrer Schwester weiterleben.

Die kleine Tyrannin

Umgekehrt tyrannisieren natürlich auch die jüngeren ihre älteren Schwestern, wobei viele einen Vorteil genießen, an den sich die Älteren oft noch lebhaft und mit Bitterkeit erinnern, nämlich dass die Mütter die Jüngere als das Opfer betrachteten und deshalb automatisch die Ältere bestraften.

Meine Studentin Kathleen Hewett hat zu diesem Thema ein Gespräch aufgezeichnet, in dem Meredith, eine Collegestudentin, sich daran erinnert, wie ungerecht es war, ständig die Schuld für alles zu bekommen: »Sie (die jüngere Schwester) kam öfter angerannt und biss mich, und wenn ich ihr dann hinterherjagte, lief sie schnell in Mutters Zimmer.« Zum Schmerz der Bisswunden gesellte sich das schmerzliche Gefühl, ungerecht behandelt zu werden, denn die Mutter glaubte ihr nie oder schenkte ihren Worten keine Beachtung, sondern gab immer ihr, die größer und stärker war, die Schuld für den Streit.

Gwen zog mit ihrer Familie nach Nigeria, als sie selbst fünfzehn und ihre Schwester Anita elf war. Anita war gerade in der Wildfang-Phase und zu Streichen aufgelegt, während Gwen anfing, sich langsam erwachsen zu fühlen und dementsprechend zu verhalten. Eines Tages ging Anita mit einer Freundin zur zeremoniellen Schlachtung einer Ziege im Hof des Nachbarhauses. Gwen beschloss, auf den Anblick zu verzichten, und blieb zu Hause. Sie saß gerade in ihrem Zimmer und las ein Buch, als Anita zurückkam und ihr fröhlich den Augapfel der Ziege in den Schoß warf. Als Erwachsene, die sich an diese Erfahrung erinnerte, fasste Gwen ihre Reaktion so zusammen: »Ich dachte, sie müssten mich umgehend in eine Anstalt einweisen.«

Der Schwester den Augapfel einer Ziege in den Schoß zu werfen war eine besonders kreative Variante eines Verhaltens, das alle jüngeren Schwestern gelegentlich oder oft an den Tag legen: Sie versuchen, die ältere Schwester abzulenken, die gerade liest, Hausaufgaben macht oder sonst irgendwas tut, was die jüngere Schwester ausschließt. Nadja wiederum erinnerte sich, dass sie nur für ein paar Minuten den Raum verlassen musste, wenn sie an ihren Hausaufgaben saß, um bei ihrer Rückkehr festzustellen, dass ihre kleine Schwester inzwischen in ihr Zimmer gelaufen war und alle Seiten ihres Schulhefts vollgekritzelt hatte, und dass dies auch keine Konsequenzen hatte. Eine andere Frau erzählte, dass sie sich hinter dem Sofa zu verstecken pflegte, wenn die ältere Schwester Besuch von ihrem Freund hatte, um zum bestmöglichen Zeitpunkt hervorzukommen und ihre Anwesenheit kundzutun, ohne dass die Eltern deshalb jemals eingeschritten wären.

Mir sind auch Geschichten über jüngere Schwestern zu Ohren gekommen, die ihre großen Schwestern in Schwierigkeiten brachten, indem sie petzten oder falsche Anschuldigungen erhoben. Und oft war echte Bitterkeit herauszuhören, wenn Frauen mir erzählten, dass ihre kleine Schwester bloß zu kreischen brauchte und schon eilten alle Erwachsenen zu ihrer Rettung herbei, die schuldige Partei trösteten und die unschuldige ältere Schwester bestraften.

Gib nicht mir die Schuld

Wenn man bedenkt, welchen Schabernack jüngere Schwestern treiben können, ist es vielleicht nicht überraschend, dass Eltern zwar dazu neigen, der Ältesten die Schuld zu geben, ältere Schwestern jedoch dazu neigen, der Jüngsten die Schuld zu geben. Anhand eines Gesprächs zwischen drei Schwestern, das im Jahr 1952 stattfand, können wir sehen, welchen Anstoß eine jüngere Schwester daran nehmen kann, dass sie einmal fälschlicherweise beschuldigt wurde. Wie um alles in der Welt können wir eine Unterhaltung belauschen, die vor so langer Zeit geführt wurde? Die Unterhaltung der Schwestern, die ihr ganzes Leben zusammenlebten, wurde von einem Neffen aufgenommen, als er siebzehn war und sie achtundsiebzig, dreiundsechzig und einundsechzig. Ein halbes Jahrhundert später hatte der Neffe das Band immer noch und gab es seiner Cousine Catherine Davies, die, zum Glück für uns, Linguistin an der University of Alabama ist und sich mit Gesprächen befasst. Davies suchte sich zur Gesprächsanalyse eine Geschichte aus, die die Schwestern über einen Vorfall erzählten, der 1933 während eines Besuchs der Weltausstellung stattfand. Im folgenden Auszug spricht die jüngste der Schwestern, und es ist klar, dass für sie das Wichtigste an der Geschichte ist, dass sie einer Missetat beschuldigt wurde, die sie nicht begangen hatte.

1933 fuhr ein Neffe, Daniel, mit den Schwestern und einer Freundin von ihnen von Pennsylvania, wo sie wohnten, zur Weltausstellung in Chicago. Die mittlere Schwester saß auf dem Notsitz, einem Sitz, der hinten am Wagen angebracht war und auf dem sie den Elementen preisgegeben war. Irgendwann während der Fahrt begann es zu regnen. Die Schwester auf dem Klappsitz wurde nass, und der Hut, den sie trug, wurde ruiniert. Sie machte sich deswegen keine großen Gedanken, weil sie einen zweiten Hut mitgenommen hatte – oder jedenfalls dachte sie das. Es stellte sich heraus, dass das Gepäckstück, in dem sich ihr Ersatzhut und andere Kleidungsstücke befanden, zurückgelassen worden war. Als sie das entdeckte, warf sie ihrer jüngeren Schwester Bessie vor, das Gepäckstück vergessen zu haben, während in Wirklichkeit der Neffe Daniel entschieden hatte, es zurückzulassen, weil es nicht mehr ins Auto passte.

Als Bessie zwei Jahrzehnte später diese Geschichte erzählte, konzentrierte sie sich – wiederholt – auf die Ungerechtigkeit, dass ihre Schwester ihr die Schuld gegeben hatte:

> »... und sie hat *mir* die Schuld gegeben, und dabei hatte ich gar nichts damit zu tun. Daniel war dafür verantwortlich ... und er hat ihn genommen, ich war's nicht, und ich hörte sie sagen: ›Das war unsere Bessie, das hat unsere Bessie getan.‹ Er hat ihn genommen ... ach, du lieber Himmel, ich habe *überhaupt* nichts mit dem Ding gemacht ... *Er* hat das Ge-

päck ins Auto gebracht. Ich hatte *überhaupt nichts* damit zu tun. Ich *wusste* nicht einmal etwas davon, bis wir losfuhren.«

Etwas später im Transkript wiederholt Bessie: »Sie ist hingegangen und hat mir die Schuld gegeben. Ich hatte nichts damit zu tun. Ich hatte überhaupt nichts damit zu tun.« Im Transkript wird vermerkt: »klingt aufgebracht«.

Es ergaben sich noch weitere Abenteuer daraus, dass den Schwestern Sachen fehlten, die sie eingepackt hatten, aber Bessie war so viele Jahre später vor allem im Gedächtnis geblieben, dass ihre ältere Schwester sie zu Unrecht beschuldigt hatte – was immer noch schmerzte. Dieses Gefühl der Hilflosigkeit und eines anhaltenden Grolls kommt bei jüngeren Schwestern häufiger vor.

Und wo bleibt die Mittlere?

Neben den Beziehungen zwischen Erst- und Letztgeborener stellt sich natürlich auch die Frage nach den Schwestern, die weder zur einen noch zur anderen Kategorie zählen. Meine Großmutter beispielsweise war das dritte Kind von sechzehn Geschwistern. Bestand ihre Familie aus einer Ältesten, einer Jüngsten und vierzehn mittleren Kindern? Das kommt mir nicht richtig vor. Die Zweitälteste zu sein ist doch sicher etwas anderes, als die Zweitjüngste zu sein. Es gibt unzählige Kombinationen und Konstellationen von Positionen dazwischen. Sogar die Begriffe »die Älteste« oder »die Jüngste« sind unzutreffend. Viele Faktoren beeinflussen, wie jemand sich in dieser Position fühlt, beispielsweise wie viele Geschwister es insgesamt gibt und wie viele Jahre zwischen ihnen liegen. Sehr erhellend war für mich in diesem Zusammenhang die Teilnahme an einem Lunch bei einer größeren Gesellschaft. Als ich meiner Tischnachbarin erzählte, dass ich gerade ein Buch über Schwestern schreibe, zeigte sie mir sogleich ihre drei Schwestern: Zwei saßen mit am gleichen Tisch, die Dritte stand woanders. Meine Tischnachbarin führte mich zu ihr. Lilia, so hieß sie, erzählte mir, dass sie mit ihren beiden jüngeren Schwestern gut auskäme, mit der Ältesten dagegen nicht viel zu tun habe, weil immer alles nach ihrer Nase gehen müsse.

Erst später wurde mir klar, warum Lilia sich mit der Autorität der ältesten Schwester nicht wohlfühlte, da sie, die vier Jahre jünger war als die Erstgeborene und zwei jüngere Schwestern hatte, selbst eine ältere Schwester war. Zu Beginn dieses Kapitels habe ich erzählt, wie meine beiden Schwestern und ich einmal gemeinsam das Essen zubereiteten. Obwohl wir drei Schwestern sind, spielte die geschilderte Szene sich nicht wirklich zwischen einer jüngsten, einer mittleren und einer ältesten Schwester ab. Ich war die Jüngste, ja. Das erklärt zumindest teilweise, warum ich die Rolle der Helferin übernahm, während Mimi und Naomi beide die Leitung übernahmen. Beide nahmen die Rolle der älteren Schwester ein. Naomi ist sechs Jahre älter als Mimi, und Mimi ist zwei Jahre älter als ich. Für mich ist Mimi eine ältere Schwester, aber für Naomi ist sie die jüngere Schwester.

Schwestern, die weder die Älteste noch die Jüngste sind, sind also je nach Konstellation für ihre Geschwister entweder älter oder jünger, d.h., jedes »mittlere« Kind ist eine Kombination aus beidem.

6. Das Tor zur Welt

Die ältere Schwester oder Der Blick von der Schwelle

Eines Tages stand ich auf einem Bahnsteig, als eine vierköpfige Familie des Wegs kam: Vater, Mutter und zwei Mädchen, das eine ungefähr drei Jahre alt, das andere etwa fünf. Alle warteten auf den Zug. Als ich die Kinder beobachtete, sah ich plötzlich, wie die Fünfjährige einen Blick nach unten auf die Schienen warf und dann die Dreijährige anblickte, die munter umherlief, ohne auf die Umgebung zu achten. Die ältere ging zu ihr, zog die kleine Schwester an sich, indem sie liebevoll von hinten die Arme um sie schlang, und ließ erst wieder los, als der Zug eingefahren war und die Familie einstieg. Sie, die selbst noch so klein war, hatte dafür gesorgt, dass der noch kleineren Schwester nichts passierte!

Unter den vielen Umständen, die Kinder prägen und einen Einfluss darauf haben, wie sie als Erwachsene einmal sein werden, gehört die Position in der Geschwisterreihe zu den wichtigsten. Ob die Jüngste, der Älteste, das mittlere von drei Kindern, eine mittlere Geschwisterposition bei vier, fünf, sechs oder mehr Kindern – jeder Platz wirkt sich auf das Leben desjenigen aus, der ihn einnimmt. Doch die Position der ältesten Schwester prägt am meisten, denn sie ist oft nicht nur mit den größten Privilegien, Erwartungen und Verpflichtungen verbunden, sondern auch mit den größten Ungerechtigkeiten. Dafür, dass sie die an sie gestellten Erwartungen erfüllt, wird die Älteste zwar oft geschätzt, mitunter aber auch ausgebeutet oder sogar mit Ablehnung bedacht. Eine Eigenschaft, mit der die älteste Schwester in vielen Gesprächen oft beschrieben wurde, war »herrschsüchtig«. Dieses Wort (das weit häufiger auf Frauen als auf Männer angewandt wurde) spiegelt deshalb auch treffend wider, was als typisches Merkmal einer ältesten Schwester bezeichnet werden könnte.

Die Ameise und der Grashüpfer

Eine Frau, die älteste von sechs Geschwistern, sagte einmal: »Manchmal habe ich meine jüngeren Geschwister um ihre Unbeschwertheit beneidet.« Zwar wurden in den Gesprächen viele älteste Schwestern auch als rebellisch beschrieben (wie etwa die, die zum schwarz gekleideten Grufti mit Piercings wurde, oder andere, die sich als »Vorkämpferin« gegenüber den Eltern durchsetzen mussten, sodass die jüngeren Geschwister es später leichter hatten), aber selbst wenn sie sich aufmüpfig gaben, wurden ältere Schwestern nie auch nur ansatzweise als »unbeschwert« oder »sorglos« beschrieben. Eine Frau drückte es so aus: »Meine älteste Schwester war wie eine Ameise, verantwortungsbewusst und immer mitanpackend, während die jüngeren Schwestern eher an luftige Grashüpfer erinnerten.«

Ob diese Eigenschaften nun Ursache oder Wirkung sind – von den meisten älteren Schwestern, mit denen ich gesprochen habe, wurde entweder erwartet, dass sie sich um die jüngeren Geschwister kümmern, oder sie taten es freiwillig.

Auch wenn sich natürlich keine direkten Rückschlüsse daraus ziehen lassen, ist es doch immer faszinierend zu sehen, welche Ähnlichkeiten das Verhalten von Primaten mit dem der Menschen aufweist. So zeigen die Studienergebnisse der Forscher James Higley und Stephen Suomi, dass Affenweibchen häufig auch ihre jüngeren Geschwister im Arm halten, Männchen dagegen nie. Sie konnten dabei auch beobachten, dass die Weibchen viel Zeit mit der Fellpflege der jüngeren Geschwister aufbringen, während die Männchen eher mit ihnen spielen, und dies umso mehr, je größer der Altersunterschied zwischen den Affengeschwistern ist.

Ähnliches gilt auch für Menschen: Einige Frauen sagten zwar, dass sie sich als älteste Schwester früher nie um die jüngeren Geschwister gekümmert hätten, doch die Mehrheit fühlte sich mehr oder weniger verantwortlich, wobei der Umfang des Kümmerns vor allem von den Erwartungen der Eltern, den Bedürfnissen der Familie und auch den eigenen Neigungen abhing.

Mini-Mama

Wenn Sie schon mal Fotos von Kindern in Stammesgesellschaften gesehen haben, war bestimmt auch eines dabei, auf dem ein Kind, das nicht älter als sechs Jahre zu sein scheint, ein Baby auf der Hüfte trägt. Das ist für viele Menschen in den Industrienationen ungewohnt, aber auch hierzulande werden ältere Schwestern oft eingesetzt, um sich um ihre jüngeren Geschwister zu kümmern. Eine Frau, die jetzt Mitte dreißig ist, wird von ihrer Familie immer noch »Bama« genannt, weil sie als Kind wie eine Baby-Mama zu ihrer kleinen Schwester war. Mir gefällt dieser Kosename ganz besonders, weil er sehr schön einfängt, dass die ältere Schwester selbst oft wenig mehr als ein Kleinkind ist. Ältere Schwestern sind Mini-Mütter, deren jüngere Geschwister zu ihnen aufsehen und sich auf sie verlassen, aber manchmal nehmen ihnen das die jüngeren Geschwister auch übel: »Du bist nicht meine Mutter!« Das vielleicht nicht, aber ältere Schwestern haben doch viel mit

Müttern gemein, wozu häufig auch die Art gehört, wie sie mit ihren jüngeren Schwestern reden.

Für ein Seminar an der University of Mary Washington hat Gwynne Mapes ein Gespräch zwischen zwei Schwestern aufgezeichnet, mit denen sie Karten spielte.[1] Gwynne konnte beobachten, dass die neunjährige Kaylie mit der siebenjährigen Melissa sprach, wie eine Mutter es getan haben könnte. Irgendwann versuchte die kleine Melissa, ihre Gewinnchancen zu vergrößern, indem sie sich Gwynnes Blatt schnappte und ihr in die Karten guckte. »Lissa!«, stieß Kaylie in vorwurfsvollem Ton hervor, um ihre Missbilligung zu zeigen, milderte sie jedoch gleichzeitig ab, indem sie den Kosenamen der kleinen Schwester verwendete und dadurch Zuneigung und Nachsicht zum Ausdruck brachte.

Mit der Autorität der College-Studentin belehrte Gwynne die Kleine: »Nein, nein, nein, Lissa. Das darf man nicht.«

Kaylie bekräftigte: »Nein, das darfst du nicht tun«, und machte sich dann daran, ihre kleine Schwester zu unterweisen: »Das nennt man Mogeln.«

Melissa erhob Protest gegen die Regeln, die Kaylie durchzusetzen versuchte, und schrie: »Ich spiele so, wie ich will!«

Kaylie reagierte geduldig: »Lissa.« Gwynne Mapes beschrieb ihren Tonfall als »sanft und verständnisvoll« und notierte, dass Kaylie eine »belehrende und leicht herablassende« Haltung gegenüber ihrer zwei Jahre jüngeren Schwester einnahm – mit anderen Worten, eine mütterliche Haltung.

Eine andere Frau wiederum erinnerte sich, dass sie sich schon als Zwölfjährige um die jüngere Schwester kümmern musste. Wenn beispielsweise die Mutter einkaufen ging, ließ sie die Jüngere in der Obhut der Älteren zurück, nicht ohne vorher noch zu sagen: »Pass auf sie auf, aber lass es sie nicht merken; und schimpf sie nicht.« Diese Anweisungen fassen in gedrängter Form die Herausforderung zusammen, vor der viele ältere Schwestern stehen. Wie soll man auf jemanden aufpassen, ohne dass er es merkt? Wie soll man es vermeiden, jemanden auszuschimpfen, wenn man mütterliche Autorität ausüben soll, aber in Wahrheit die Schwester ist? Ein Aspekt, den viele ältere Schwestern ohne Probleme und oft aus freien Stücken meistern, ist dabei die Rolle der Beschützerin.

Meine Schwester, meine Beschützerin

Eine Frau stellte pantomimisch dar, wie ihre ältere Schwester sie immer beschützt hatte, indem sie sich symbolisch zwischen die kleine Schwester und die potenzielle Bedrohung gestellt hatte.

Welche Belastung eine solche Beschützerrolle mit sich bringen kann, erfuhr auch die Afroamerikanerin Vanessa, damals 16 Jahre alt, aus Knoxville in Tennessee, während der Rassenunruhen in den 1960er Jahren. Sie wohnte damals mit ihrer Familie an einer verkehrsreichen Straßenkreuzung, hinter dem Haus lag ein großer, etwas höher gelegener Hof. Eines Tages sah Vanessa eine Gruppe aggressiv gestikulierender Weißer in Begleitung eines Polizisten auf ihr Haus zukommen. Da die Eltern nicht daheim waren, ging Vanessa als die Älteste zur Tür. Die Männer waren zornig, weil jemand einen Stein auf ihr Auto geworfen hatte, und vermuteten, dass er von ihrem Grundstück gekommen war. Vanessa versicherte, dass niemand in ihrer Familie etwas Derartiges getan habe, aber sie blieben bei ihrer Anschuldigung und belegten sie mit rassistischen Schimpfwörtern. Da nahm Vanessa, die die Gefahr erkannte, all ihren Mut zusammen und wuchs buchstäblich über sich hinaus: »Ich habe plötzlich geredet, als wäre ich zwei Meter groß«, erinnerte sie sich, obwohl sie damals innerlich vor Angst zitterte. Ihr resolutes Auftreten hatte schließlich Erfolg, und die Männer zogen wieder ab. (Später stellte sich heraus, dass der Stein doch vom Hof der Familie aus geworfen worden war, und zwar von einer Gruppe Jungs und ihrer stillen kleinen Schwester.)

Eine etwas harmlosere, aber ebenso typische Situation erlebte Edie, die älteste von drei Geschwistern. Eines Tages sah sie durchs Fenster, wie der Zeitungsjunge ihre vier Jahre jüngere Schwester Wanda ärgerte, die still auf der Veranda saß, während der Junge sie durch einen Strohhalm mit Erbsen beschoss. »Das machte mich so wütend«, erinnerte sich Edie, »dass ich zur Haustür rannte, über die Hecke sprang, ihm den Strohhalm aus der Hand riss, ihn vom Rad schubste und dann noch ordentlich vertrimmte. Ich weiß heute nur nicht mehr, auf wen ich in diesem Moment wütender war – auf den Jungen oder auf Wanda, weil sie sich einfach alles gefallen ließ.«

Es kommt vor, dass die ältere Schwester die Rolle der Beschützerin und Betreuerin fast sofort nach der Geburt eines neuen Babys einnimmt. Zu Leonas frühesten und liebsten Erinnerungen gehört es, dass ihre Schwester Kay zu ihr ins Bettchen kletterte, um sie zu trösten, als sie die Windpocken hatte. Kay war nicht die Älteste, aber die Nächstälteste in der Geschwisterreihe. In gewisser Weise war sie am besten dafür geeignet, die Rolle der Trösterin zu übernehmen, weil sie noch klein genug war, um ins Babybettchen der kleinen Schwester zu passen. Und sie musste sich keine Gedanken wegen der Ansteckung machen, da sie bereits Windpocken gehabt hatte.

Diese Geschichte aus dem wahren Leben erinnert an eine fiktive Szene aus einem Roman von Julia Alvarez, der in der Dominikanischen Republik spielt: *Die Zeit der Schmetterlinge*. Im Laufe des ganzen Romans beschützt Patria ihre vier jüngeren Schwestern und hilft ihnen. Und die Autorin zeigt, wie früh das beginnen kann. Sie lässt Patria eine Geschichte wiedergeben, die sie von ihrer Mutter gehört hat: Mit zwei Jahren teilte Patria sich ein Kinderbett mit ihrem einjährigen Schwesterchen Dedé. Patria erzählt: »Als sie eines Morgens zu uns kam, war ich gerade dabei, Dedés nasse Windel zu wechseln, aber das Witzige daran war, dass ich Mamá nicht wegen einer trockenen Windel hatte wecken wollen und deshalb meine eigene ausgezogen hatte, um sie meiner kleinen Schwester zu geben.«[2] Die Szene ist ebenso rührend wie komisch, weil ein so kleines Kind den Aufgaben einer Mutter nachkommt und dem Baby die Windeln wechselt, aber auch, weil das kleine Mädchen, wie eine Mutter, das Wohlergehen des Kindes über das eigene stellt.

Nimm sie – du kannst sie haben

Auf eine Website zum Thema Schwestern hat eine Frau folgenden Kommentar über ihre ältere Schwester gestellt: »Wenn sie nach Hause kommt, bin ich wie ein aufgeregter kleiner Welpe, der sein Herrchen wiedersieht. Bin ich echt, es ist schon witzig. Ich bin überglücklich und würde wahrscheinlich eindeutig mit dem Schwanz wedeln, wenn ich einen hätte, ha ha.«[3] Wie schmeichelhaft, wenn es jemanden gibt, der einen so liebt, dass er wie ein kleines Hündchen ist, das mit dem Schwanz wedelt, wenn man den Raum betritt. Aber Welpen können auch eine echte Plage sein, weil sie einem ständig zwischen die Füße geraten. Manche ältere Schwestern kümmern sich aus freien Stücken um die jüngeren Geschwister, manche werden auch in die Rolle der Ersatzmutter gedrängt.

Dazu Rochelle: »So weit auseinander waren wir altersmäßig gar nicht, aber trotzdem kam ich mir immer wie die Mutter meiner beiden Schwestern vor. Die Rolle wurde mir einfach aufgedrängt, und froh war ich nicht gerade darüber – ich hatte oft das Gefühl, Verantwortung zu tragen, ohne irgendwelche Vergünstigungen dafür zu bekommen. Da meine Mutter immer Nachtschicht hatte, musste ich meine Geschwister baden, ins Bett bringen und dafür sorgen, dass sie ihre Hausaufgaben machten und etwas zu essen bekamen.« Von Rochelles älterem Bruder wurde dagegen nicht erwartet, sich um die jüngeren Geschwister zu kümmern, aber die Privilegien des Erstgeborenen genoss er trotzdem, zum Beispiel bekam er als Erster ein Fahrrad. Und wenn jemand ein Opfer bringen musste, dann war nicht er es, sondern sie. Als einmal nicht genug Weihnachtsgeschenke für alle da waren, befahl der Vater Rochelle, ihr Geschenk an die jüngere Schwester abzutreten.

Von anderen älteren Schwestern war dagegen öfter zu hören, dass sie sich aus eigenem Antrieb um ihre jüngeren Geschwister kümmerten. Marianne etwa behandelte ihre kleine Schwester wie ihren persönlichen Besitz. Sie liebte es beispielsweise, die Kleine hübsch anzuziehen, wie andere Mädchen ihre Puppen anziehen, oder die kleine Schwester als Übungsobjekt zum Schminkenlernen zu nutzen.

Auch von meiner Familie kenne ich diese Konstellation: Als Mimi und ich noch klein waren, gerieten wir uns ständig in die Haare, wie es häufig bei Kindern vorkommt, die altersmäßig nahe beieinander sind. Ich erinnere mich noch, dass Naomi, die sechs Jahre älter ist als Mimi bzw. acht Jahre älter als ich, einmal einen Streit in ein Spiel verwandelte. Wir taten so, als wären wir Boxer im Ring, und sie schickte uns beide in unsere Ecken und signalisierte mit einer Glocke, dass wir rauskommen und mit dem Kampf beginnen konnten. Mimi gewann, indem sie mich am Boden festhielt – mit einem Fuß auf meinem Oberarm –, bis ich ausgezählt war. Dazu brauchte es nicht viel: Ich musste so sehr lachen, dass ich nicht aufstehen konnte.

Sie organisierte und überwachte nicht nur unsere Spiele, sondern übernahm auch viele Aufgaben im Haushalt und kochte, wenn unsere Mutter nicht da war. Ich hatte sie früher nie gefragt, ob sie diese Rolle freiwillig übernommen hatte, und als ich vor kurzem mit ihr darüber sprach, antwortete sie nur lapidar: »Manchmal.« Sie erinnert sich allerdings nicht, einen Groll deshalb empfunden zu haben, weil sie oft dafür gelobt wurde, wie verantwortungsbewusst und unentbehrlich sie war. Andererseits hatte sie auch kaum eine Wahl, denn unsere Mutter, emotional zerbrechlich und leicht überfordert, lud die Verantwortung für ihre beiden jüngeren Kinder oft der Ältesten auf: »Nimm du sie.« Wie Naomis Kreativität bei dem Boxring-Spiel zeigt, schaffte sie das ganz ausgezeichnet.

Auch Charlotte, die älteste von fünf Geschwistern, wurde die Rolle der Ersatzmutter übertragen, weil die eigene Mutter ihrer Aufgabe häufig nicht gewachsen war. Wenn der Vater unterwegs war und die Mutter sich nicht gut fühlte, was oft der Fall war, setzte Charlotte das Jüngste häufig einfach in den Buggy und führte die gesamte Kinderschar ins nächste Schnellrestaurant, damit sie zumindest etwas zu essen bekamen. Damals war Charlotte zwölf Jahre alt.

Meine Schwester, meine Richterin

Bei einem Essen für ihre Kinder, die Enkel und zwei ihrer Geschwister stellte eine Frau die Milch im Karton auf den Tisch. »Aber erzählt es nicht Adrienne«, sagte sie, was Gelächter bei den Versammelten auslöste, von denen viele schon von der ältesten Schwester wegen eines Mangels an Etikette gerügt worden waren. Ich weiß nicht mehr, von wie vielen Frauen ich gehört habe, dass ihre ältere Schwester übermäßig kritisch sei, oder wie viele ältere Schwestern meinten, von ihren jüngeren Schwestern als besonders kritisch eingeschätzt zu werden. »Meine Schwester meint, ich bevormunde sie ständig«, beklagte sich eine Frau, »dabei gebe ich ihr doch nur gute

Ratschläge.« Ratschläge erteilen und darauf hinweisen, wie sich etwas verbessern lässt, gehört dazu, wenn man sich um Kinder kümmert; Bevormundung ist dagegen eine potenzielle Gefahr der Beschützerrolle. Konstruktive Kritik wiederum bedeutet zu erkennen, was Menschen, die man liebt, vielleicht besser machen könnten, und den Mut zu haben, es offen auszusprechen.

Erinnern Sie sich noch an Wanda, das kleine Mädchen, deren Schwester Edie aus dem Haus gerannt kam und den Zeitungsjungen daran hinderte, sie weiter mit Erbsen zu beschießen? Ich weiß von dieser Geschichte, weil Wanda, die mittlere von drei Schwestern, mir in einer E-Mail von ihrer Beziehung zueinander erzählte und ihre beiden Schwestern dazu brachte, das ebenfalls zu tun. Später schickte sie eine zweite Mail hinterher, in der es hieß: »Ich habe vergessen, Ihnen meinen Mädchennamen mitzuteilen, und meine ältere Schwester hat mich deswegen ausgeschimpft.« Sie verwendete das Wort »ausgeschimpft« ironisch, unter Verwendung des Stereotyps der älteren Schwester, die die jüngeren Geschwister »ausschimpft«, so wie Mütter mit ihren Kindern schimpfen. Es brachte mich zum Lächeln, denn als Wanda diese Worte schrieb, war sie zweiundsechzig. Aber Edie war immer noch vier Jahre älter. Was die Mitteilung der Namen anging, war Edie übrigens kein Risiko eingegangen und hatte mir die Nachnamen ihrer Schwestern schon vorsorglich mitgeteilt.

Eine andere Frau, Faye, wollte einen witzigen Anhang an alle in ihrem E-Mail-Verteiler verschicken. Aber bevor sie auf »Senden« klickte, löschte sie den Namen ihrer älteren Schwester Norma aus der Liste. Ihr war eingefallen, dass sie sonst hätte überprüfen müssen, ob ihre Mail auch ja keine Tippfehler enthielt. Ihre Freunde würden das ignorieren, aber ihre Schwester würde Faye darauf hinweisen. Und wenn Norma Schwierigkeiten hatte, den Anhang zu öffnen, würde sie Faye zweifellos einer Befragung unterziehen, in der Annahme, dass sie beim Abschicken bestimmt irgendwas falsch gemacht hatte. Es ist durchaus denkbar, dass Norma ein heikler, mäkeliger Mensch ist. Aber das wäre nicht die ganze Geschichte. Jemanden auf Rechtschreibfehler hinzuweisen und ihm beizubringen, wie man E-Mail-Anhänge verschickt, kann durchaus hilfreich sein – und der Jüngeren zu helfen ist genau das, was von einer älteren Schwester erwartet wird. Das ist die Klemme, in der ältere Schwestern sich häufig wiederfinden: Ein Hilfsangebot impliziert immer auch Kritik, und diese Metamitteilung ist die Botschaft, die klar und deutlich bei Faye ankommt.

Krista, eine von vier Schwestern, reagiert ähnlich auf ihre älteste Schwester Lois. Sie war ihr zwar sehr dankbar, da Lois ihr schon unzählige Male geholfen und als Kind auch vieles beigebracht hatte, trotzdem lud Krista sie nicht so gerne zu sich ein wie die anderen Schwestern. Solche Übernachtungsbesuche von Lois bedeuteten nämlich vorher nicht nur tagelanges Putzen, sondern auch viele Ratschläge, was sie hätte besser machen können: Ihr Haus ist niemals aufgeräumt genug, die Sachen, die sie anhat, sind nie so ganz das Richtige, die Bilder an den Wänden hängen nicht gerade genug oder würden woanders viel besser zur Geltung kommen usw. Was immer Krista tat – Lois fand, dass sie es noch besser hätte machen können.

Als die Schwester einmal bei ihr übernachtete, fragte Krista sie, wie sie denn die Nacht verbracht habe. Lois erwiderte, sie hätte gut geschlafen, fügte aber gleich hinzu, Krista solle doch vielleicht einmal Weichspüler für die Bettwäsche nehmen. Sie bewunderte zwar den Garten, schlug aber trotzdem vor, vielleicht noch einige Funkien zu pflanzen, da sie so gut im Schatten wachsen. Krista bezweifelte gar nicht, dass die Ratschläge der älteren Schwester gut gemeint waren, doch neben der vordergründigen Botschaft enthielten die Ratschläge eben auch die Metamitteilung, dass Krista nicht so viel weiß und nicht so tüchtig ist wie Lois.

Aus der Perspektive der älteren Schwester gesehen führte dagegen ausgerechnet ihre besondere Mühe und Fürsorge zu dem ungerechten Ergebnis, weniger oft eingeladen zu werden als die anderen Schwestern. Jemanden auszuschließen bedeutet Macht auszuüben, und die Ursache dafür lag in ihrer Machtposition als ältere Schwester.

Die Macht der Älteren

Viele Beschwerden von jüngeren Schwestern erinnerten mich an die Muster, die ich im Verhalten zwischen Müttern und ihren erwachsenen Töchtern beobachten konnte. Dazu gehörte vor allem die Klage der jüngeren Schwestern, dass die ältere Schwester überkritisch sei. Eine Frau ärgerte sich beispielsweise darüber, dass ihre ältere Schwester ständig mit Bemerkungen wie »Diese Hose ist nun aber wirklich zu eng« ihre Figur kritisierte. Eine andere sagte von ihrer älteren Schwester: »Es dauert keine zehn Sekunden, und sie hat irgendwas an mir auszusetzen, meistens geht es um meine Frisur: ›Das sieht aber nicht besonders aus, warum trägst du deine Haare nicht so und so?‹« Die entsprechenden Klagen der älteren Schwestern erinnerten mich wiederum an die Worte, die ich oft von Müttern gehört habe: »Warum muss sie bloß immer so empfindlich reagieren?« Viele Töchter reagieren deshalb so mimosenhaft auf die Vorschläge und Kommentare ihrer Mütter, weil deren Meinung ein solches Gewicht für sie hat – weit mehr, als den Müttern vielleicht klar ist, und zwar deshalb, weil die Tochter sich nichts mehr als die Anerkennung der Mutter wünscht.

Dieselbe Dynamik kann auch zwischen Schwestern entstehen, wobei die Ältere sich meist automatisch in der Position der Mutter befindet – egal, ob sie diesen Platz nun einnehmen will oder nicht oder ob sie sich überhaupt darüber im Klaren ist, dass sie ihn innehat. Eine Frau, der dies lange nicht bewusst war, sagte dazu: »Heute ist mir endlich klar, dass meine Schwestern offenbar meine Anerkennung nur deshalb wollen, weil ich die Älteste bin – eine Rolle, die ich eigentlich gar nicht haben wollte und die mir so vorkommt, als ob sie mir nur durch den Zufall der ersten Geburt aufgedrückt wurde – so eine Art ›Geschwister-Noblesse oblige‹.« Und wie bei Müttern und ihren erwachsenen Töchtern neigen auch älteste Schwestern dazu, die Macht der jüngeren Geschwister zu überschätzen und die eigene Macht zu unterschätzen.

Wenn die kleine Schwester sich beispielsweise beiläufige Bemerkungen der großen Schwester noch als Erwachsene zu Herzen nimmt, wie groß muss dann erst ihre Macht gewesen sein, als beide noch Kinder waren? Es kommt recht häufig vor, dass eine ältere Schwester irgendetwas daherredet, ohne groß darüber nachzudenken, und dann viele Jahre später mit Erstaunen erfährt, dass die jüngere ihre Worte behalten hat, vielleicht sogar eine Lebensentscheidung darauf gegründet hat.

Vor allem die Spötteleien einer älteren Schwester können der jüngeren ein Leben lang im Gedächtnis bleiben. Auch die Versuchung, jüngere Geschwister zu ärgern, kann für Kinder unwiderstehlich sein: Wenn die kleine Schwester beispielsweise ein bisschen pummelig ist, und man sie gleich als dick bezeichnet, oder die Brillenträgerin zur Brillenschlange macht. Ganz egal, wie sie ist – man erzählt ihr, sie sei irgendwie doof. Und wie soll die Ältere, die schließlich selbst noch ein Kind ist, begreifen, welch bleibende Wirkung ihre Worte haben können?

Eine Frau etwa erzählte mir, es sei ihr bis heute peinlich, schnell zu laufen, weil ihre große Schwester sie früher einmal damit aufgezogen hätte, sie würde wie eine Ente watscheln. »Und wenn sie mir etwas sagt, dann bleibt es bei mir so lange hängen, bis sie mir sagt, dass es anders ist«, fügte sie noch hinzu.

Wenn Schwestern erwachsen sind, mag ein solches Machtgefälle zwar unverständlich erscheinen, denkt man jedoch an die Kindheit der beiden, als schon ein geringer Altersunterschied genügte, um der Älteren eine enorme Macht über die Jüngere zu verleihen, erscheint ein solches Muster durchaus plausibel.

Sie schafft das!

In einer Familie herrschte die Überzeugung, dass die Älteste, Martha, alles schaffen konnte. Als es einmal einen Notfall in der Familie gab und die Geschwister aus allen Richtungen zum Haus der Eltern strömten, machte Marthas Flieger einen Zwischenstopp in Chicago, und es war geplant, dass Lily dort zusteigen sollte. Aber Lilys Flug hatte Verspätung, und sie war sicher, dass sie den Anschlussflug verpassen würde. Doch als sie zum Gate eilte, war das Flugzeug noch da, die Türen waren noch nicht geschlossen. Martha war es tatsächlich gelungen, den Piloten zu überzeugen, auf ihre Schwester zu warten.

Schon früh quasi die Verantwortung einer Erwachsenen übertragen zu bekommen kann der Ältesten ein Selbstvertrauen geben, das ihr ein Leben lang gute Dienste leistet, bringt aber auch Verpflichtungen und Erwartungen mit sich. Grace zögerte nicht lange, als ihre ein Jahr jüngere Schwester sie nach dem Collegeabschluss bat, einen Test in Maschineschreiben für sie abzulegen, den die Firma, bei der sie sich beworben hatte, verlangte. »Klar, mach ich«, erklärte sie und ging mit dem ganzen Selbstvertrauen eines Menschen, der immer alles getan hat, was getan werden muss, in die Prüfung. Beide Schwestern waren überrascht, als Grace nicht bestand. Später lachten sie darüber, denn Grace konnte nicht besser Maschine schreiben als ihre Schwester. Eigentlich sogar schlechter. Nun würden zwar nur wenige Menschen ihre Schwester bitten, für sie zu einem Einstellungstest zu gehen, aber viele jüngere Schwestern nehmen automatisch an, dass die große Schwester alles besser kann und weiß als sie selbst – und die großen Schwestern gehen von der gleichen Annahme aus.

Auch hier kann ich aus eigener Erfahrung berichten: Meiner Cousine Erica hatte man nie erzählt, dass sie adoptiert worden war. Eine redselige Tante hatte einst das Geheimnis ausgeplaudert, als ich noch ein kleines Kind war, und meine Eltern hatten meine Schwestern und mich damals eindringlich ermahnt, es ja nicht Erica zu sagen. Als Erica mich bei einer Hochzeit ansprach – ich war bereits über 30 – und bei dieser Gelegenheit von mir wissen wollte, ob sie nun adoptiert sei oder nicht, bejahte ich die Frage nicht, sondern antwortete ohne lange nachzudenken: »Frag Naomi. Sie war damals alt genug, um etwas mitzubekommen.« Ich war mir ganz sicher, dass meine älteste Schwester, die immer alles schaffte, auch dieses Mal schon wissen würde, wie man es Erica am besten beibringen könnte. Erica fragte also Naomi, und ich war höchst überrascht, als ich die Antwort hörte: »Frag am besten meine Mutter.« Noch am gleichen Abend rief unsere Mutter bei Erica an (aber erst, nachdem sie die Sache mit ihrem Bruder, Ericas Vater, besprochen hatte), und erzählte ihr alles, was sie über die Adoption wusste.

Vielleicht war es auf diese Weise am besten, da unsere Mutter mit den näheren Umständen besser vertraut war und Erica daher mehr sagen konnte. Aber ich hatte trotzdem das Gefühl, Erica im Stich gelassen zu haben, indem ich sie an meine

Schwester weiterverwies. Erica hatte vermutlich mich gefragt, weil wir uns altersmäßig am nächsten standen und als Kinder oft zusammen gespielt hatten; dennoch muss es ihr schwergefallen sein, den Mut aufzubringen, mir diese Frage zu stellen. Ich hätte ihrem Vertrauen gerecht werden sollen, indem ich ehrlich antwortete. Nur das Wissen, dass Naomi die Verantwortung ebenfalls weiterreichte und an unsere Mutter delegierte, erleichtert mich ein wenig. Ich gebe diese Erfahrung hier teilweise deshalb wieder, weil sie die Beziehung von jüngerer und älterer Schwester in all ihrer Dynamik im Vergleich zur Mutter-Tochter-Beziehung besonders gut veranschaulicht: Ich wandte mich an Naomi, Naomi wandte sich an unsere Mutter. Aber ich habe die Geschichte noch aus einem anderen Grund erzählt: Wenn ich Ericas Frage schon nicht selbst beantworten wollte, hätte man doch annehmen sollen, dass ich vorschlug, sie solle damit zu meiner Mutter gehen. Aber das tat ich nicht. Wer mir stattdessen zuerst einfiel, war der Mensch, der, wie ich dachte, immer mit allem am besten umgehen kann: meine älteste Schwester.

Bloß nicht nachlassen

Die Tatsache, dass ältere Schwestern den jüngeren Geschwistern oft Hilfestellung leisten, kann zu einer Gewohnheit werden, die bei Nichterfüllung der Erwartungen auch negative Reaktionen nach sich ziehen kann. In der Regel winkt irgendeine Belohnung für Anstrengungen, die man für andere unternimmt, aber bei Leanne sah es etwas anders aus: Sie hatte ihren jüngeren Schwestern immer geholfen, sobald diese Hilfe brauchten. Wenn sie gesundheitliche Probleme hatten, begab sie sich auf die Suche nach dem besten Arzt, wenn finanzielle Unterstützung erforderlich war, schickte sie ihnen Geld. Als einmal der 16-jährige Sohn einer Schwester in Schwierigkeiten kam, erwartete wie immer jeder ganz selbstverständlich, dass sie alles stehen und liegen lassen und die Sache wieder in Ordnung bringen würde. Aber dieses eine Mal konnte Leanne aus beruflichen Gründen nichts tun, worüber ihre Schwestern höchst frustriert waren. Leanne fand das sehr unfair. Anstatt Dank für ihre zahlreichen Hilfen zu ernten, schlug ihr plötzlich Ärger entgegen, als sie ein einziges Mal nicht dazu in der Lage war.

Eine andere älteste Schwester, Amanda, machte eine ähnliche Erfahrung, die sie sehr erstaunte: Einer ihrer jüngeren Brüder reagierte sehr ungehalten darauf, dass sie am Freitagabend vor seiner Hochzeit kein Familienessen organisiert hatte. Als Amanda einwandte, dass er sie doch gar nicht darum gebeten hätte, erwiderte er, sie organisiere doch schließlich immer alle Familientreffen an den Feiertagen, also hätte sie das auch bei seiner Hochzeit tun müssen. Amanda war empört. Sie hätte liebend gern ein Familienessen arrangiert, wenn er sie darum gebeten hätte, aber wie konnte er ihr vorwerfen, etwas versäumt zu haben, von dem sie gar nicht wusste, dass er es wünschte?

Die Reaktionen von Amanda und ihrem Bruder lassen sich vermutlich darauf zurückführen, dass sie unterschiedliche Auffassungen darüber hatten, was eine Hochzeitsfeier bedeutet und welche Erwartungen sich daraus ergeben. Der Bruder sah seine Hochzeit als Familienfeier an, und an den Feiertagen nahm Amanda immer alles in die Hand, ohne dass jemand sie darum bitten musste. Sie hingegen betrachtete eine Hochzeit als ein ganz anderes Fest, sodass es ihr anmaßend erschien, ungefragt die Rolle der Organisatorin zu übernehmen. Es scheint, dass er von Amanda erwartete, die Rolle zu übernehmen, die die Mutter hätte übernehmen sollen – so ähnlich, wie ich annahm, dass meine älteste Schwester die Aufgabe übernehmen sollte, unserer Cousine zu sagen, dass sie adoptiert ist, und nicht meine Mutter.

Amanda hatte bereitwillig die Verantwortung dafür übernommen, die Familie an Feiertagen zusammenzutrommeln, aber von ihr zu erwarten, ungefragt die Hochzeit ihres Bruders zu planen, fand sie dann doch ein bisschen viel. Viele der ältesten Schwestern, mit denen ich gesprochen habe, erzählten mir von Gelegenheiten, bei denen die Erwartungen der jüngeren Geschwister ihre Fähigkeit oder Bereitschaft zu helfen überstiegen.

Helfen oder Nichthelfen

Zu den Erwartungen, die häufig an ältere Schwestern gestellt werden und nicht selten zu Ärger führen, gehört auch die Funktion der Ratgeberin. Angela etwa macht es nichts aus, dass ihre jüngere Schwester Linnie sie oft anruft, um mit ihr über die Probleme im Büro zu reden: Der Chef ist schwierig, sie fühlt sich unterfordert oder meint, unterbezahlt zu sein. Aber wenn Angela dann Lösungsvorschläge unterbreitet, findet Linnie immer einen Grund, sie abzulehnen. Dem Chef mal Kontra geben? Zu riskant. Sich an seine Vorgesetzten wenden? Undenkbar. Um eine Gehaltserhöhung bitten? Die Firma ist in finanziellen Schwierigkeiten, also wird es keine geben. Kündigen? Vielleicht findet sie keinen neuen Job. Sich eine neue Stelle suchen, bevor sie kündigt? Die Branche ist so klein, dass ihr Chef das erfahren würde. Keine Lösung möglich? Dann akzeptiere es und hör auf zu jammern! Aber das ist ein Rat, mit dem Angela nie durchkäme, denn Linnie würde sofort protestieren: »Du bist schließlich meine Schwester, da kann ich doch erwarten, dass du mir zuhörst und dich für meine Probleme interessierst.« Linnies Wohl liegt Angela zwar am

Herzen, aber als ältere Schwester hatte sie noch nie das Gefühl, sich den Luxus gönnen zu dürfen, einfach nur zuzuhören; wenn die kleine Schwester Hilfe brauchte, wurde von Angela schon immer erwartet, aktiv zu werden.

Bei den Schwestern Camille und Zoe ergab sich folgende Situation: Wenn Verwandte zu Besuch kommen, übernachten sie grundsätzlich bei Camille, die dann den Job der Gastgeberin übernimmt, wozu auch das Kochen gehört. Vielleicht kommen die Verwandten deshalb zu ihr, weil sie die ältere der beiden Schwestern ist, oder weil sie organisierter und damit berechenbarer ist (was wiederum damit zusammenhängen könnte, dass sie die Ältere ist).

Einmal bot Zoe ihre Hilfe an: Sie schlug vor, für die Verwandten zu kochen, die gerade bei Camille übernachteten. Camille nahm das Angebot dankbar an. An besagtem Abend erschien Zoe wie verabredet rechtzeitig eine gute Stunde vor dem Essen, aber sie brachte kein fertiges Gericht mit, sondern die Einkaufstüten mit den Zutaten. Dann breitete sie alles in Camilles Küche aus, öffnete sämtliche Schränke und suchte nach einem Topf und dem Backblech. Sie fand das Gesuchte, aber dabei räumte sie alle fein säuberlich aufgestapelten und sortierten Töpfe und Pfannen aus und stellte das, was sie nicht brauchte, in ungeordneten Haufen wieder zurück. Dasselbe geschah mit dem Gewürzbord und den Schubladen mit den Kochutensilien. Der Spinatstrudel war dann wirklich köstlich, aber das Essen kam erst um neun auf den Tisch. Camille bezweifelte nicht, dass Zoe ihr ernsthaft hatte helfen wollen, schwor sich aber, in Zukunft auf die Hilfe der Jüngeren zu verzichten und lieber wieder alles selbst zu machen.

Das Unfairste an all diesen Szenarien ist, dass die ältesten Schwestern selbst nicht die Unterstützung und Hilfe erhalten, die sie zu geben gewohnt sind.

Die Schwester weiß es am besten

Um die Macht der älteren Schwester ging es auch in einem Referat für ein Seminar, das sich auf den E-Mail-Austausch zwischen den erwachsenen Schwestern Rosalie (50) und Rachel (45) bezieht: Irgendwann lädt Rosalie ihre Nichten und Neffen ein, mit ihr und ihren Kindern ein Basketballspiel zu besuchen, und bietet an, alle in ihrem Auto mitzunehmen. Rachel lehnt die Einladung ab, weil am nächsten Tag Schule ist, aber Rosalie insistiert: »Kannst du die Kinder am Freitag nicht einmal in der Schule entschuldigen, damit sie am Donnerstag mitkommen können? Denk mal darüber nach ...«

Als ich hörte, wie Rosalie ihre jüngere Schwester bedrängte, um einen Vorschlag durchzusetzen, den diese bereits abgelehnt hatte, fiel mir sofort die Geschichte der Frau ein, die zusammen mit ihren beiden Schwestern per E-Mail beratschlagt hatte, wie man die Silberhochzeit der Eltern am schönsten feiern könnte. Die Mails gingen in Kopie zwischen den Schwestern hin und her, bis die jüngste Schwester eine Mail von der mittleren erhielt, die nur an sie gerichtet war: »Wir besprechen zwar immer alle zusammen, was jede am besten findet, aber irgendwann wird dann doch wieder genau das gemacht, was Mary will.«

Mary als die Älteste hatte viele Methoden, um stets das durchzusetzen, was sie wollte, und ging dabei ähnlich vor wie Rosalie, indem sie die von den Schwestern erhobenen Einwände gegen ihre Vorschläge zu entkräften versuchte. Zudem vergaß sie gern, dass ein von ihr favorisierter Plan bereits abgelehnt war, und brachte ihn immer wieder neu aufs Tapet.

Eine andere Frau meinte, dass ihre ältere Schwester sich nicht damit zufriedengibt, ihren Willen praktisch durchzusetzen, indem ihren Wünschen entsprochen wird, sondern auch noch möchte, dass man ihre Sichtweise der Dinge übernimmt: »Wenn ich dann zu ihr sage, ›Okay, einigen wir uns also darauf, dass wir uns nicht einig sind‹, kommt mit Sicherheit: ›Aber du musst doch einsehen, dass ....‹«

Ein solches Dominanzverhalten der älteren Schwester mag zwar ärgerlich sein, lässt sich aber leichter verstehen, wenn man bedenkt, dass es für jemanden, der viele Jahre – meist die gesamte Kindheit über – tatsächlich mehr wusste und wahrscheinlich auch öfter Recht hatte als die jüngeren Geschwister, zur Gewohnheit werden kann, Recht haben zu wollen – nicht zuletzt auch wegen des langjährigen Verantwortungsgefühls hinsichtlich des Familienfriedens.

Eine lebende Brücke

Als Yvonne kurz vor dem Schulabschluss stand, waren ihre Eltern in die Scheidung verstrickt und nicht in der Lage, ihr beim Weg ins College beizustehen. Formulare ausfüllen, Bewerbungsanträge einreichen, die Colleges besichtigen – sie musste alles allein machen. Als ihre jüngere Schwester Dale so weit war, nahm Yvonne sie daher ein bisschen an die Hand. Sie ist froh darüber, dass sie Dale helfen konnte, aber sie nimmt es ihrer kleinen Schwester auch ein bisschen übel, dass sie es so viel leichter hatte als sie. Ich empfinde es als ein großes Glück, dass ich die Hunter College High School besuchen durfte, eine anspruchsvolle Schule, die dem Hunter College in New York City angeschlossen ist. Ich musste eine Aufnahmeprüfung machen, um auf die Schule gehen zu können, aber wer hat mich auf die Idee gebracht, die Prüfung zu machen? Nicht meine Eltern, die beide als Kinder in die Vereinigten Staaten kamen und vor dem Abschluss die Schule verlassen mussten, um ihre Familien zu unterstützen. (Mein Vater wurde später Rechtsanwalt, aber das ist eine andere Geschichte.) Doch meine Schwester Naomi, die am Hunter College studierte, wusste von der angeschlossenen Schule und regte an, dass ich die Aufnahmeprüfung ablegte. Das ist nur ein Beispiel unter vielen: Naomi war für mich die Brücke zur Welt Amerikas, die meine Eltern nicht sein konnten, und verschaffte mir Chancen, die meine Eltern mir nicht verschaffen konnten.

Wenn die Eltern Einwanderer sind, wird das älteste Kind, das in dem neuen Land geboren wurde oder aufwächst, mit hoher Wahrscheinlichkeit nicht nur eine Brücke zwischen den jüngeren Geschwistern und der Außenwelt bilden, sondern auch zwischen den Eltern und ihrer neuen Heimat. Grace wurde auf den Philippinen geboren und war ein Jahr alt, als ihre Eltern nach Kalifornien auswanderten und eine Farm übernahmen. Sie haben nie gelernt, flüssig englisch zu sprechen. Als Grace noch klein war, wurde bei ihnen zu Hause Tagalog gesprochen. Später, als weitere Kinder geboren wurden, fing die Familie allmählich an, zu Hause englisch zu sprechen, sodass die drei jüngeren Geschwister Tagalog nie so gut lernten wie Grace. Als Älteste war sie daher in vielerlei Hinsicht wie eine Brücke zwischen Eltern und Geschwistern und auch zwischen den Eltern und der Außenwelt.

Grace bekam nicht nur Verantwortung für ihre jüngeren Geschwister übertragen, sie musste auch die Buchhaltung der Farm erledigen. Bereits in der dritten Klasse lernte sie, wie viel alles kostete, wie viel die Tagelöhner ausgezahlt bekamen und wie man Einnahmen und Ausgaben systematisch aufschreibt. In der fünften Klasse erledigte sie das schon selbstständig. Als sie elf war, wartete ihr Vater eines Tages auf sie, als sie aus dem Schulbus stieg. Sie betraten gemeinsam das Haus, und er stellte sie einem Mann vor, der im Arbeitszimmer saß, um dann den Raum zu verlassen. Der Mann war ein Steuerprüfer. Ihr Vater hatte ihm gesagt, dass seine Tochter die Bücher führe und ihm alles zeigen und seine Fragen beantworten werde, wenn sie wiederkäme. Bei unserem Gespräch lachte Grace bei der Erinnerung an den verdutzten Gesichtsausdruck des Steuerprüfers, als die Tochter, auf die er gewartet hatte, um mit ihr Rücksprache zu halten, sich als elfjähriges Kind entpuppte. Aber Grace kam das ganz natürlich vor. Sie war daran gewöhnt, als Mittlerin zwischen ihren Eltern und der Welt zu dienen, die für sie ein unbekanntes Terrain, aber für Grace ihr Heimatland war.

Jedes ältere Kind kann eine Brücke zwischen den Eltern und jüngeren Geschwistern oder zwischen den Eltern und einer sich verändernden Welt sein. Das Muster kann sich in praktisch jeder Familie und bei den alltäglichsten Gesprächen zeigen.

Für ein Seminar, das sie bei mir belegt hatte, zeichnete Leslie Cochrane ein Gespräch zwischen einem Ehepaar und ihrer Tochter Quinn auf, in dem es um Quinns jüngere Schwester Justine ging, die gerade frisch aufs College gekommen war. Der Vater erzählte, ebenso beifällig wie überrascht, dass Justine angerufen habe, um sich zu erkundigen, wie man Huhn zubereitet. Aber dann erwähnte er etwas, das ihm missfiel: »Und dann wurde klar, dass sie gleichzeitig per Computer mit irgendwelchen Leuten kommunizierte, während sie telefonierte.« Quinn, rasch bei der Hand, ihre Schwester zu verteidigen, erwiderte: »Ach, nun ja, du weißt ja, dass Justine das kann.« Sie fügte hinzu: »Ich erinnere mich, als ich auf dem College war, habe ich auch immer gleichzeitig telefoniert und am Computer gesessen.« Mit dem Hinweis, dass sie genau das Gleiche getan hätte, sagte Quinn praktisch, dass der Vater ihre Schwester nicht zu hart beurteilen solle, dass Justine nur tat, was alle Collegestudenten taten. (Er entgegnete sarkastisch: »Na, das ist ja entzückend.«)

Auf einer Ebene ist das ein typisches Beispiel dafür, dass

eine ältere Schwester die jüngere verteidigt und versucht, sich selbst zu einem Bollwerk zwischen der kleinen Schwester und den Eltern zu machen. Auf einer anderen Ebene fungiert hier die Tochter als Brücke zwischen ihren Eltern und der Außenwelt, die ihr vertrauter ist als ihnen. Kommunikationstechniken wie Instant Messaging sind für die Elterngeneration neu, aber Quinn und Justine sind sie in Fleisch und Blut übergegangen. Man könnte sagen, dass sie die Kommunikationsmethode der Textnachrichten wie eine Muttersprache beherrschen und Quinn als Dolmetscherin zwischen den Eltern und ihrer jüngeren Schwester fungierte.

Meine Studentin Elizabeth Sutcliffe zeichnete das folgende Beispiel auf und transkribierte es. In diesem Gespräch ergreifen Elizabeth und ihre Freundin Eliza, eine Kommilitonin, bei einem Konflikt mit Elizas Vater Partei für ihre Schwester Susannah, die noch zur Schule geht. Susannah hat gerade ihrer Mutter, ihrer Schwester und Elizabeth, die zu Besuch da ist, ein Schulprojekt gezeigt, an dem sie arbeitet. Alle drei sind voll des Lobes für ihre Arbeit. Susannah geht, um ihr Projekt ihrem Vater zu zeigen, der sich in einem anderen Teil des Hauses aufhält. Kurz darauf hört man, wie sie die Treppe hochstürmt und ihre Zimmertür zuknallt. Ihr Vater gesellt sich zu den anderen in die Küche und erklärt, dass Susannah wütend geworden ist, weil er sie auf Fehler hingewiesen hat: »Sie hat mehrmals den Apostroph falsch gesetzt, und das Wort ›Wasser‹ kam zweimal vor.« Beide, Eliza und Elizabeth, verteidigen Susannah, jede auf ihre Weise:

Eliza: Dafür sind Töchter doch da, Dad.
Elizabeth: Es ist schon spät. Ich mache auch immer Fehler, wenn es spät ist.
Vater: Tja, nun gut.
Elizabeth: Sie ist müde. Es ist spät.

Eliza: Es ist ihr Job, wütend auf dich zu werden.
Vater: Ja, okay.
Elizabeth: Es ist spät. So spät am Abend kann ich auch nicht mehr klar denken.

In ihrer Analyse dieses Beispiels wies Elizabeth darauf hin, dass Eliza zwischen ihrem Vater und der jüngeren Schwester vermittelt, indem sie die Schwester verteidigt, ohne den Vater anzugreifen: Er hat getan, was seine Aufgabe als Vater ist, indem er sie kritisierte, und sie hat ihre Aufgabe als Tochter erfüllt, indem sie deswegen wütend weglief. So läuft es nun mal in der Welt. Auch Elizabeth versucht sich als Vermittlerin, aber sie wählt einen anderen Ansatz. Ähnlich wie Quinn im vorigen Beispiel weist sie darauf hin, dass es sich bei ihr ähnlich verhalte wie bei der Schwester. Elizabeth betont – und wiederholt es dreimal –, dass sie spätabends ebenfalls fehleranfälliger ist. Beachten Sie, dass Elizabeth, die nicht zur Familie gehört, nur die Fehler der Tochter anspricht, nicht die Rolle des Vaters als Kritiker. Trotzdem übernahmen Eliza und Elizabeth gemeinsam die Rolle der älteren Schwester als Vermittlerin zwischen dem Vater und der jüngeren Schwester Susannah.

Jetzt mal beide Seiten

Abby war College-Studentin im zweiten Jahr, während ihre Schwester Stephanie noch zur Schule ging. In einem Telefongespräch erfuhr sie von dem Aufruhr, der zu Hause herrschte: Stephanie wollte in den Ferien mit Freunden nach Cancún fahren, aber ihre Eltern waren dagegen. Sie fanden, dass sie dafür noch zu jung war, und machten sich Sorgen wegen der Gefahren von Alkohol und Sex. Stephanie schwor hoch und heilig, dass die Gruppe nur aus Mädchen bestand und sie nicht trinken würden. Schließlich kam es zu einem Kompromiss: Stephanie durfte fahren, aber ihre Mutter würde mitkommen, und Abby, die zur gleichen Zeit Semesterferien hatte, sollte sich dort mit ihnen treffen. Abby und die Mutter würden in einem anderen Hotel wohnen, sich also nicht einmischen, aber in der Nähe sein, um ein Auge auf alles zu haben.

Als Abby in Cancún eintraf, machte sie erst einen Abstecher in das Hotel, in dem Stephanie mit ihrer Gruppe wohnte, um ihrer Schwester Hallo zu sagen, bevor sie zu ihrer Mutter in das andere Hotel ging. Da sie denselben Nachnamen hatte, bekam Abby den Schlüssel zu Stephanies Zimmer ausgehändigt. Ihre Schwester war nicht da, aber dafür stieß Abby auf jede Menge Überraschungen. In der Badewanne standen diverse Flaschen mit Hochprozentigem, und ein Nebenzimmer war voller Jungskleidung. Als Abby und ihre Mutter sich am Abend zum Essen hinsetzten, brachte die Mutter sie in die Klemme: »Ich möchte, dass du mir die Wahrheit sagst. Was hast du in dem Zimmer gesehen?« Abby konnte nicht lügen. Und ihre Mutter konnte ihren Zorn kaum bändigen. Sie entschied, Stephanie zu bestrafen, indem sie ihr die Teilnahme am Abschlussball der Highschool verbot. Abby konnte die Mutter davon überzeugen, dass der Ball ein zu wichtiges Ereignis im Leben ihrer Schwester war, um sie dessen zu berauben, und die Mutter verhängte eine andere Strafe.

Auf welcher Seite stand Abby? Erst ergriff sie Partei für die Mutter und dann für die Schwester, wobei sie als Vermittlerin zwischen beiden fungierte. Als sie Alkohol und Hinweise auf Jungen in Stephanies Zimmer fand, nahm sie die Perspektive einer Erziehungsberechtigten ein, und sie verbündete sich mit der Mutter, indem sie von ihrer Entdeckung berichtete. Aber als sie argumentierte, wie wichtig der Abschlussball für die Schwester sei, betrachtete sie es aus deren Perspektive und verbündete sich mit der Schwester, als sie ihre Mutter davon überzeugte, eine weniger harte Strafe zu verhängen.

Vicky ist Amerikanerin, aber ihre Eltern wurden in Griechenland geboren. Als Einziges der drei Kinder lebt sie nicht mehr in Boston, wo auch die Eltern wohnen. In manchen Familien ist es ganz selbstverständlich, dass ein Familienmitglied in eine weit entfernte Stadt zieht, aber in Vickys Familie ist das eine Quelle ständigen Kummers. Ihre Eltern weisen sie immer wieder darauf hin, wie gern sie Vicky doch wieder in ihrer Nähe hätten, und obwohl sie sich dem Druck nicht beugt und auf ihrem Recht beharrt, dort zu bleiben, wo sie ist, fühlt sie sich doch schuldig. Gegenüber der Mutter verteidigt ihre ältere Schwester Penny Vickys Entscheidung. »Du musst sie ihr eigenes Leben führen lassen«, sagt Penny stets. »Und vergiss nicht, ihr habt eure Familien auch verlassen, um in die USA zu gehen.« Doch wenn Penny mit ihrer Schwester spricht, lässt sie selbst Seitenhiebe fallen und deutet an, dass Vicky die Familie im Stich gelassen habe. Penny steht zwischen allen Stühlen: Gegenüber den Eltern verteidigt sie Vicky, aber wenn sie mit ihrer jüngeren Schwester spricht, nimmt sie die gleiche Haltung ein wie die Eltern.

Botschafterin der Eltern

Es muss nicht zwangsläufig einen Konflikt für die ältere Schwester darstellen, wenn sie gegenüber einer jüngeren Schwester die Perspektive der Eltern vertritt und umgekehrt, als wäre sie eine Botschafterin oder Abgesandte. Teresa, die in den Vereinigten Staaten studierte, teilte ihrer Familie in Mexiko mit, dass sie sich in einen Amerikaner verliebt habe und ihn heiraten wolle. Die Mutter, besorgt, dass ihre Tochter einen Fehler machen könnte, schickte die ältere Schwester Carmen hin, um sich die

Sache mal anzusehen und Bericht zu erstatten. Carmen tat es, was sie den Eltern berichtete, war aber mit ihrer Schwester Teresa abgestimmt. Sie überlegten gemeinsam, welche Aspekte am besten geeignet wären, um die Mutter zu beruhigen. Damit war Carmens Rolle als Vermittlerin aber noch nicht beendet. Mehrere Monate nach der Hochzeit kam Teresa zu einem Besuch nach Hause. Die drei Frauen unterhielten sich, und irgendwann stieß die Mutter Carmen in die Rippen, warf ihr einen bedeutungsvollen Blick zu und sagte: »Frag sie! Mach schon, frag sie.« Während die Mutter daneben stand, sagte Carmen: »Du bist ja jetzt verheiratet. Weißt du darüber Bescheid, wie wichtig es ist, regelmäßig einen Abstrich machen zu lassen?« Teresa wandte sich an ihre Mutter und versicherte ihr, dass auch in den USA diese Früherkennungsuntersuchung routinemäßig durchgeführt wird. Obwohl sie direkt neben der jüngeren Tochter stand, fühlte die Mutter sich wohler, wenn ihre älteste Tochter die Mittlerrolle übernahm.

Wenn ich fragte, was sie an ihren jüngeren Schwestern am meisten frustriere, schilderten mehrere Erstgeborene Gelegenheiten, bei denen die Jüngeren nicht sie gekränkt hatten, sondern die Eltern. In einem Fall hatten die jüngeren Schwestern sich nicht genug bemüht, zu einem wichtigen Feiertag nach Hause zu kommen. Ihnen war nicht klar, wie viel es ihrer Mutter bedeutete, an diesem Tag die ganze Familie beisammen zu haben. In einem anderen Fall versuchte die älteste Tochter, sich mit den Geschwistern auf ein Wochenende zu einigen, an dem die Goldene Hochzeit der Eltern im Sommerhaus der Familie gefeiert werden sollte. Sie selbst war bereit, deswegen fast alle Termine abzusagen, aber ihre Geschwister schienen so gut wie nichts absagen zu wollen. Eine Schwester hatte Theaterkarten, ein Bruder eine Feier im Büro, das Kind einer Dritten hatte ein Fußballspiel. Die Älteste stellte ungläubig fest, dass diese Dinge ihren Geschwistern offenbar wichtiger waren als ein so bedeutsamer Anlass im Leben ihrer Eltern. Sie sah es automatisch aus der Perspektive der Mutter. Schließlich gab sie auf. Bei dem Versuch, ihre erwachsenen Geschwister zusammenzutrommeln, damit sie sich gegenüber den Eltern richtig verhielten, fühlte sie sich wieder wie in der Kindheit, als man ihr die Verantwortung für die Geschwister übertrug – und die Jüngeren nicht auf sie hören wollten. Sie war jetzt eine Frau mittleren Alters und hatte keine Lust mehr, die Gesandte der Eltern am Hof der jüngeren Geschwister zu sein. Älteren Schwestern wird mitunter von den jüngeren Geschwistern auch vorgeworfen, sich zu gut mit den Eltern zu verstehen. Eine Frau sagte dazu beispielsweise: »Ständig gab es Streit mit meinen jüngeren Geschwistern, dass ich unsere Mutter besuchte, sie anrief, etwas mit ihr unternahm und mich nicht an dem störte, was sie sagte, während die anderen immer Schwierigkeiten hatten, mit ihr auszukommen.«

Eine andere Frau äußerte sich ähnlich, nämlich, dass ihre jüngeren Geschwister die Mutter meiden, weil sie ihnen zu stur sei und sich immer so schnell aufrege. Nur ihr als der ältesten Schwester falle es leicht, der Mutter Paroli zu bieten, sodass diese dann einen Rückzieher mache. Die anderen bekommen das allerdings nie zu sehen, weil sie sich nie gegen die Mutter wehren.

Eine weitere Frau berichtete, dass sie und ihre jüngere Schwester als Kinder ganz unterschiedlich reagierten, wenn es mal wieder heftigen Krach zwischen den Eltern gab: »Wenn ich hörte, dass sie sich stritten, warf ich mich dazwischen und versuchte, den Streit zu schlichten. Meine Schwester versteckte sich dann immer im Schrank.«

Alle mir nach!

Noch eine andere Frau erinnerte sich, dass sie als Kind bei Autofahrten immer hinten sitzen musste, während ihre ältere Schwester auf dem Beifahrersitz neben der Mutter sitzen durfte und sich die beiden unterhielten, sodass sie sich immer ausgeschlossen fühlte. Das kann sicher jeder nachvollziehen. Allerdings ist die Frau, die mir dies erzählte, gehörlos, was ihr Gefühl des Ausgeschlossenseins noch verstärkte. Aus der Perspektive der jüngeren Schwester war diese Sitzordnung ein weiterer Beweis dafür, dass die ältere Schwester ein besonderes Verhältnis zur Mutter hat – ein Bündnis, in das die jüngere nicht eindringen konnte. Die Szene ist noch auf andere Weise symbolisch. Diejenigen, die vorne sitzen, schauen voraus auf das, was kommt. Meistens drehen sie sich gar nicht zu denen um, die hinten sitzen. Aber diejenigen auf dem Rücksitz haben die Personen auf den vorderen Sitzen stets im Blick – und sei es nur ihren Hinterkopf. Mutter oder Vater und ältere Schwester scheinen permanent gemeinsam die Führung zu übernehmen.

Mädchen nehmen sich häufig die ältere Schwester zum Vorbild. Es ist kein Zufall, dass Cheryls Handschrift der Schrift ihrer älteren Schwester Roxane so gleicht. Als Kind brachte Cheryl Stunden damit zu, die Handschrift ihrer Schwester nachzumalen, weil sie sie so schön fand. Cheryl wollte sein wie ihre ältere Schwester, und das war ein konkreter Weg, sich ihr anzugleichen. Die Ähnlichkeit der beiden Handschriften ist eine charmante kleine Erinnerung daran, wie sehr Cheryl früher, als sie noch Kinder waren, zu Roxane aufgeblickt hat.

Gelegentlich kann der Einfluss einer älteren Schwester sich auch auf bedeutsamere Bereiche erstrecken. Das geht bis hin zu Lebensentscheidungen wie der Berufswahl und der Frage, wann (und wen) man heiraten soll.

Heather, die mittlere von drei Schwestern, ist selbstständige Immobilienmaklerin, und die Jüngste, Flory, arbeitet für sie. Es ist ein guter Job, und Flory ist froh, dass sie ihn hat. Sie spart darauf, eines Tages eine eigene Maklerfirma zu eröffnen. Aber Flory ist nicht in der Immobilienbranche, weil dieses Berufsfeld sie reizte. Sie hat Journalismus studiert, und ihr Traum war eine Karriere beim Fernsehen. Den Job bei ihrer Schwester hat sie angenommen, um sich über Wasser zu halten, während sie sich bei Radio- und Fernsehsendern im ganzen Land bewarb. Als keine Zusagen kamen, blieb sie einfach bei Heather, und schließlich wurde sie Immobilienkauffrau. Aber auch Heather hat sich nicht frei für die Immobilienbranche entschieden. Das trifft nur auf die älteste Schwester, Clara, zu. Clara liebt die Immobilienbranche, sie liebt alles daran – die unterschiedlichen Häuser, die Möglichkeit, sich die Arbeitszeit selbst einzuteilen und viele neue Leute kennenzulernen, aber gleichzeitig denen zu entkommen, die einem auf die Nerven gehen. Es war Clara, die Heather ermutigte, sich eine Lizenz zu besorgen, für den Fall, dass sich nichts anderes ergeben sollte. So landeten schließlich alle drei Schwestern in dem Beruf, den die älteste gewählt hatte.

Manchmal kann einem das, was die ältere Schwester tut, wie die Norm erscheinen. Eine Frau beispielsweise heiratete den ersten jungen Mann, der ihr nach dem College einen Heiratsantrag machte, weil auch ihre älteste Schwester direkt nach dem College geheiratet hatte. Wenn meine älteste Schwester das tut, dachte sie sich, macht man das wohl so.

Weil du es nicht tust

Zwar versuchen viele Frauen in der Kindheit, ihrer älteren Schwester möglichst gut nachzueifern, aber fast genauso oft kommt es vor, dass sie alles tun, um genau das zu vermeiden. So fragte beispielsweise einmal eine Frau ihre ältere Schwester, als beide längst erwachsen waren: »Hast du dir eigentlich nie überlegt, warum ich früher unbedingt Dudelsack spielen wollte?« »Nein, warum wolltest du es?«, fragte die Ältere zurück, worauf die Jüngere entgegnete: »Weil du es nicht tatest.« Eine andere Frau sagte über ihre jüngere Schwester: »Für sie war es eine Frage des Stolzes und der Eigenständigkeit, grundsätzlich alles anders zu machen als ich.«

Ein weiterer Grund, alles anders zu machen als die große Schwester, könnte auch der Versuch sein, einem Werdegang zu entgehen, der wenig verlockend erscheint. Viele ältere Schwestern stellen nämlich erstaunt und mehr oder weniger frustriert fest, dass ihre jüngeren Geschwister oft viel besser von den Eltern behandelt werden, als sie selbst es in diesem Alter wurden. Eine Frau erzählte mir in diesem Zusammenhang, dass sie nur deshalb weniger oft von den Eltern bestraft wurde als ihre beiden älteren Schwestern, weil sie von klein auf mitbekommen hatte, welches Verhalten den Ärger des Vaters nach sich zog, und es dann sorgsam vermied.

Die Nachsicht, die jüngere Schwestern genießen, kann noch auf andere Weise auf weniger erfreuliche Erfahrungen der älteren Geschwister zurückgeführt werden. Ein Blitzableiter etwa zieht auch die volle Kraft des Blitzes auf sich. Genauso zieht ein erstgeborenes Kind manchmal die volle Kraft der Ängste, Sorgen und Verwirrungen der Eltern auf sich, die sich bei der Ankunft der später geborenen Kinder bereits abgeschwächt haben. Das ist einer der Nachteile, die die Stellung der Erstgeborenen mit sich bringt.

Allerdings sind mit der Position auch Vorteile verbunden. Eine Frau erinnert sich, dass in Arkansas, wo die Familie lebte, bevor sie in den Norden zog, ältere Geschwister bevorzugt wurden, wenn die Mittel begrenzt waren. Wenn das

Geld nur für den Kauf eines einzigen Kleides reichte, bekam es die älteste Schwester. Ständig auf der Hut vor dieser Ungerechtigkeit, bestand die zweitgeborene Schwester, die mir diese Erfahrungen schilderte, hartnäckig darauf, ihr Geburtstagsgeschenk am selben Tag zu erhalten wie die Erstgeborene. Sie würde nicht das Risiko eingehen, zurückgesetzt zu werden. Privilegien für die Erstgeborenen sind in vielen Kulturen der Welt gang und gäbe. Eine Frau, die im Südpazifik im Königreich Tonga aufwuchs, hegte als Kind wegen der vielen Privilegien, die der Erstgeborenen zustanden, einen Groll gegen ihre älteste Schwester. Beispielsweise bekam die Schwester immer hübsche Bänder für ihr Haar, sie hingegen nie. Manchmal sind Nach- und Vorteile untrennbar miteinander verknüpft. Erstgeborene profitieren von der Selbstständigkeit, die ihnen gegeben wird, aber einer der Gründe für diese Selbstständigkeit ist zugleich ein Verlust: Nach der Geburt eines zweiten Kindes können die Eltern weniger Zeit und Aufmerksamkeit für das Erstgeborene erübrigen. Und die Privilegien, die der Erstgeborenen zufallen, können gleichzeitig bedeuten, dass sie von der Kameradschaft ausgeschlossen wird, die die übrigen Geschwister genießen, insbesondere in großen Familien oder bei einem großen Altersabstand zwischen ihr und den Spätergeborenen.

Welcher Elefant?

Nicht alle älteren oder ältesten Schwestern nehmen die beschriebenen Haltungen gegenüber jüngeren Geschwistern ein oder bekommen sie zugewiesen. »Die Älteste« – das kann eine innere Einstellung sein oder eine Form der Ausrichtung auf andere, nicht nur eine Folge der Position, die ein Kind in der Geschwisterreihe einnimmt. Manchmal bekommt eine zweitgeborene Schwester die Rolle, die ich als typisch für die Älteste beschrieben habe – beispielsweise wenn das Erstgeborene ein Junge ist, oder ein Mädchen, das ständig die Nase in ein Buch steckt oder behindert ist. In ihrer Autobiographie berichtet die Fernsehlegende Barbara Walters, dass sie sich immer für ihre ältere Schwester Jackie und schließlich auch für die gesamte Familie verantwortlich fühlte, da Jackies leichte geistige Behinderung es ihr unmöglich machte, diese Rolle zu übernehmen. Obwohl Barbara dem Alter nach jünger war, war sie praktisch die Älteste in der Familie. Aber Jackie war in anderer Hinsicht die typische älteste Schwester: Laut Walters war Jackie der Mensch, der in ihrem Leben den stärksten Einfluss auf sie hatte.[4] Ich habe viel darüber gehört, wie sehr eine ältere Schwester das Leben einer jüngeren Schwester prägen kann – oft in einem Ausmaß, das der älteren gar nicht bewusst ist.

So erhielt ich zum Beispiel eine E-Mail von einer Frau, Marcy, die gerade drei wunderbare Tage mit ihrer Schwester verbracht hatte, voller Momente magischer Schwesternschaft. Marcy schwelgte noch in den schönen Gefühlen, die dieser Besuch ausgelöst hatte, als ihre Schwester sie per Mail darüber informierte, wie schrecklich sie den Besuch gefunden und wie viele furchtbare Dinge Marcy gesagt und getan hätte. Wie konnte ihr Eindruck sich so sehr von dem ihrer Schwester unterscheiden? Ich fragte Marcy, ob sie die Ältere sei. So war es. Ich hatte es vermutet, weil ich bereits viele ähnliche Berichte von älteren Schwestern gehört hatte. Ich vermute, die Ursache war, dass ihre Schwester Marcy als weit mächtiger empfand als sich selbst – unbedeutende Kommentare oder sonstige Kleinigkeiten bekamen so für die Jüngere unglaublich viel Gewicht. Und es kann sein, dass sie aus demselben Grund nicht gleich etwas sagte, sondern erst später per Mail: Eine ältere Schwester erscheint häufig zu mächtig für eine offene Konfrontation.

Amanda, deren Bruder es ihr übel nahm, dass sie am Abend vor seiner Hochzeit kein Familienessen organisiert hatte, machte eine vergleichbare Erfahrung. Sie erfuhr durch eine Mail mit dem Betreff »Nur um den Elefanten mal anzusprechen« vom Groll ihres Bruders. Für ihn war sein Verdruss wie ein Elefant, der mitten im Raum stand – unmöglich zu übersehen, etwas, was ihr ebenso klar sein musste wie ihm. Aber Amanda war sich der Sache keineswegs bewusst gewesen; sein Ärger traf sie vollkommen unvorbereitet. Amanda hat viele Dinge mit Erstaunen zur Kenntnis genommen, die ihre jüngeren Geschwister ihr erst erzählten, als sie erwachsen waren. Ihre Schwester beispielsweise hatte sie immer um die neuen Sachen beneidet, die sie zur Schule trug. Das überraschte Amanda, weil sie selbst überhaupt nicht darauf geachtet hatte, was ihre Schwester anhatte, wenn sie zur Schule ging.

Immer wieder habe ich von älteren Schwestern gehört, dass sie gar nicht glauben konnten, wie wichtig sie für ihre jüngeren Schwestern waren, weil es ihnen umgekehrt nicht so erging. Eine Frau fasste treffend zusammen, was ich schon von vielen über ihre älteren Schwestern gehört hatte:

»Sie war mein Tor zur Welt, die Dolmetscherin zwischen mir und meinen Eltern. In meiner Kindheit spielte sie eine viel größere Rolle als meine Eltern, wenn es darum ging herauszufinden, was richtig oder falsch ist und wie sich die Dinge verhalten.« Welch ein Privileg, eine so wichtige Rolle für einen anderen Menschen zu spielen, aber auch welch große Verantwortung!

Die älteste Schwester: Eine Rolle wie keine andere

Die älteste Schwester wird oft bewundert, ja sogar idealisiert, aber sie kann auch Ablehnung auf sich ziehen oder dämonisiert werden, und zwar umso stärker, je mehr Verantwortung sie übernimmt.

Ein archetypisches Beispiel für eine dämonisierte ältere Schwester ist Katharina, die Titelheldin von Shakespeares *Der Widerspenstigen Zähmung*. Die Literaturwissenschaftlerin Barbara Hodgdon hat viele vergleichbare Geschichten in Volkserzählungen, Literatur und Dramen aus der Shakespearezeit und früher gefunden.[5] Immer ist die »Xanthippe« die ältere von zwei Schwestern. Zu Beginn des Stücks motiviert Shakespeare implizit Katharinas Verhalten, indem er sie als ältere Schwester darstellt. Sie tyrannisiert ihre Schwester Bianca, fesselt sie und wirft ihr vor, dass sie der Liebling des Vaters sei – wofür sie ihr Rache androht. Bianca ihrerseits verspricht ihrer älteren Schwester, alles zu tun, was sie ihr befiehlt.[6] Indem Shakespeare zeigt, wie Katharina ihre jüngere Schwester misshandelt, bereitet er das Publikum darauf vor, die »Zähmung« Katharinas durch Petruchio – das heißt, ihre Misshandlung durch ihn – zu billigen, vielleicht sogar zu begrüßen. Aus dieser Perspektive betrachtet, wird Katharina dafür bestraft, dass sie eine typische ältere Schwester ist. Anders ausgedrückt, Petruchio stutzt die Ältere zurecht.

Beeindruckend war auch die Schilderung einer Frau hinsichtlich der überzogenen Erwartungshaltung einer jüngeren Schwester gegenüber der älteren Schwester:

> »Ich war sechs und meine Schwester 16, als unsere Mutter starb. Kurz nach ihrem Tod machte meine Schwester mein Abendbrot zurecht. Die kalte Butter auf eine Scheibe weiches Brot zu streichen misslang, sodass das Brot in lauter Stücke zerfiel. Ich war wütend und weinte, weil eine richtige Mutter es richtig gemacht hätte. Und sie war wütend, weil eine richtige Mutter nicht gestorben wäre.«

Die Trauer und Enttäuschung einer Sechsjährigen, die ihre Mutter verloren hat, lässt sich leicht nachvollziehen – eine Mutter, die nicht durch eine 16-Jährige ersetzt werden kann. Ebenso bewegend ist aber, wenn eine ältere Schwester versucht, den Platz der Mutter einzunehmen und für ein verletzliches Kind zu sorgen, obwohl sie selbst verwaist ist und niemanden hat, der ihr die Mutter ersetzt.

Als Jüngste verstehe ich die Sichtweisen anderer jüngerer Schwestern aus dem Bauch heraus, und die zahlreichen Gespräche mit älteren Schwestern haben mir sehr geholfen, die Welt von ihrer Warte aus zu sehen. Die besonderen Rechte älterer Schwestern waren mir zwar immer bewusst, aber heute verstehe ich viel besser, welch große Verantwortung oft auf ihren Schultern lastet, und welche Herausforderungen einem Kind begegnen, dem ungefragt eine Mutterrolle zugewiesen wird. Durch meine Forschungen habe ich große Sympathie und Bewunderung für all die Frauen entwickelt, die als älteste Schwestern aufwachsen.

7. Reden ist Gold

Schwestersprech und Genderlekt

Bei meiner Suche nach Erkenntnissen über Schwesternbeziehungen ist das Gespräch die Lupe, durch die ich schaue. Das Gespräch ist ein sinnvoller Ausgangspunkt für mich, weil mein Fachgebiet die Linguistik ist, die wissenschaftliche Disziplin, die sich der Erforschung der Sprache widmet. Doch es gibt noch weitere Gründe dafür, dass es Sinn macht, sich auf das Gespräch zu konzentrieren. Dazu gehört, dass Schwestern ziemlich viel miteinander reden. Ein weiterer, damit zusammenhängender Grund ist, dass Gespräche einen besonderen Platz in den Beziehungen zwischen Mädchen und Frauen einnehmen.

Wie ich bereits in meinem Buch *Du kannst mich einfach nicht verstehen* gezeigt habe, ist das Miteinanderreden für Mädchen und Frauen der Kitt, der ihre Beziehung zusammenhält. In dem Buch habe ich die Sprechweisen, die bei Frauen besonders häufig vorkommen, darauf zurückgeführt, dass schon kleine Mädchen lernen, Sprache beim Spiel gezielt einzusetzen. Vom Vorschulalter an verbringen sie viel Zeit mit Gesprächen, häufig in Zweiergruppen. Für Mädchen ist die beste Freundin diejenige, der man alles erzählt – vor allem seine Geheimnisse. (Im Gegensatz dazu ist für Jungen der beste Freund derjenige, mit dem man alles macht, oder der sich bei Streitigkeiten für einen einsetzt). Von Mädchen heißt es, dass sie zur Cliquenbildung neigen, was sicher richtig ist, denn die Rolle, die das Gespräch in ihrer sozialen Welt spielt, zwingt geradezu zur Cliquenbildung. Nur Freundinnen dürfen die eigenen Geheimnisse kennen, deshalb kann man auch kein Mädchen miteinbeziehen, mit dem man nicht befreundet ist oder befreundet sein will. Das führt dazu, dass ein Mädchen, das nicht gemocht wird, in sozialer Hinsicht in ein Dilemma gerät – und dass es schon früh lernt, kaum etwas so sehr zu fürchten, wie aus der Clique ausgeschlossen zu werden.

Dieses System bleibt auch im Erwachsenenalter bestehen. Wenn Frauen mir erzählten, dass ihre Schwestern sie verletzt oder enttäuscht hätten, hingen die geschilderten Erfahrungen häufig damit zusammen, dass sie sich ausgeschlossen fühlten – weil sie nicht in bestimmte Aktivitäten einbezogen wurden oder weil man ihnen private Informationen vorenthielt. Viele Elemente, die Frauen an der Beziehung zu ihren Schwestern schätzen oder als problematisch empfinden, lassen sich auf diese Aspekte des Miteinandersprechens zurückführen.

Warum hast du mir nichts davon gesagt?

Aus Sicht vieler Frauen ist Nähe davon abhängig, einander zu erzählen, was in ihrem persönlichen Umfeld geschieht. Wenn sie dann feststellen, dass ihnen etwas Wichtiges – oder auch Belangloses – verschwiegen wurde, fühlen sie sich schnell ausgegrenzt. Pearl zum Beispiel berichtete, dass sie von ihrer Schwester enttäuscht sei, weil diese sie nicht über die Mutter auf dem Laufenden halte, die in derselben Stadt wohnt wie die Schwester. Als Pearl ihr einmal sagte, dass sie gerne mehr erfahren würde, antwortete die Schwester nur: »Wenn du helfen willst, dann schick etwas Geld.« Pearl tat das zwar bereitwillig, hätte aber gerne noch mehr über die Mutter gewusst.

Allein schon durch den Umstand, in einer anderen Stadt zu leben, fühlt sie sich ausgeschlossen, und der Mangel an Informationen verstärkt dieses Gefühl noch.

Ähnlich erging es Natalia, die heute in den USA lebt, während ihre Schwester Olena mit den Eltern in der Ukraine geblieben ist. Um in Kontakt zu bleiben, telefoniert sie häufig mit ihnen und ist darauf angewiesen, dass ihre Schwester sie auf dem Laufenden hält, wie es den Eltern geht. Bei einem dieser Gespräche erwähnte Olena, sie wolle dieser Tage mit der Mutter zum Arzt gehen, um etwas gegen deren Augenproblem zu unternehmen. Als Natalia wissen wollte, was denn das für ein Problem sei, kam die Antwort:

»Oh, hab ich dir das nicht gesagt? Mit Mamas Auge stimmt etwas nicht. Sie kann es nicht mehr richtig schließen.«

»Nein, davon hast du mir nichts erzählt«, erwiderte daraufhin Natalia. »Wie lange geht denn das schon so?«

»Ach, etwa vier Monate«, entgegnete Olena.

Quasi nebenbei zu erfahren, dass ihre Mutter seit vier Monaten ein ernstes gesundheitliches Problem hatte, von dem sie nichts wusste, war in diesem Moment ein schmerzlicher Schock für Natalia.

Die Annahme, Nähe bedeute, alles zu erfahren, was im Leben der Schwester geschieht, kann dann zu Konflikten führen, wenn der Ehepartner möchte, dass private Informationen nicht weitergegeben werden. Catha gab sich große Mühe, auf diesem schmalen Grat zu balancieren. Sie stand ihrer Schwester Trudy sehr nahe und erzählte ihr fast alles. Doch als ihr Mann Neil seine Arbeit verlor, wollte er nicht, dass irgendjemand davon erfuhr. Daher erzählte Catha der Schwester auch erst von der Arbeitslosigkeit ihres Mannes, als dieser einen neuen Job gefunden hatte. Trudy war tief gekränkt: »Die ganzen Monate über hast du das mit dir rumgeschleppt, und ich habe nichts davon gewusst. Jetzt komme ich mir ziemlich blöd vor, wenn ich daran denke, die ganze Zeit irgendwelche Belanglosigkeiten geplappert zu haben, während dir diese Last auf der Seele lag.« Catha war sich sicher, keine andere Wahl gehabt zu haben. In der Sache, die ihrem Mann so wichtig war, musste sie seinen Wunsch respektieren. Aber sie verstand und bedauerte auch die Reaktion ihrer Schwester. Sie wusste, dass es eines der schlimmsten Gefühle ist, wenn man sich in der eigenen Familie wie eine Außenseiterin fühlt. Mit einem Schlag fühlen wir uns wieder wie das kleine Mädchen, das nicht mitspielen darf.

Ausgeschlossen werden

Als Marian ein Kind war, gingen sie und ihre ältere Schwester zum Abendessen häufig zu ihrer Tante, weil ihre Mutter lange arbeiten musste. Beim Abendessen saßen alle am Küchentisch der Tante – Onkel und Tante, deren Kinder und Marians Schwester. Nur Marian nicht. Sie hatte ihren eigenen kleinen Katzentisch, getrennt von den anderen, an dem sie allein aß. Das sollte keine Bestrafung sein – obwohl es sich so anfühlte. Am großen Tisch konnte nur eine zusätzliche Person sitzen, deshalb entschied die Tante, dem jüngsten Kind einen anderen Platz zuzuweisen. Die Tante machte sich vermutlich keine Gedanken darüber, wie diese praktische Lösung aus der Perspektive des Kindes aussah: Eine Familie versammelt sich um einen großen Tisch, während ein kleines Kind ganz allein an einem anderen Tisch sitzt – und sich ausgeschlossen fühlt.

Das Gefühl, ausgeschlossen zu werden, beruht manchmal auch auf der Anzahl der Geschwister, häufig ist die jeweils Dritte im Bunde davon betroffen. Eine Frau – sie ist die mittlere von fünf Schwestern, die sich alle sehr nahestehen – erzählte mir, dass alle Schwestern zwar gerne in unterschiedlichen Kombinationen zusammen verreisen, inzwischen aber gelernt haben, Dreierkombinationen zu vermeiden, weil sich eine irgendwann immer ausgeschlossen fühlt.

Das erinnerte mich sofort an die gemeinsamen Reisen mit meinen beiden Schwestern, bei denen ich mich ebenfalls oft ausgeschlossen fühle. Sogar wenn ich nicht mit ihnen zusammen bin, ergeht es mir manchmal so. Als meine Schwestern sich einmal ohne mich trafen, riefen sie bei mir an und hinterließen eine Nachricht auf dem Anrufbeantworter, um mir zu zeigen, dass sie an mich dachten. Ich freute mich zwar über ihre Aufmerksamkeit, aber ihr Anruf hatte genau den gegenteiligen Effekt: Anstatt mir das Gefühl der Zugehörigkeit zu geben, empfand ich den vertrauten Stich und fühlte mich ausgegrenzt, als ich sie am Telefon zusammen lachen und kichern hörte.

Das Motiv der drei Schwestern hat einen ebenso festen Platz in den Märchen und Sagen wie in der Literatur, etwa in Grimms Märchen vom *Aschenputtel* oder in Shakespeares *König Lear*, wobei die Dreierkonstellation in der Regel »Zwei gegen Eine« bedeutet: Aschenputtels Stiefschwestern verbünden sich gegen sie, sodass sie völlig allein dasteht, und auch in *König Lear* verhält sich Cordelia gegenüber dem Vater anders als ihre beiden Schwestern, da sie deren Heuchelei ablehnt und damit zur Außenseiterin wird. In diesen Geschichten verkörpert die Heldin das Gute, während die beiden Schwestern für das Böse stehen. Durch den Vergleich mit den beiden Bösen wird die Tugend der einsamen Heldin umso stärker hervorgehoben.

Bei vielen Geschwisterkonstellationen kommt es vor, dass sich der eine oder andere ausgeschlossen fühlt. Stellen Sie sich folgende Szene vor: Fünf Mädchen hüpfen auf den Betten auf und ab und toben lachend durchs Haus, während ihre älteste Schwester sich abmüht, die Rasselbande zu beruhigen und ins Bett zu bringen. Die fünf Jüngeren, die vor ihr davonlaufen, amüsieren sich köstlich – und begründen eine Art Komplizenschaft, die sich bis in ihr Erwachsenenalter fortsetzen wird. Die älteste Schwester wird an dieser Kameradschaft nicht teilhaben können, ebenso wenig wie sie daran teilhaben konnte, mit den anderen durchs Haus zu toben, als sie Kinder waren und sie die Verantwortung dafür trug, die Kleinen ins Bett zu bringen. Vor allem die Übertragung einer mutterähnlichen Rolle auf die älteste Tochter während der Kindheit führt dazu, später aus dem Schwesternzirkel ausgegrenzt zu werden. (Auch einer Mutter kann es so ergehen. Eine Frau erzählte mir, dass sie und ihre Schwestern manchmal den Eindruck hätten, ihre Mutter würde nur zu gerne zu den Schwestern gehören, um sich nicht ausgeschlossen zu fühlen.)

Manchmal fühlt sich ein Mädchen auch deshalb ausgegrenzt, weil die Geschwister aufgrund ihrer Altersstruktur Paare oder Gruppen bilden oder weil der Abstand zwischen ihm und den anderen besonders groß ist. Auch durch bestimmte Begabungen, Charakterzüge oder Interessen kann sich eine Schwester wie eine Außenseiterin vorkommen: Sie verfügt nicht über die musikalische oder künstlerische Begabung der Geschwister, oder sie ist die einzig Sportbegeisterte in einer Familie von Leseratten usw. Es gibt zahlreiche mögliche Gründe, warum ein Kind übersehen wird. Auch äußere Umstände des Erwachsenenlebens können bewirken, sich ausgeschlossen zu fühlen: Die anderen Geschwister leben in derselben Stadt, haben Kinder im gleichen Alter, verreisen oft zusammen, reden häufig miteinander usw. Wenn dann alle zusammenkommen und eine Schwester immer wieder nachfragen muss: »Wer war denn das?« oder »Wann war denn das?«, weil die anderen über Menschen und Ereignisse sprechen, von denen sie keine Ahnung hat, kann das sehr verletzend sein.

Dieses Gefühl des Ausgeschlossenseins verbirgt sich mitunter hinter Klagen, die oberflächlich betrachtet gar nichts mit dem Thema zu tun haben. Thelma zum Beispiel berichtete, ihr missfalle die Angewohnheit ihrer Schwester, mit jedem X-Beliebigen, der sich in Hörweite befinde, ein Gespräch anzufangen, sei es mit dem Kellner im Restaurant oder mit Leuten, die neben ihr im Bus sitzen. Thelma findet das nicht nur übertrieben, sondern das Schlimmste für sie ist, dass sie sich dabei ausgegrenzt fühlt, etwa wenn sie direkt neben der Schwester sitzt, aber nicht in deren Unterhaltung miteinbezogen wird.

So zahlreich und vielfältig die Umstände sein können, die ein Gefühl des Ausgeschlossenseins hervorrufen, ist die dadurch bewirkte Kränkung doch immer dieselbe. Wenn wir sie unter Schwestern erleben, schmerzt sie umso mehr.

Die Kinder meiner Schwester

Wenn Schwestern selbst Kinder bekommen, werden die dynamischen Kräfte in den bestehenden Schwesternbeziehungen, wie sie in den vorangehenden Kapiteln erörtert wurden, wiederbelebt, nochmals durchgespielt und um neue Varianten erweitert.

Arlene zum Beispiel freute sich, als ihre Schwester einmal ihre Tochter zum Abendessen einlud. Dann kam ihr der Gedanke, dass es doch noch viel besser wäre, wenn sie dazukäme. Als ihre Schwester ablehnte, war sie sehr gekränkt. Die Schwester wiederum nahm es ihr übel, in eine Situation gebracht zu werden, sie zurückweisen zu müssen. Sie war nicht nur verärgert darüber, dass Arlene sich einmischen wollte, sondern vor allem auch deshalb, weil es ihr so vorkam, als ob die Schwester sie davon abhalten wollte, eine eigenständige Beziehung zu ihrer Nichte aufzubauen. Vielleicht war das tatsächlich Arlenes Absicht, vielleicht reagierte sie aber auch nur spontan auf das Bedürfnis, nicht ausgeschlossen zu werden.

Das ist möglicherweise auch die Triebfeder, die dem Verhalten von Anette zugrunde lag. Sie freute sich über die Geburt eines neuen Enkelkindes und wollte diese Freude mit ihrer Schwester Juliana teilen. Daher schlug sie vor, dass Juliana kommen und sich das Baby anschauen sollte, wenn sie ebenfalls da sein würde. Doch diese zog es vor, den Besuch ohne die Schwester zu machen. Beide Wünsche sind verständlich: Für Annette gehörte es zur Freude am neuen Enkelkind, beobachten zu können, wie die Schwester darauf reagieren würde, so wie man gern dabei ist, wenn jemand ein Geschenk öffnet, das man mitgebracht hat. Die Freude des anderen mitzuerleben erhöht die eigene Freude. Aus Julianas Sicht wiederum würde sie ohne die Schwester mehr Zeit für das Baby und dessen Eltern haben. Annette fühlte sich ausgeschlossen bei dem Gedanken, dass ihre Schwester sich ohne sie am Baby der Tochter erfreute. Wenn sie jedoch dabei gewesen wäre, hätte sich vermutlich Juliana als Tante außerhalb des inneren Zirkels von Mutter, Tochter und Enkelin ausgeschlossen gefühlt.

Manchmal ist es umgekehrt aber auch die Tante, die das Kind der Schwester in ihren inneren Kreis miteinbezieht, während die Schwester ausgeschlossen wird. Veronica freute sich, als sie zum Geburtstag ein Paket von ihrer Schwester erhielt; wie nett, dass Ann daran gedacht hatte! Doch ihre Freude erhielt einen empfindlichen Dämpfer, als sie das Paket öffnete und feststellte, dass es kein Geschenk für sie, sondern für ihren Sohn, das Patenkind ihrer Schwester, enthielt. Das Geschenk war nur zufällig an Veronicas Geburtstag angekommen, doch das Timing erinnerte sie daran, dass ein Großteil der Aufmerksamkeit und Zuneigung, die Ann früher ihr entgegengebracht hatte, mittlerweile ihrem Sohn galt. Veronica freute sich zwar, dass ihre Schwester ihren Sohn gerne hatte, wollte aber selbst nicht in dieser Weise in den Hintergrund gedrängt werden. Anstatt ihre Zuneigung für das Kind mit ihr zu teilen, ging die Schwester eine Allianz mit dem Sohn ein, von der Veronica ausgeschlossen war.

Das sind meine Kinder, nicht deine

Eine Frau kann auch wie eine zweite Mutter für die Kinder ihrer Schwester sein: ihr helfen, sich um sie zu kümmern, Ausflüge mit ihnen machen usw. Meistens ist dies eine sehr bereichernde Erfahrung für beide, und auch die Kinder profitieren von den zusätzlichen Portionen mütterlicher Aufmerksamkeit und Liebe. Deshalb ist es für viele Frauen eine große Freude zu sehen, wie die eigenen Kinder Zeit mit der Schwester verbringen, und zu wissen, dass sie noch einen weiteren Erwachsenen haben, der sie liebt und Anteil an ihnen nimmt. Doch wie bei allen Dingen in engen Beziehungen, kann eine mögliche Quelle der Freude schnell auch zum Ärgernis werden. Manche Frauen zum Beispiel meinen, ihre Schwestern würden den Ansprüchen, die sie an eine Tante stellen, nicht genügen: Sie vergessen den Geburtstag des Kindes, zeigen zu wenig Interesse oder Zuneigung usw. Andere Frauen wiederum kritisieren, dass ihre Schwestern sich zu sehr wie Mütter benehmen oder sogar versuchen, ihnen die Kinder »wegzunehmen«, so wie sie ihnen früher die Puppe oder den Pullover weggenommen haben.

Diese Gefühle können in scheinbar banalen Unterhaltungen zu Tage treten, und es kann schwierig sein, den Finger auf die genaue Ursache des Unbehagens zu legen. Alice Mattison schildert ein subtiles Beispiel in ihrem Roman *Nothing Is Quite Forgotten in Brooklyn*. Die Mutter von Constance ist gestorben, und ihre Schwester Barbara, die in London lebt, fliegt nach New York, um sich mit Constance in der Wohnung der Mutter zu treffen. Cons Tochter Joanna reist ebenfalls an. Constance war in die Wohnung der Mutter gezogen und hatte sich in dieser Zeit mit einer Nachbarin namens Peggy angefreundet. Als Barbara eintrifft, gehen Constance und Joanna nach draußen, um sie zu begrüßen. Auf der Treppe treffen sie nicht nur Barbara, sondern auch Peggy. Mattison beschreibt die Begegnung wie folgt: Nachdem sie und Barbara sich umarmt hatten, wandte sich Con an Peggy, um ihr sowohl Barbara als auch Joanna vorzustellen, aber Barbara brach in Freudengeschrei über ihre Nichte aus, die *sie* dann Peggy vorstellte.[1] Das ist eine subtile Machtanmaßung, ein winziger Übergriff auf das Vorrecht ihrer Schwester. Aus Barbaras Sicht war es die normalste Sache der Welt, dass sie ihre Nichte vorstellte. Da Joanna allerdings nicht ihre, sondern die Tochter von Constance war und Peggy zudem Cons Freundin, stand das Privileg, die Anwesenden miteinander bekannt zu machen, von Rechts wegen Constance zu. In dieser flüchtigen Szene fängt Mattison ein, wie es einer Tante gelingen kann, die Schwester unsichtbar zu machen – und deren Tochter für sich zu beanspruchen.

Subtile Übergriffe auf die elterlichen Vorrechte erklären, wie scheinbar belanglose Äußerungen zu ernsten Streitigkeiten zwischen Schwestern führen können. So wie bei Cara, die dankbar war, dass ihre Schwester Alicia ein so gutes Verhältnis zu ihren Kindern hatte und sich als großzügige Tante erwies. Sie ging mit ihnen ins Kino, kaufte ihnen Geschenke und überschüttete sie mit ihrer Zuneigung. Doch es ärgerte Cara, wenn Alicia mit den Kindern redete, als wären es ihre eigenen. Bei einem Besuch der Schwester brach ihr Ärger sich schließlich Bahn, als Alicia zu Caras Sohn sagte: »Du darfst aber keine Cola trinken. Wenn du etwas Süßes willst, trink Saft.«

Cara explodierte: »Sag meinen Kindern nicht, was sie zu tun oder zu lassen haben!«, worauf Alicia völlig überrascht und verdattert antwortete: »Aber du hast ihm doch gestern genau dasselbe gesagt!«

Wie so häufig war das Problem auch hier nicht die Mitteilung – das Für und Wider des Cola-Konsums –, sondern die Metabotschaft. Indem Alicia darüber bestimmen wollte, was Caras Kinder essen und trinken sollten, riss sie die Rolle der Mutter an sich. Für die liebevolle Tante war der Ärger der Schwester allerdings unverständlich, weil es für sie auf der Hand lag, dass sie nicht die Mutter war.

Solche Übergriffe einer Schwester lösen leicht Überreaktionen aus, die häufig noch aus der Kindheit rühren, als sie sich an unseren Besitztümern vergriff oder so tat, als seien wir nicht existent. Daher ist die Nähe der Schwester zu den eigenen Kindern nicht selten eine Quelle erheblicher Spannungen: Wir fühlen uns verletzt, wenn die Tochter den Feiertag lieber mit der Tante verbringt als mit uns, auch wenn wir es verstehen. Vielleicht lebt die Schwester auch in der Nähe, oder die Tochter hat sie seit längerem nicht mehr gesehen. Vielleicht möchte sie sich auch einfach nur mit ihren Cousinen und Cousins treffen. Das alles sind rationale Gründe, aber Gefühle sind eben nicht rational. Auf der emotionalen Ebene kann es uns dann nämlich so vorkommen, als ob die Schwester unseren Platz einnähme, und zwar nicht nur äußerlich, sondern auch im Herzen der Tochter. Dann entsteht leicht ein Unbehagen bei der Vorstellung, dass sich die beiden auch ohne uns gut verstehen, und wir fühlen uns ausgeschlossen.

Die Gefühle, die damit verbunden sind, wenn wir durch eine Schwester verdrängt werden, sind umso intensiver, je bedeutsamer der Anlass ist. Zu den bedeutsamsten Ereignissen im Leben einer Mutter gehört zweifellos, wenn ihre Tochter selbst Mutter wird. Vor diesem Hintergrund lassen sich auch Ginnys Gefühle erklären, als sie erfuhr, dass ihre Tochter bei der Geburt des ersten Kindes nicht ihre Mutter, sondern die Tante, d.h. ihre Schwester, dabeihaben wollte. Ginny sah zwar ein, dass es einen vernünftigen Grund dafür gab – ihre Schwester ist Geburtshelferin –, doch die Vernunft triumphiert selten über das Gefühl. Sie wäre von allein gar nicht auf die Idee gekommen, im Kreißsaal mit dabei sein zu wollen, und fühlte sich erst von dem Zeitpunkt an ausgeschlossen, als sie hörte, dass ihre Schwester zugegen sein sollte und sie nicht. Alles, was eine Schwester hat, kann die Bedeutung dessen, was man selbst hat, verringern oder vergrößern: Ihr Gewinn lässt immer auch den eigenen Verlust deutlicher hervortreten.

Sehr ähnlich erging es auch Rita, die am Boden zerstört war, als sie erfuhr, dass ihre Tochter sich scheiden lassen wollte und es ihrer Tante, d.h. Ritas Schwester, erzählt hatte, noch ehe sie selbst davon erfuhr. Dass eine Tochter sich lieber zuerst der Tante anvertraut, bedeutet allerdings nicht zwangsläufig ein besseres Verhältnis zur Tante als zur Mutter (auch wenn es dieser so vorkommt), sondern im Gegenteil eine eher etwas distanziertere Beziehung. Eine solche Distanz beinhaltet oft, dass eine Tante im Gegensatz zur Mutter zuhören kann, ohne sofort emotional zu reagieren – so wie Rita, als sie von der Scheidung der Tochter erfuhr. Vermutlich wusste die Tochter auch, dass ihre Mutter sehr alarmiert sein würde, und war noch nicht bereit, mit einem solchen Gefühlsausbruch umzugehen.

Dass Kinder ihren Tanten bestimmte Dinge erzählen, die sie ihren Müttern nicht sagen, ist nicht immer ein Problem; es kann auch ein Segen sein. Mays Schwester zum Beispiel hat eine lockere, entspannte Beziehung zu Mays Teenager-Sohn. Sie kann ihm Fragen stellen, die May nicht stellen darf. Wenn May ihren Sohn nach seinem Privatleben fragt, sagt er kein

Wort mehr. Sie muss warten, bis er von sich aus sein Schweigen bricht und nach eigenem Gutdünken einige Leckerbissen verteilt. May war strikt dagegen, dass ihr Sohn sich tätowieren ließ, aber er machte es trotzdem. Von daher wusste sie, dass es auch wenig Sinn hatte, ihn zu fragen, warum er ausgerechnet eine Schlange als Motiv gewählt hatte. Eines Tages war ihre Schwester gerade auf Besuch, als Mays Sohn hereinspaziert kam. Als die Tante das Tattoo bemerkte, fragte sie beiläufig, wieso er eine Schlange auf dem Arm hätte. Er antwortete, die Schlange sei ein altes keltisches Symbol für Wiedergeburt und Erneuerung, weil sie sich häute. Er habe sich für dieses Symbol entschieden, weil es ihn daran erinnern sollte, dass nichts unabänderlich und ein Neuanfang immer möglich sei. May war beeindruckt von den Kenntnissen, die ihr Sohn über die keltische Sagenwelt hatte, und gerührt von der Motivation, die seiner Wahl zugrunde lag. Sie war dankbar, dass sie durch ihre Schwester einen kurzen Blick auf eine Seite ihres Sohnes erhascht hatte, die er ihr normalerweise nicht so leicht gezeigt hätte.

Gib es weiter

Die Ankunft einer neuen Generation bietet oft neue Möglichkeiten, alte Wunden zu heilen – oder sie wieder aufzureißen.

Bei emotionalen Verletzungen zum Beispiel, die sich nicht heilen lassen, bei nicht mehr zu kittenden Zerwürfnissen zwischen Schwestern, kann die Beziehung zu einem Kind der Schwester besonders wichtig sein. Mehrere Frauen berichteten, ein enges Verhältnis zum erwachsenen Sohn bzw. zur Tochter einer Schwester zu haben, zu der nur noch wenig oder gar kein Kontakt mehr bestand. Neben der Zuneigung für ihre Nichten und Neffen bedeutet es für sie vor allem, über die

Kinder auf gewisse Weise mit der verlorenen Schwester verbunden zu bleiben.

Eine neue Generation bietet mitunter aber auch den Boden, in dem alte, ungelöste Zwistigkeiten neue Wurzeln schlagen können, und die Tatsache, dass sich Kränkungen aus der Kindheit bei den Kindern wiederholen können, lässt den alten Schmerz dann umso intensiver wieder aufleben. Wenn eine Frau zum Beispiel einen Liebling unter den Kindern der Schwester hat und diese Schwester früher stets das Gefühl hatte, dass die andere ihr immer vorgezogen wurde, können diese beiden Umstände zu einer einzigen, noch größeren Verletzung werden.

Immer wenn mehr als eine Schwester Kinder hat, besteht das Risiko, dass die Kinder der einen Schwester denen der anderen vorgezogen werden – oder dass es jedenfalls so aussieht. Das ist so unausweichlich wie der Wettbewerb des »Immer kriegst du das, was ich will«, den man in der Kindheit ausgetragen hat. Eine Frau mit drei Schwestern unternahm zum Beispiel eine Reise mit ihrer Familie und entschied, eine ihrer Nichten als Gesellschaft für ihre Tochter mitzunehmen. Sie konnte nur eine mitnehmen. Doch ihre Schwestern haben alle Töchter, die ungefähr im gleichen Alter sind, deshalb war es praktisch vorprogrammiert, dass die beiden Schwestern, deren Töchter sie nicht einlud, beleidigt reagierten. Das Gleiche wäre geschehen, wenn sie nur eine Schwester eingeladen hätte, aber der Groll ihrer Schwestern war größer, weil die Kränkung ihre Kinder betraf.

Schwestern können ihre eigenen Konkurrenzkämpfe durch ihre Kinder wiederholen oder im Namen der Kinder um etwas bitten, das sie für sich selbst nicht erbitten würden. So erheben Schwestern, die beim Tod von Großeltern oder anderen Verwandten normalerweise zueinander sagen: »Nimm dir, was du willst«, plötzlich Einwände, wenn eine Schwester Dinge für ihre Kinder haben möchte. Für eine Frau, die als Kind die bittere Erfahrung machen musste, dass ihre Schwester mehr Aufmerksamkeit von den Eltern erhielt als sie, ist es umso leidvoller zu erleben, wenn auch deren Kindern mehr Aufmerksamkeit zuteilwird als den eigenen. Als etwa Sandys Schwester ein Baby bekam, rief die Mutter voller Freude: »Wie schön, dass ich jetzt endlich einen Enkel habe!« und übersah dabei völlig die beiden Kinder von Sandy, die adoptiert worden waren. Als Sandy ihre Mutter so reden hörte, als zählten ihre Kinder nicht, empfand sie dies ebenso schmerzlich wie die Abwertung durch die Eltern, die sie selbst schon als Kind erlebt hatte. In gewisser Hinsicht war es sogar noch schlimmer, weil Sandy ihre Kinder genau vor diesem Schmerz hatte bewahren wollen, dem sie selbst begegnet war. Sie beschloss daher, den Kontakt zur Mutter vollständig abzubrechen, um zu verhindern, dass ihre Kinder der gleichen Verletzung ausgesetzt sein würden. Sandy empfand diesen Schritt als große Befreiung, vor allem deshalb, weil es ihr als Kind nicht möglich gewesen war, sich mit den gleichen Mitteln vor dem Schmerz der Zurücksetzung zu schützen.

Sag bloß nichts

Aufgrund der Bedeutung, die Frauen dem Gespräch in ihren Beziehungen beimessen, und der Erwartung, dass der Austausch von persönlichen Informationen eine Voraussetzung für Nähe ist, verfangen sich Schwestern häufig in komplizierten »Geheimnis«-Szenarien. So vertraut eine Frau beispielsweise der Schwester an, dass sie fürchtet, ihre Tochter sei ihretwegen verärgert. Die Schwester erzählt es der eigenen Tochter, die es wiederum an die Cousine weitergibt – die dann tatsächlich ärgerlich auf ihre Mutter *wird*, weil sie hinter ihrem Rücken über sie spricht. Hätte die Frau ihre Schwester gebeten, Stillschweigen zu bewahren, hätte dies vermutlich neue Komplikationen erzeugt.

Indem man einem Familienmitglied – vor allem einer Schwester – sagt: »Behalte es bitte für dich«, händigt man ihr eine Zeitbombe aus, die garantiert explodiert, sobald die Information herauskommt; die Person, die sie hält, muss nur entscheiden, in wessen Schoß sie sie werfen will. Wenn sie der einen Schwester etwas anvertraut und sie bittet, es der anderen nicht weiterzuerzählen, muss diese eine von beiden hintergehen: Respektiert sie die Bitte, hintergeht sie die Schwester, die im Dunkeln gelassen wird. Verstößt sie jedoch gegen die Bitte und sagt es der anderen Schwester, bricht sie das Vertrauen derjenigen, von der sie das Geheimnis hat.

Dennoch bringen Schwestern einander aus vielerlei Gründen immer wieder in genau diese Zwickmühle. Allie zum Beispiel hat zwei Schwestern und außerdem einen Sohn. Zu den größten Herausforderungen, vor denen sie im Leben steht, gehört, dass ihr Sohn ein Drogenproblem hat und sich dadurch in alle möglichen Schwierigkeiten bringt. Sie kämpft mit der Frage, wie sie in solchen Situationen reagieren soll. In diesen Momenten hilft es ihr, wenn sie ihre Optionen mit Menschen durchsprechen kann, die ihr nahestehen. Sie tut dies häufig mit einer ihrer Schwestern, aber nicht mit der anderen, weil diese Schwester immer etwas an ihrem Sohn auszusetzen hat und sie der Missbilligung ihrer Schwester nicht noch mehr Nahrung geben möchte. Welche Möglichkeiten hat sie? Mit keiner Schwester sprechen? Warum sollte sie auf die Freundschaft zu beiden verzichten, wenn nur eine ein Problem darstellt? Mit beiden reden? Das ist keine verlockende Idee; sie hat schließlich einen guten Grund, warum sie der besonders kritischen Schwester nichts erzählen möchte. Also tut sie, was die meisten Schwestern in dieser Situation tun würden. Sie redet mit der Schwester, die sie als verständnisvoller einschätzt, und bittet sie, der anderen nichts davon zu sagen. Früher oder später kommt so etwas immer heraus. Dann ist die dritte Schwester gekränkt oder wütend oder beides. Niemand hat sich wirklich etwas zuschulden kommen lassen (obwohl eine Schwester, die eine kritische Haltung hat, sich bemühen könnte, sie nicht so deutlich heraushängen zu lassen). Schwestern sind einfach nur besonders anfällig für diese Art von Schwierigkeiten, weil das Reden über persönliche Probleme für Frauen eine so große Bedeutung hat.

Beth Henleys Theaterstück *Crimes of the Heart*, das im Jahr 1974 in Mississippi spielt, schildert ein solches Szenario, in dem die eine Schwester (Lenny) erfährt, dass eine zweite Schwester (Babe) ihr Geheimnis an eine dritte (Meg) verraten hat[2]:

Lenny: »Ich habe es längst aufgegeben, mir Sorgen um dich und deine ganzen Liebhaber zu machen.
Meg: Ich weiß, ich hatte viel zu viele Männer … Aber es ist nicht meine Schuld, dass du keine hattest … oder nur den einen aus Memphis.«
Lenny (*stutzt*): »Welchen einen aus Memphis?«
Meg (*langsam*): »Den, von dem Babe mir erzählt hat. Aus dem Club.«
Lenny: »Babe!!!«
Babe: »Meg!!!«

Lenny wendet sich wutentbrannt an Babe, weil sie ihr Geheimnis verraten hat, und Babe richtet ihren ganzen Ärger auf Meg, weil sie preisgibt, dass Babe ihr davon erzählt hat:

Lenny: »Wie konntest du!?! Ich hatte dich doch gebeten, niemandem davon zu erzählen! Ich schäme mich so! Wie konntest du?! Wem hast du sonst noch davon erzählt?«

Babe (*überschneidet sich mit Meg*): »Warum musstest du bloß deine große Klappe aufreißen?«

Meg (*überschneidet sich mit Babe*): »Woher soll ich das wissen? Du hast nicht gesagt, dass ich es für mich behalten soll!«

Babe: »Kannst du nicht einmal im Leben deinen Verstand benutzen?!! (*Dann, an Lenny gewandt*) Nein, ich habe es sonst niemandem erzählt. Es ist mir Meg gegenüber einfach rausgerutscht. Wirklich, es ist einfach so aus meinem Mund geflogen …«

Lenny: »Habt ihr beide Flügel an der Zunge?«

Lennys Vorwurf und Babes Rechtfertigung beschreiben treffend, wie häufig und unausweichlich es in Familien dazu kommt, dass Geheimnisse erzählt und weitergegeben werden. Das gilt vor allem für Frauen, für die Geheimnisse das Mittel der Verbundenheit sind – ein Mittel, das diese Verbundenheit sowohl herstellen als auch zerstören kann.

In Henleys Stück geht es letztlich um die Liebe der drei Schwestern zueinander, die sich in der nächsten Szene zeigt. Babe tut es aufrichtig leid, ihre Schwester verletzt zu haben, und Meg ist betrübt, dass sie beide verletzt hat:

Babe: »Es tut mir leid, Lenny. Wirklich sehr leid.«

Lenny: »Ich werde dir einfach nie, nie wieder vertrauen können.«

Meg (*eilt Babe zu Hilfe*): »Ach, um Himmels willen, Lenny, wir waren einfach nur besorgt um dich! Wir haben nach einer Möglichkeit gesucht, dich glücklich zu machen!«

Lenny stürmt kurz darauf in Tränen aufgelöst die Treppe hoch, Babe läuft ihr nach und schreit dabei Meg an: »Wieso musst du Lenny zum Weinen bringen? Ich hasse es, wenn du sie zum Weinen bringst!« Als dann eine alte Freundin eintrifft und Meg ihr anvertraut, dass sie ihre Schwester gekränkt hat, erfahren wir, dass sie sich auch selbst dafür hasst: »Es macht mich so fertig! Warum konnte ich nicht einfach den Mund halten?«

Das Stück endet schließlich damit, dass die drei Schwestern wieder zusammen lachen können. Doch die Metapher der »geflügelten Zunge« bringt treffend zum Ausdruck, wie Worte durch die Luft fliegen und Menschen verletzen können.

Ein weiteres gutes Beispiel aus dem realen Leben ist Phyllis. Sie verliebte sich in einen jungen Mann, wollte ihrer Familie aber nichts von der Beziehung erzählen, weil er eine andere Hautfarbe hatte als sie, weshalb sie wusste, dass die Familie ihre Wahl missbilligen würde. Sie hasste zwar die Heimlichtuerei, war aber erfüllt vom Glück der ersten Liebe. Schließlich vertraute sie sich doch ihrer älteren Schwester an, die es prompt der Mutter weitererzählte. Die Familie geriet in helle Aufregung, und die Mutter warf Phyllis vor, das Leben des Vaters zu gefährden, der vor einigen Jahren einen Herzinfarkt erlitten hatte. Unfähig dem enormen Druck zu widerstehen, brach Phyllis die Liebesbeziehung ab. Bald darauf lernte sie einen Mann kennen, der die gleiche Herkunft hatte wie sie und heiratete ihn, nur um sich drei Jahre später wieder scheiden zu lassen. Ihre Heirat mit einem Mann, den ihre Eltern akzeptierten, war lediglich eine Reaktion auf den Aufruhr, den ihre erste Beziehung ausgelöst hatte. Dennoch war der Grund für das unglückliche Ende ihrer Ehe nicht die erste Beziehung, sondern deren Enthüllung – die Tatsache, dass die Schwester das Geheimnis ausgeplaudert hatte.

Ich bin genauso

Es gibt noch einen weiteren Aspekt der Verbundenheit, der zwischen Frauen durch das Gespräch hergestellt wird. Die Studentin Sharon Stirling zeichnete eine Unterhaltung von zwei Schwestern auf, die beispielhaft zeigt, wie durch »Das ist mir auch passiert« eine solche Nähe entsteht: Die 26-jährige Maureen unterhält sich darin mit ihrer 21-jährigen Schwester Kendall. Diese erzählt ihr von ihrem neuen Freund und dass dieser nicht möchte, dass sie der älteren Schwester sagt, wo sie sich kennengelernt haben, nämlich in einer Kneipe. Maureen versichert Kendall, dass sie keinerlei Anstoß daran nehme und fügt noch hinzu, um ihrer jüngeren Schwester zu versichern, dass wirklich alles in Ordnung ist: »Bob und ich sind uns auch in einer Kneipe nähergekommen, wir kannten uns allerdings schon vorher.« Um sich mit der Schwester zu verbinden, betont Maureen also das, was gleich ist (die Kneipe), und nicht den Unterschied (dass sie ihren Freund bereits kannte).

Auf viele Frauen wirkt die Beschreibung »Sie ist ganz anders als ich« daher auch distanzierend, wenn nicht sogar herablassend und kann übersetzt so viel bedeuten wie: »Sie hat Eigenschaften, die ich nicht mag.« Eine Frau beschrieb zum Beispiel ihre Schwester so: »Sie ist immer schickimicki und trägt ständig massenhaft Ringe und Glitzerzeugs. Ich protze dagegen nicht so gern herum.« Ob man nun Ringe und Glitzerzeugs mag, ist eine Frage des Geschmacks, aber Protzen impliziert definitiv eine Charakterschwäche. Eine weitere Frau beschrieb ihre Schwester mit den Worten: »Sie ist eine Perfektionistin, immer absolut makellos.« Das kann gut oder schlecht sein, doch was dann folgte, lässt sich nur negativ deuten: »Sie ist eben narzisstisch.« Und als eine weitere Frau sagte: »Meine

Schwester trägt grundsätzlich nur superteure Klamotten«, deutete sie indirekt damit an, dass die Schwester ganz andere Wertvorstellungen habe als sie – nämlich oberflächliche.

Das sind extreme Beispiele dafür, dass »Wir sind verschieden« als Herabsetzung gemeint sein kann, die Distanz erzeugt, während »Ich bin genauso« die Verbundenheit bestärkt. Doch auch die Aussage »Mir ist das Gleiche passiert« trägt nicht immer zu einem befriedigenden Gefühl der Verbundenheit bei. Die Worte können auch bedeuten, dass die Aufmerksamkeit auf ärgerliche Weise von der Sprecherin auf die Zuhörerin verlagert wird. Das ist besonders frustrierend, wenn es von einer Schwester kommt, deren Interesse an uns eigentlich garantiert sein sollte. Auch hier bietet der Roman *Nothing Is Quite Forgotten in Brooklyn* von Alice Mattison ein Beispiel, einen kurzen Einblick in die Situation, dass eine Frau, die Interesse und Fürsorge von einer Schwester erwartet, stattdessen auf eine egozentrische Reaktion stößt.

Constance ist außer sich, weil ihre Teenager-Tochter Joanna spurlos verschwunden ist. Zu allem Überfluss ist ihr Ehemann Jerry auf Geschäftsreise. In ihrer Verzweiflung ruft Constance die Polizei an und versucht dann, Jerry ausfindig zu machen, der ihr nicht gesagt hat, wo er übernachten wird. Schließlich findet sie ihn in einem Motel und erfährt vom Rezeptionisten, dass Jerry von einer jungen Frau – Joanna – begleitet wird. Er hat seine Tochter mit auf die Reise genommen, ohne seiner Frau etwas davon zu sagen. Constance hatte bei ihrer Schwester Barbara angerufen, um ihr von Joannas Verschwinden zu berichten, deshalb ruft sie jetzt abermals an, um ihr mitzuteilen, dass Joanna in Sicherheit ist. Nachdem sie diese Neuigkeit mitgeteilt hat, fügt Constance hinzu: »Ich werde Jerry verlassen.« Ihre Schwester fragt: »Nur deswegen?« Hier der weitere Verlauf des Gesprächs:

»Nein, natürlich nicht.« Es war schwer zu erklären. »Es ist, weil es so typisch für Jerry ist. Dass er Joanna einfach mitnimmt und mir nichts davon sagt, ist so bezeichnend für ihn – ein absolut charakteristisches Verhalten.«

»Was ist *mein* charakteristisches Verhalten?«, fragte Barbara. »Hat jeder ein charakteristisches Verhalten?«

»Ich weiß nicht. Jerry jedenfalls.«

»Dass ich diesen Job hingeschmissen habe«, sagte Barbara, »war typisch für mich. Jeder, der etwas über mich wissen will, muss sich nur den Zwei-Minuten-Clip davon ansehen, wie ich aus dem Büro marschiere.«

»Ja, wahrscheinlich.« Con konnte sich nicht erinnern, wann sie angefangen hatten, über Barbaras Persönlichkeit zu diskutieren anstatt über Cons Ehe.[3]

Das Philosophieren über eine Frage wie »Hat jeder ein charakteristisches Verhalten?« mag in einem anderen Gespräch angemessen sein. Das Gleiche gilt dafür, die Frage des Gesprächspartners auf sich selbst zu beziehen: »Was ist *mein* charakteristisches Verhalten?« Doch in Reaktion auf die Ankündigung, dass die Ehe der Schwester vor dem Aus steht, gehört weder eine philosophische Erörterung noch eine Selbstanalyse zu den Reaktionen, die Leser und Schwester erwarten. In dem Roman ist dieses Gespräch Barbaras charakteristisches Verhalten. Es charakterisiert sie als gleichgültig gegenüber der Schwester und übertrieben fokussiert auf sich selbst. Barbaras Ichbezogenheit ist ein Bruch der Verbundenheit, ein Versagen, das bei einer Schwester besonders schwer ins Gewicht fällt. Wenn die Schwester nicht fähig – oder nicht willens – ist, ihre Aufmerksamkeit in einer Krisensituation auf uns zu richten, fühlen wir uns noch verlassener, als wenn wir gar keine Schwester hätten. Dass es Barbara nicht gelingt, für ihre Schwester da zu sein, zeigt sich an ihrem Verhalten im Gespräch.

Fang bloß keinen Streit an

In vielen Geschichten von Frauen zeichnete sich ein weiteres häufiges Muster ab, wie Schwestern miteinander umgehen: die Konfliktvermeidung. Libby berichtete zum Beispiel, sie sei aus allen Wolken gefallen, als die jüngere Schwester ihr Wochen nach einem Besuch vorwarf, sie beleidigt zu haben. Als sie genauer nachbohrte, erfuhr sie, dass einmal eine verletzende Bemerkung von ihr gefallen war, als sie nach dem Abendessen gemeinsam aufgeräumt hatten. Libbys Meinung nach hatte ihre Schwester nicht nur die Bemerkung missverstanden, sondern sie warf ihr auch vor, damals nichts gesagt zu haben: »Hätte sie mich gleich angesprochen, hätte ich ihr klarmachen können, was gemeint war. Stattdessen sagt sie kein Wort und ist sauer. Jetzt ist das Ganze zu einem Riesenproblem geworden.«

Eigentlich liegt es auf der Hand, eine Sache möglichst gleich zu klären, anstatt den Ärger unterschwellig aufzustauen. Warum aber machen dann so viele Frauen ähnliche Erfahrungen? Einer der Gründe ist sicher, dass offene Konflikte zwischen Frauen gerne vermieden werden. Und auch Studien belegen, dass schon kleine Mädchen eine solche Tendenz zeigen. So hat beispielsweise die Linguistin Amy Sheldon Videoaufzeichnungen von Mädchen und Jungen im Vorschulalter gemacht, die in Dreiergruppen zusammen spielen. Dazu gehört u.a. auch eine Analyse der beiden Mädchen Eva und Kelly während eines Rollenspiels, in dem sie ein Ehepaar mimen. Als Tulla, das dritte Mädchen, versucht, sich an ihrem Spiel zu beteiligen, sagt Eva ihr nicht direkt, dass sie nicht mitspielen darf, sondern teilt Tulla eine Rolle zu, die eine aktive Teilnahme am Spiel verhindert: »Du kannst das Baby sein, aber du bist noch nicht geboren.« Einmal versucht

Tulla, ins Spiel einzusteigen, indem sie eine Spielzeugfigur als Baby bezeichnet. Daraufhin hält Eva Tulla auf Abstand, ohne deren Anspruch auf die Rolle des Babys zu bestreiten und ohne sie direkt vom Spiel auszuschließen, indem sie sagt: »Es ist aber noch *im Bauch*.«[4]

Durch dieses und viele weitere Beispiele zeigt Sheldon, dass die Mädchen ihr Durchsetzungsvermögen auf eine Weise zeigen, die Meinungsunterschiede eher beschwichtigt als eskalieren lässt. Das bedeutet, sie verfolgen zwar ihre eigenen Ziele, erwecken dabei aber zumindest den Anschein, als würden sie der anderen ihre Wünsche ebenfalls zugestehen.

In einem Referat erinnert sich die Studentin Ellen Herman an ein ähnliches Muster in einem Spiel, das sie und ihre beiden Schwestern als Kinder oft spielten. Ellen ist die Älteste; Kate ist zweieinhalb Jahre jünger als sie, und Anne war damals mit fünfeinhalb Jahren die Jüngste. Sie beschreibt ein Spiel, das die Kinder als »Schloss« bezeichneten: »Anne war immer die Königin, Kate die Prinzessin und ich die Dienerin. Obwohl diese Hierarchie eine Umkehrung unserer Altersfolge darstellte, waren wir alle zufrieden mit unseren Rollen, und die Harmonie blieb gewahrt.« Ellen erklärt auch die Gründe:

> »Als Älteste hätte ich normalerweise dagegen protestiert, die Figur mit dem niedrigsten Status im Spiel zu übernehmen. Doch ich wusste, dass ich als Dienerin das Spiel steuern und meine Schwestern herumkommandieren konnte, mit Äußerungen wie: ›Eure Hoheit muss sich jetzt aber für den Ball fertig machen.‹ Da es mir gelang, das Spiel zu leiten, hatte ich das Gefühl, die Kontrolle über meine Schwestern zu behalten. Kate genoss das Spiel auch, weil sie wusste, dass Prinzessinnen die Hauptfiguren im Märchen sind, und dass sie die Prinzessin sein durfte, gab ihr das Gefühl, gegen mich ›gewonnen‹ zu haben. Anne wiede-

rum war zu klein, um zu verstehen, dass Prinzessinnen die Hauptfiguren sind, deshalb konnten Kate und ich ihr leicht einreden, dass sie als Königin unsere ›Mama‹ und damit auch wichtig war.«

Wie Ellen Herman zeigt, fanden sie und ihre Schwester Kate in diesem Spiel eine Möglichkeit, ohne Streit das zu bekommen, was sie wollten, indem sie dafür sorgten, dass die anderen ebenfalls bekamen, was sie wollten – oder es zumindest glaubten.

Meine Großnichte Tovah hat diese Taktik bereits im Alter von zweieinhalb beherrscht. Einmal durfte sie lange wach bleiben, weil sie krank war, und genoss die Gesellschaft von vier Erwachsenen: ihren Eltern und den Großeltern, die auf Besuch waren und im Gästezimmer wohnten. Als ihre Mutter schließlich meinte, dass es Zeit sei, ins Bett zu gehen und auch die Großeltern schlafen gehen zu lassen, wollte Tovah die Party noch nicht beenden. Sie protestierte, indem sie sich für die Interessen ihrer Großeltern anstatt für ihre eigenen einsetzte: »Wenn wir schlafen gehen, sind Oma und Opa doch ganz alleine.«

Brüder: Eine andere Art der Kommunikation

Es wäre irreführend zu behaupten, dass Frauen Konfrontationen generell meiden, Männer dagegen nicht. Vergleichende Studien über Kinder beim Spiel kommen immer wieder zu dem übereinstimmenden Ergebnis, dass es sich dabei nur um graduelle Unterschiede handelt, denn auch Jungen beschwichtigen Konflikte lieber und verpacken ihre Forderungen auf eine Weise, die eher an die gemeinsame Verbundenheit appelliert als auf Konfrontation ausgerichtet ist, nur tun Mädchen dies häufiger. Dasselbe gilt auch für andere Verhaltensmuster, bei denen sich Jungen von Mädchen unterscheiden – etwa bei Unterhaltungen, die zwischen Brüdern häufig anders verlaufen als zwischen Schwestern.

In Gesprächen mit Frauen, die sowohl Brüder als auch Schwestern hatten, fragte ich sie daher auch nach den Brüdern. In ihren Antworten zeichneten sich bestimmte Muster ab, von denen hier einige erwähnt werden sollen – nicht um Thesen über Brüder im Allgemeinen aufzustellen (da ich mit den Brüdern nicht direkt gesprochen habe, wäre dies auch gar nicht möglich), sondern weil die Frauen selbst immer wieder auch Vergleiche zwischen ihren Brüdern und Schwestern zogen.

Eine Studentin, Leigh Hunt, beschrieb zum Beispiel ein Gespräch, das sie mit ihren beiden Schwestern und ihrem Bruder geführt hatte: Als der Familienhund starb, teilten die Schwestern einander am Telefon mit, wie traurig sie darüber wären und wie sehr sie den Hund vermissten. Ihr Bruder dagegen drückte sein Mitgefühl im Hinblick auf die Betroffenheit der Schwestern aus, sagte aber nicht, wie ihm selbst zumute war. Leigh zweifelte nicht daran, dass er innerlich genauso empfand wie die anderen, nur dass er eben nicht darüber sprach. Sein Anruf diente daher demselben Zweck wie der seiner Schwestern, nämlich der Herstellung von Verbundenheit mit den anderen Familienmitgliedern, die den Hund genauso gern gehabt hatten wie er und ebenfalls unter dem Verlust litten.

Die Beziehungen zu ihren Brüdern, von denen die Frauen berichteten, umfassten ein ebenso breites Spektrum wie die Beziehungen zu ihren Schwestern und reichten vom täglichen Kontakt bis hin zu überhaupt keiner Verbindung. Viele Frauen sagten darüber hinaus, sie hätten zwar ein enges Verhältnis zu ihren Brüdern, es bestehe aber dennoch ein Unterschied im Vergleich zu ihren Schwestern. Eine Frau, die sowohl ihrer Schwester als auch ihrem Bruder sehr nahestand, meinte beispielsweise: »Ich kann mit meinem Bruder über fast alles sprechen. Mit meiner Schwester kann ich dagegen über absolut alles reden.« Mit dem Unterschied zwischen »fast« und »absolut« ist das Gespräch über persönliche Dinge und die damit verbundenen Gefühle gemeint.

Dieser Unterschied, der sich auch in den von Leigh Hunt beschriebenen Gesprächen mit ihrem Bruder und ihren Schwestern zeigte, betont die besondere Rolle, die das Reden über Gefühle und persönliche Erlebnisse normalerweise für Frauen und Mädchen spielt, sowie die entgegengesetzte Tendenz, die unter Brüdern verbreitet ist. In einer Studie über Gespräche zwischen 18- bis 25-jährigen College-Studenten mit ihren Geschwistern kam Cindy Mathieu zu dem Ergebnis, dass junge Männer sich mit ihren Brüdern häufiger über Sport unterhalten als junge Frauen und dass die jungen Frauen mit ihren Schwestern öfter über Beziehungen und Familie sprechen als die Männer (zum Teil spiegelt dieses Muster sicher auch die Erwartungen dessen wider, was die Geschwister jeweils hören möchten). Außerdem zeigte sich, dass sowohl Männer als auch Frauen ihre Gefühle eher gegenüber ihren Schwestern äußerten als im Gespräch mit den Brüdern. In einer weiteren Studie über Brüder und Schwestern im Alter von 17 bis 25 Jahren stellten die britischen Psychologen Liz Wright und Tony Cassidy fest, dass sich Brüder, die keine Schwestern hatten, in der Regel an eine »stillschweigende Verabredung zum Nicht-Sprechen« halten.[5]

Natürlich lassen sich solche Ergebnisse nicht verallgemeinern – nicht wenige Frauen haben mir erzählt, wie frustrierend es für sie sei, dass ihre Schwester sie nicht an ihrer Gefühlswelt teilhaben lasse. Das zeigt, dass nicht alle Frauen dem typischen Muster folgen, bedeutet aber auch, dass viele Frauen sich diese Art von Gespräch von den Menschen erwarten, denen sie sich nahe fühlen, bzw. enttäuscht sind, wenn sich diese Erwartung nicht erfüllt.

Sag mir, was du fühlst

Eine Frau mit jeweils zwei Schwestern und Brüdern erzählte mir, dass sie sich zwar allen Geschwistern nahe fühle, jedoch auf sehr unterschiedliche Art. Während sie stundenlange Telefongespräche mit den Schwestern führt, meistens über persönliche Themen, spricht sie mit ihren Brüdern dagegen in der Regel über eher unpersönliche Themen wie Geschichte, Geographie und Literatur.

Eine andere Frau mit drei Schwestern und zwei Brüdern berichtete, dass sie mit ihren Schwestern lieber telefoniere, mit ihren Brüdern dagegen nur E-Mails austausche und dass ihre Brüder untereinander überhaupt nicht miteinander kommunizierten.

Im Folgenden noch einige Kommentare über Brüder:

- »Mein Bruder ist ein Einzelgänger.«
- »Er ist sehr ruhig, verschlossen und in sich gekehrt und gibt nicht viele Informationen preis.«
- »Er führt keine tiefschürfenden Gespräche.«
- »Er macht sich nicht ständig Sorgen um alles, sondern handelt lieber. Mit ihm gibt es weniger Spannungen.«
- »Er rückt normalerweise nicht allzu viele Einzelheiten darüber raus, was in seinem Leben so geschieht.«
- »Man weiß nie so genau, was in ihm vorgeht.«

»Verschlossen« impliziert, dass der Bruder nicht »offen« über Persönliches spricht, was in seinem Leben oder in seinem Inneren vor sich geht. Ein »tiefschürfendes« Gespräch würde bedeuten, Gefühle und persönliche Erlebnisse zu erforschen. »Er macht sich nicht ständig Sorgen um alles« läuft vermutlich ebenfalls darauf hinaus, dass der Bruder sich zwar vielleicht schon Sorgen macht, aber die Schwester weiß nichts davon, weil er nicht darüber redet. Wenn er »lieber handelt«, dann macht er sich durchaus Gedanken, geht nur anders damit um und wählt einen anderen Ansatz als das Sprechen.

Die Äußerung »Es gibt weniger Spannungen« ist besonders aufschlussreich. Viele Psychologen meinen, dass es gut sei, über Gefühle zu sprechen. Die britischen Wissenschaftler Liz Wright und Tony Cassidy stellten fest, dass junge Menschen, die mit mindestens einer Schwester aufwuchsen, tendenziell glücklicher und optimistischer waren als solche ohne Schwester, vor allem, wenn ihre Eltern geschieden waren.[6] Die Wissenschaftler schreiben dieses Muster der Tendenz bei Mädchen zu, häufiger über ihre Gefühle zu sprechen als Jungen. Eine von Victor Cicirelli durchgeführte Studie über Erwachsene mittleren und höheren Alters ergab, dass sowohl Männer als auch Frauen, die ein enges Verhältnis zu einer Schwester hatten, weniger Anzeichen von Depressionen zeigten als solche ohne gute Verbindung zu einer Schwester. Auch die Wissenschaftlerin Judy Dunn berichtete von einem ähnlichen Muster bei älteren Erwachsenen, für die »Beziehungen mit Schwestern offenbar besonders wichtig sind«, was »im Allgemeinen auf die emotionale Ausdrucksfähigkeit von Frauen zurückgeführt wird«.[7] Doch das »ganze Gerede« kann Beziehungen auch komplizieren und nicht nur zu größerer Vertrautheit zwischen Schwestern beitragen, sondern auch zu stärkeren »Spannungen« führen.

Kommunikation ist Frauenarbeit

Bei Frauen, die sich über ihr Verhältnis zu ihren Schwestern im Vergleich zu ihren Brüdern äußerten, zeigte sich, dass die meisten sich mit ihren Schwestern häufiger unterhielten. So erzählte etwa eine Frau mit zwei Schwestern und fünf Brüdern, sie rufe ihre Brüder immer nur dann an, wenn es einen besonderen Anlass gebe; mit ihren Schwestern telefoniert sie dagegen häufig, um ausführlich mit ihnen zu plaudern.

In vielen Familien gilt der Kommunikationsbereich als Domäne der Frauen. Interessant war der Bericht zweier Schwestern, die sich über das Leben ihres Bruders auf dem Laufenden halten, indem sie sich an seine Tochter wenden – obwohl er im selben Haus lebt wie eine der Schwestern. Eine weitere Frau erzählte mir, sie stehe in ständigem Kontakt mit ihrer Schwester, nicht aber mit ihren drei Brüdern. Nur mit einem Bruder habe sie eine Verbindung durch dessen Ehefrau. Mit den Schwestern führt sie lange, ausschweifende Unterhaltungen. Wenn sie tatsächlich einmal mit ihren Brüdern spricht, sind die Gespräche hingegen »mehr auf den Punkt«.

Natürlich gibt es auch zahlreiche Männer, die sich regelmäßig mit ihren Schwestern und ebenso miteinander unterhalten. Trotzdem ist es in vielen Familien die Aufgabe der Frauen, den Kontakt untereinander aufrechtzuerhalten. Die Psychologinnen Lynn White und Agnes Riedmann stellten fest, dass Schwestern in der Regel häufiger Kontakt mit ihren Geschwistern haben als Brüder, und dass Brüder öfter Kontakt mit ihren Geschwistern haben, wenn mindestens eine Schwester darunter ist. Nach Meinung der britischen Wissenschaftlerinnen lässt sich dies darauf zurückführen, dass die »stillschweigende Vereinbarung zum Nicht-Sprechen« zwischen Brüdern von einer Schwester durchbrochen wird. Die von mir befragten Frauen, die sowohl Brüder als auch Schwestern hatten, bestätigten ausnahmslos, dass die Beziehungen zu ihren Schwestern sich in stärkerem Maße durch Gespräche auszeichneten, insbesondere über persönliche Erlebnisse und die damit verbundenen Gefühle.

Ein weiterer Kommunikationsbereich innerhalb der Familie, für den Frauen häufig die Verantwortung übernehmen, ist die Familienchronik. In meiner Familie war es zwar mein Vater, der häufig von der Vergangenheit sprach und vom Leben seiner polnischen Vorfahren mütterlicherseits erzählte, doch in vielen Familien sind es die Frauen, die für die Weitergabe von Familiengeschichten zuständig sind.

Als Elizabeth Stone mit den Nachforschungen für ihr Buch *Black Sheep and Kissing Cousins. How Our Family Stories Shape Us* begann, ging sie davon aus, dass die Männer eher Geschichten von der väterlichen Seite bzw. die Frauen Überlieferungen von der mütterlichen Linie erzählen würden. Stattdessen stellte sie fest, dass Familiengeschichten insgesamt häufiger von den Frauen berichtet wurden. So war es durchaus nicht ungewöhnlich, dass eine Frau eine Anekdote aus der Familie ihres Ehemanns erzählte, von der dieser gar nichts wusste.

Familiengeschichten werden meist von Frau zu Frau weitergegeben, indem die Ehefrauen sie von den Müttern oder Schwestern ihres Mannes hören. Die Bewahrung und Weitergabe der Familiengeschichten durch Erzählungen ist also eine weitere Form des Sprachgebrauchs, den viele Frauen nutzen, um die Verbundenheit untereinander herzustellen und aufrechtzuerhalten.

Nicht alle Frauen sprechen so, wie ich es hier als typisch für Frauen beschrieben habe, und auch jene, auf die das zutrifft, können dieses Verhalten in stärkerem oder schwächerem Ausmaß zeigen. Weiblich oder männlich zu sein ist nur einer von vielen Einflüssen auf die Art, wie wir reden. Zu weiteren Einflüssen auf den Gesprächsstil gehören Ethnizität, soziale Schicht, regionaler oder kultureller Hintergrund, Alter, sexuelle Orientierung, Beruf usw., die allesamt zusätzlich zum Temperament und der Persönlichkeit unsere Sprechweise färben. Ich werde im letzten Kapitel auf einige Elemente des Gesprächsstils eingehen und erörtern, wie sie sich unterscheiden und wie sich diese Unterschiede auf Schwestern auswirken können.

8. Schwester sein

Gutes und Schlechtes und wie wir das Beste daraus machen

Gertrude und Anna, zwei Cousinen meines Vaters, verbrachten fast ihr ganzes Leben zusammen. Als der Mann von Gertrude einige Monate nach der Hochzeit unter tragischen Umständen starb, zog Gertrude zu ihrer Schwester Anna sowie deren Mann und Sohn, und lebte auch dann noch bei ihrer Schwester, nachdem Anna längst verwitwet und ihr Sohn verheiratet und außer Haus war. Ich habe als Kind nie die eine ohne die andere gesehen. Als sie alt und gebrechlich wurden, gingen sie stets untergehakt und eng aneinandergeschmiegt, um sich gegenseitig zu stützen. Das Bild dieser Schwestern, beide weit in ihren Achtzigern, Arm in Arm, vorsichtig den Fuß vom Bordstein setzend, ist für mich bis heute ein Symbol für den lebenslangen Zusammenhalt zweier Schwestern.

Viele Frauen – und ich zähle mich auch dazu – haben das Glück, dass ihre Schwestern und sie einander in jeder Hinsicht unterstützen, auch wenn sie sich als Kinder oft gestritten oder in späteren Lebensphasen unterschiedlich entwickelt haben. So wie eine Frau von ihrer Schwester sagte: »Wir sind jederzeit füreinander da.« Einige Frauen haben die Frage nach einer Schwester auch damit beantwortet, dass ihre Freundinnen zu Schwestern geworden wären. Kitty Bayh, eine der Frauen, die das von sich sagte, nannte sie ihre »Schwestern des Herzens«.

Eine Schwester zu haben bedeutet jedoch nicht nur gegenseitige Unterstützung, sondern beinhaltet potenziell immer auch Konflikte bis hin zur Feindseligkeit, was heute mit dem Begriff »Zickenkrieg« ausgedrückt wird. Philippa Gregory behandelt diesen uralten Konflikt in ihrem Roman *Die Schwester der Königin*. Anhand der Geschichte von König Heinrich VIII., der vor seiner Heirat mit Anne Boleyn ein Verhältnis mit ihrer älteren Schwester Mary hatte, porträtiert sie die Boleyn-Schwestern, die sich in einen erbitterten Konkurrenzkampf um die Gunst des Königs verstrickt haben. »Ich bin geboren, um deine Rivalin zu sein«, sagt Anne zu Mary. »Und du die meine. Schließlich sind wir Schwestern, oder nicht?«

Eines Abends sitzen Anne und Mary zusammen in Marys Gemächern, als der Bruder Anne mitteilt, dass der König sich nach ihr erkundigt habe. Marys Reaktion darauf: »Unwillkürlich krallten sich meine Finger in die rote Seide der Laken.« Das Wort »krallen« weckt Assoziationen mit einer Katze, während die rote Farbe des Lakens an das Blut erinnert, das die Krallen der Katze hinterlassen können.

In einer anderen Szene wirft Mary der Schwester vor: »Du willst, was mir gehört. Du wolltest schon immer alles, was mir gehört.« Daraufhin weist Anne sie erbost aus dem Zimmer, aber Mary erinnert sie daran: »Dies hier ist *mein* Zimmer.« Dann blitzen die Schwestern einander voller Verachtung an: »Und da war noch ein anderes, viel finstereres Gefühl. Es war die alte Geschichte von den beiden Schwestern, für die zusammen auf der Welt kein Platz war. Die einander bis auf den Tod bekämpfen würden.«[1]

Auf der Suche nach Erklärungen

Die gegenseitige Unterstützung wie auch die Rivalität vermischen sich auf unterschiedliche Weise in allen Beziehungen – besonders intensiv aber bei Schwestern.

Es gibt kein Geheimnis, das erklären könnte, warum einige Schwestern ein besseres Verhältnis zueinander haben als andere. Vieles hängt sicher mit den jeweiligen Persönlichkeiten zusammen und inwieweit sie zusammenpassen oder nicht. Doch wir haben immer die Möglichkeit, die Art, wie andere Menschen sich uns gegenüber verhalten, zu verändern, indem wir unser eigenes Verhalten ändern. Und wenn dies trotzdem nichts bewirkt, kann es immer noch hilfreich sein, zumindest die Reaktionen der Schwester wie auch die eigenen besser zu verstehen.

In diesem Kapitel will ich anhand einiger Beispiele aufzeigen, wie Schwestern in ihren Gesprächen ein Gleichgewicht zwischen Verbundenheit und Rivalität finden können. Außerdem werde ich der Frage nachgehen, wie sich Unterschiede im Gesprächsstil auswirken. Ein Verständnis dieser Prozesse erleichtert es, Methoden zu finden, mit denen wir die Unterstützung fördern und besser mit der Rivalität zwischen Schwestern und in anderen schwesterähnlichen Beziehungen umgehen können.

Miteinander verwachsen

»Weißt du noch?« ist das Abrakadabra des Schwesterngesprächs. »Weißt du noch damals, als …?«, fragen wir und lachen dann zusammen über ein Ereignis, das wir aus unserer gemeinsamen Vergangenheit hervorzaubern wie das Kaninchen aus dem Hut. Lori Lansens Roman *An meiner Seite* über siamesische Zwillinge, die am Kopf zusammengewachsen sind, lässt sich als Metapher auf das Schwestersein interpretieren. Schwestern sind insofern am Kopf zusammengewachsen, als sie Erinnerungen und eine gemeinsame Geschichte miteinander teilen.

In Lansens Roman sagt eine Zwillingsschwester über die andere: »Ich trage Rubys Gewicht auf meiner Hüfte mit mir herum.«[2] Wir alle schleppen unsere Schwestern bildlich gesprochen auf den Hüften herum, weil fast jede Bewegung der einen die andere beeinflusst. Zu den offensichtlichsten und bedeutsamsten Beispielen gehören Bewegungen im Wortsinn. Wenn Schwestern in andere Städte oder Länder ziehen, müssen die Schwestern, die zuhause bleiben, möglicherweise mehr Verantwortung für alternde oder kranke Verwandte übernehmen. Eine Schwester, die wegzieht, bedauert vielleicht, dass ihre Kinder nicht wie sie selbst im ständigen Kontakt mit ihren Cousins und Cousinen aufwachsen können – aber dasselbe gilt für die Kinder ihrer Schwester. Als ich Frauen fragte, was sie an ihren Schwestern störe, lautete eine häufige Antwort: »Sie wohnt zu weit weg.« Das empfanden Schwestern als frustrierend, weil sie einander zu selten sahen, sich nicht regelmäßig besuchen konnten und keinen Anteil am Alltag der anderen hatten. Gemeinsame Feiertage spielten in vielen Berichten von Schwestern eine Rolle – sowohl die glückliche Variante, wenn alle teilnehmen, als auch die Enttäuschung, wenn eine oder mehrere nicht kommen können oder wollen. Die Entscheidung einer Schwester, dem Ereignis fernzubleiben, machte den Feiertag unvollständig für die andere.

Noch in einer weiteren Hinsicht sind Schwestern, metaphorisch gesprochen, am Kopf zusammengewachsen: Ihre Köpfe werden von denselben Menschen bevölkert – ihren Eltern. Als ich für mein Buch *Und so willst du rumlaufen?* mit Müttern und Töchtern sprach, hörte ich hin und wieder auch Geschichten über Geschwister. So sagte eine Tochter vielleicht, dass ihre Mutter ein anderes Geschwister, häufig einen Bruder, bevorzuge. Oder eine Mutter äußerte, dass der Umgang mit der einen Tochter leicht und mit der anderen schwierig sei. Bei der einen müsse sie ihre Worte immer auf die Goldwaage legen, bei der anderen nicht. Doch als ich mit Frauen über ihre Schwestern sprach, erzählten alle ohne Ausnahme auch von ihren Eltern. Sehr häufig beschrieben sie ihre eigene oder die Persönlichkeit ihrer Schwestern durch Bezugnahmen auf den Charakter der Eltern. Viele charakterisierten auch die Beziehungen ihrer Schwester zu nahestehenden Menschen, indem sie auf die Eltern eingingen. Eine Frau merkte zum Beispiel an, ihre Schwester habe immer Pech mit Männern, weil die Beziehung zu ihrem Vater problematisch sei. Und wahrgenommene Begünstigungen einzelner Geschwister wurden als Erklärung für praktisch alles herangezogen.

Wieder und wieder hörte ich Frauen sagen: Sie ist (oder ich bin) wie unsere Mutter, wie unser Vater oder entschlossen, ganz anders zu sein als die eine oder der andere. Eine Frau erklärte: »Ich habe die Disziplin und den Elan meines Vaters, aber die Vergnügungssucht meiner Mutter.« Persönlichkeitsmerkmale wurden oft daran festgemacht, wie unterschiedlich Schwestern auf die Eltern reagierten. »Mein Vater hatte ein übles Temperament«, sagte eine jüngere Schwester. »Aber ich konnte ihn um den Finger wickeln, sodass er mich laufen ließ. Deshalb wurde ich sehr selten bestraft. Ich wusste irgendwie, wie er tickte, wann er in Rage geriet und wann nicht.« Eine weitere Frau, eine älteste Schwester, sagte von ihrer Mutter: »Ich kann Dinge zu ihr sagen, die die anderen nicht sagen können. Wie etwa: ›So solltest du wirklich nicht reden, Mama.‹« Sie fügte hinzu: »Ich kann mich mit ihr unterhalten. Die anderen reagieren eher mit *Grrr!* und *Würg!* Ich kann mich auf sie einstellen. Und wir können viel Spaß zusammen haben.« Das *Grrr!* und *Würg!* stand für die Frustration, die ihre Schwestern im Umgang mit der Mutter erleben. Sie finden ihr gegenüber nicht den richtigen Ton, der die Mutter von entnervenden Äußerungen abhält oder der jene Seite an ihr zum Vorschein bringt, mit der man Spaß haben kann.

Auch Sprechweisen wurden häufig als Rekapitulation der Beziehung zu den Eltern erklärt. Eine Frau schrieb mir in einer E-Mail, dass sie ihre Schwester schätze, die Beziehung jedoch nervenaufreibend sei: »Machtkämpfe, kleine und große Missverständnisse, verletzte Gefühle – jede versucht, auf sich selbst zu achten und gleichzeitig die andere zu berücksichtigen. Bei dem Versuch, entschlossen zu wirken, überschreiten wir die Grenze und klingen gemein und eigensinnig.« Sie erklärte, dass keine die Anrufe der anderen sofort erwidere, weil jede das Gefühl habe, dass sie sich erst vorbereiten, alle Kräfte sammeln und auf einen günstigen Moment warten müsse, in dem sie sich stark fühle. Sie führte diese Belastungen darauf zurück, dass sie bei einer Mutter aufgewachsen waren, die häufig Tobsuchtsanfälle bekam. Sie fasste die Kommunikation mit ihrer Schwester mit den Worten zusammen: »Das Traurigste ist, dass wir dieselbe Strategie im Umgang miteinander anwenden, die wir gegenüber meiner Mutter entwickelten.« Die Mutter ist seit langem tot, aber sie lebt weiter in den Köpfen ihrer Töchter, schwebt über der Beziehung, und ihre Stimme hallt in den Gesprächen der Schwestern wider.

Der Schatten der Eltern bleibt im Leben und in den Beziehungen der Kinder präsent – vor allem in den Beziehungen der Geschwister zueinander –, auch wenn sie längst keine Kinder mehr sind. Das kann tröstlich oder beängstigend sein, je nachdem welche Seiten der Eltern lebendig bleiben.

Krisen gemeinsam meistern – oder nicht

Einige der bewegendsten Geschichten, die ich hörte, handelten von Schwestern, die Krisenzeiten gemeinsam meisterten. Mehrere Frauen berichteten mir, dass die Schwester innerhalb weniger Stunden im Flieger saß, wenn der Mann ihrer Schwester gestorben war oder an die Seite der Schwester eilte und Tage, Wochen und Monate mit ihr verbrachte, wenn sie krank war. Eine Frau, die an Krebs erkrankte, schilderte, wie eine ihrer Schwestern vom anderen Ende des Landes anreiste und mehrere Monate bei ihr blieb, um ihr bei der Operation, Chemotherapie und langen Rekonvaleszenz zur Seite zu stehen. Eine weitere Schwester, eine Ärztin, begleitete und überwachte die medizinische Behandlung aus der Ferne und rief jeden Tag an. Die Frau empfand tiefe Dankbarkeit für die Hilfe, die ihre Schwestern ihr geleistet hatten. Darüber hinaus, sagte sie, sei das Beste gewesen, dass die Fürsorge und der enge Kontakt die Verbundenheit zwischen ihnen erneuert habe und dass sie selbst die Möglichkeit erhalten hatte, ihre Schwestern, die weit entfernt lebten, wieder besser kennenzulernen. Andererseits stand ihr eine dritte Schwester, die ganz in der Nähe lebte, überhaupt nicht zur Seite. Sie rief selten an und besuchte sie während der gesamten Krankheit nur zwei Mal. Die Beschreibung dieser gegensätzlichen Reaktionen auf ihre gesundheitliche Krise brachte die unterschiedlichen Erfahrungen, die diese Frau im Laufe der Jahre mit ihren Schwestern gemacht hatte, auf den Punkt.

Auf ähnliche Weise veranschaulichten einige Frauen die Versäumnisse ihrer Schwestern, indem sie mir von einer bestimmten Äußerung berichteten, die eine Schwester in einer Krisensituation gemacht hatte. Als eine Frau ihrer Schwester mitteilte, dass man bei ihr Parkinson diagnostiziert habe, sagte die Schwester: »Machst du dir gar keine Sorgen um mich? Parkinson kann in der Familie liegen.« Das krasseste Beispiel, von dem ich hörte, betraf einen Anruf, den eine Frau vier Stunden nach dem Tod ihres Ehemanns erhielt. Am Telefon war ihre Schwester, die mit den Worten begann: »Vater hat mir erzählt, dass Greg gestorben ist«, und dann fortfuhr: »Kann ich dir jetzt erzählen, was bei mir los ist?« In diesen Beispielen verschiebt die verletzende Schwester den Fokus auf sich selbst, und zwar in Situationen, in denen nicht der leiseste Zweifel besteht, dass sie ihre Unterstützung anbieten sollte. Diese Reaktionen sind das Gegenteil von gemeinsamer Krisenbewältigung.

Dein Stil oder meiner?

Bei den meisten Klagen, die ich hörte, ging es allerdings um weniger schwere Enttäuschungen, sondern eher um ganz alltägliche Frustrationen. Jamie liebte ihre Schwester und war begeistert, wenn Stacey auf Besuch kam. Dennoch war sie nach ein paar Tagen immer gereizt. Sie wollte, dass sich Stacey bei ihr wie zuhause fühlte, doch irgendwie ging es ihr gegen den Strich, wenn Stacey das wörtlich zu nehmen schien. Ihre Nackenhaare sträubten sich, wenn Stacey auf der Suche nach einem Glas die Schränke öffnete, oder auf der Suche nach einem Getränk, mit dem sie das Glas befüllen konnte, den Kühlschrank durchstöberte. Aus Jamies Sicht war offenkundig, dass Stacey sich danebenbenahm. Jeder weiß, dass man in den Wohnungen anderer Leute nicht einfach an die Schränke oder Kühlschränke geht. Jamie hielt das für eine Selbstverständlichkeit. Für Stacey hingegen war es ganz selbstverständlich, sich so zu verhalten, wie es Schwestern ihrer Meinung nach eben tun. Trotzdem sah sie an Jamies Gesicht, dass dieser etwas missfiel. Der einzige Grund, der ihr dafür in den Sinn kam, war die Auswahl des Getränks. Sie hatte eine Flasche Wein aus dem Kühlschrank geholt. War Jamie der Ansicht, dass sie zu viel Alkohol trank?

Einige werden jetzt vielleicht denken, dass Jamie zu Recht gereizt reagierte, weil Stacey sich unangemessen verhielt: In der Wohnung einer anderen Person ist man der Gast, egal ob

Schwester oder nicht. Andere halten es vielleicht eher für ein liebenswertes Zeichen der Verbundenheit, wenn eine Frau ohne zu fragen die Schränke ihrer Schwester öffnet – für ein ganz natürliches Verhalten, weil Schwestern nun mal »Familie sind«. Jamie wird wahrscheinlich nie so denken, aber sie könnte das Benehmen der Schwester vermutlich eher akzeptieren, wenn sie bedenken würde, dass Staceys Verhalten ebenfalls plausibel ist. Man muss die Auffassung nicht teilen, aber es hilft, wenn man sie respektiert. Die Gewohnheiten einer Schwester können einen verrückt machen: Das ist eine Tatsache. Aber das muss nicht bedeuten, dass diese Gewohnheiten grundsätzlich schlecht sind. Vielleicht bringt es Sie auf die Palme, dass Ihre Schwester bei gemeinsamen Restaurantbesuchen nie den ersten Tisch, der angeboten wird, akzeptiert und in der Hälfte der Fälle das Essen zurückgehen lässt, weil sie etwas daran auszusetzen hat. Umgekehrt treiben Sie Ihre Schwester vielleicht zum Wahnsinn, weil Sie zu passiv sind und immer stillschweigend akzeptieren, was man Ihnen anbietet, ganz gleich, ob es Ihnen wirklich gefällt oder nicht.

Die unterschiedlichen Vorstellungen von Jamie und Stacey in Bezug auf ein angemessenes schwesterliches Verhalten entsprechen in etwa den Unterschieden im Gesprächsstil, die ich, inspiriert von den Arbeiten Robin Lakoffs, intensiv erforscht habe. Staceys Stil kommt dem gleich, was ich als »starke Involviertheit« (*high-involvement*) beschrieben habe; dieser Stil steht unter einer Maxime, die Lakoff »Bewahre ein kameradschaftliches Verhältnis« nennt.[3] Bei diesem Stil wird in erster Linie die Verbundenheit betont: Wir zeigen unser Interesse, indem wir Zeichen unserer Nähe und Vertrautheit hervorheben. Jamies abweichende Annahme entspricht dagegen einem Gesprächsstil der »starken Rücksichtnahme« (*high-considerateness*), wie ich es nenne, und orientiert sich an einer Maxime, die Lakoff als »Sei nicht aufdringlich!« zusammenfasst. Dieser

Stil legt vor allem Gewicht darauf, die Unabhängigkeit des anderen zu respektieren. Wir zeigen unser Interesse am anderen, indem wir sicherstellen, dass wir ihm nicht zu dicht auf die Pelle rücken. Wir alle haben bestimmte Vorstellungen davon, wann und wie der Kameradschaftsgeist bewahrt werden sollte oder wann und wie man Aufdringlichkeit vermeiden sollte. Aber unser Stil weist sowohl individuelle als auch kulturell geprägte Unterschiede auf, durch die wir in bestimmten Situationen eher zum einen oder zum anderen neigen. Wenn zwei Menschen mit unterschiedlichem Gesprächsstil aufeinandertreffen, kommt es zu Frustrationen auf beiden Seiten.

Wir entwickeln unseren gewohnheitsmäßigen Kommunikationsstil in der Kindheit, wenn wir hören, wie die Menschen um uns herum reden.[4] Das wird von vielen Faktoren beeinflusst, einschließlich Ethnizität, sozialer Schicht, regionalem Hintergrund, Alter, sexueller Orientierung und Persönlichkeit. Obwohl diese Faktoren bei Schwestern häufig gleich sind, kann es auch einige unterschiedliche Einflussfaktoren geben; zudem reagieren Individuen unterschiedlich auf dieselben Einflüsse, deshalb kann auch der Gesprächsstil von Schwestern voneinander abweichen. Um Frustrationen zu vermeiden und Missverständnisse zu klären, ist es wichtig für Schwestern, ebenso wie für Ehepartner, Bekannte und sogar Fremde, die dynamischen Kräfte des Gesprächsstils zu verstehen.

Es kommt drauf an, *wie* du es sagst

Der Gesprächsstil umfasst auch Gewohnheiten im Hinblick auf Tempo, Pausen und Ansprüche auf die Sprecherrolle. Sprecher können unterschiedliche Vorstellungen davon haben, wie schnell oder wie langsam man normalerweise reden sollte, wie lang die Pausen zwischen Sprecherwechseln sein sollten und ob und wann es angemessen oder sogar wünschenswert ist, dass zwei Leute gleichzeitig reden.

Einige Menschen finden es großartig, wenn zwei oder mehr Leute gleichzeitig reden, weil es für sie ein Ausdruck von Begeisterung, Interesse oder Verständnis ist. Aus ihrer Sicht fördert es die Verbundenheit. Andere sind der Auffassung, dass immer nur einer das Wort haben sollte, sodass jede Äußerung, die gemacht wird, solange noch ein anderer spricht, als Unterbrechung gilt – als Übergriff auf das Rederecht des anderen. Ein damit zusammenhängender Unterschied betrifft die Länge der Pausen, die uns als normal erscheinen. Wer eine längere Pause zwischen Sprecherwechseln erwartet, hat Schwierigkeiten, zu Wort zu kommen, weil die kürzere Pause zuerst endet und derjenige Sprecher, der eine kurze Pause erwartet, das entstehende peinliche Schweigen beendet, bevor die längere Pause je eintreten kann. Das Ergebnis sind gegenseitige Vorwürfe: »Du hast mich unterbrochen; du lässt mich nie zu Wort kommen«; »Du trägst nie deinen Teil zum Gespräch bei«. Ein Beispiel dafür haben wir in Kapitel 3 erlebt, wo eine Collegestudentin ihrer älteren Schwester vorwarf: »Ich wollte jetzt ungefähr fünfzig Mal was sagen, aber du würgst mich jedes Mal ab!« Im selben Gespräch hatten die Schwester und ihr Freund ständig gleichzeitig gesprochen, ohne dass einer von ihnen das Gefühl hatte, unterbrochen zu werden.

Ein weiteres Element des Gesprächsstils ist die relative Direktheit oder Indirektheit. Manche Leute halten es für das Beste, ihre Präferenzen von Anfang an klarzustellen und ihre Meinung so deutlich wie möglich zum Ausdruck zu bringen. Andere finden das unhöflich, weil sie überzeugt sind, dass Präferenzen und Meinungen behutsam vermittelt werden sollten – oder gar nicht, wenn sie zu Meinungsverschiedenheiten führen. Wer eine Frage stellt wie »Hättest du Lust, Harry zu besuchen?« betrachtet dies möglicherweise als Aufhänger für ein Gespräch, in dessen Verlauf er dem anderen mitteilen wird, was er selbst gern möchte. Wenn man selbst nicht auf diese Weise funktioniert, antwortet man möglicherweise: »Nein« – und kommt gar nicht auf die Idee, dass man dadurch egoistisch auf jemanden wirkt, der seinerseits nie auf die Idee kommen würde, dass diese Antwort nicht als letztes Wort in dieser Sache gemeint war. In Kapitel 1 habe ich das Beispiel der Schwestern beschrieben, die frustriert voneinander waren, weil sie unterschiedliche Gewohnheiten hinsichtlich der Direktheit hatten: Eine Schwester war gekränkt, weil die andere nicht angeboten hatte, ihr ein Abendkleid zu leihen, und die andere fühlte sich zu Unrecht beschuldigt, weil ihre Schwester sie nicht darum gebeten hatte.

Zu den besonders interessanten Aspekten des Gesprächsstils gehört ein Merkmal, das ich als »Agonismus« bezeichne: rituelle Kämpfe.[5] Man wirft sich Beleidigungen an den Kopf, aber es ist eine freundschaftliche Anpflaumerei. Man knufft den anderen, aber es ist ein spielerisches Raufen. Man streitet leidenschaftlich über ein politisches Thema und genießt den verbalen Boxkampf. Agonismus ist heikel, weil diejenigen, die keinen Spaß am spielerischen Kämpfen haben, es möglicherweise übelnehmen und auf die eigentliche Bedeutung verweisen, derzufolge Beleidigungen, Boxhiebe oder verbale Attacken selbstverständlich aggressiv und unakzeptabel sind. Claire Bonin beschreibt in einer Seminararbeit, die sie für meinen Kurs anfertigte, wie sie und ihre Schwester sich mit solchen rituellen Kämpfen amüsierten, als sie selbst zwanzig und ihre Schwester sechzehn war. Bei einer Fahrt mit dem Familienauto erspähte Claire einen Hund von der Rasse, die ihre Mutter als Kind besessen hatte. »Guck mal, eine Schnauze!«, rief Claire unter Verwendung des Familienkürzels für diese Rasse. Ihre Schwester gab zurück: »Dein *Gesicht* ist eine Schnauze!« Das ist ein Beispiel für Humor von der »Man-muss-dabei-gewesen-sein«-

Sorte. Außerdem muss man dieselben Gewohnheiten in Bezug auf ein agonistisches Verhalten haben. Claire berichtet, dass sie ihrer Schwester keine Retourkutsche geben konnte, weil sie einen Lachkrampf bekam. Sie fand die Beleidigung nicht kränkend, sondern witzig. Die Bemerkung war komisch, weil sie albern war – die beiden benahmen sich wie Kinder – und weil Claire von der frechen Antwort, die an den gemeinsamen Sinn für agonistischen Humor anknüpfte, überrumpelt wurde.

Streitigkeiten zwischen Schwestern können ernst und doch gleichzeitig ein Zeichen der Nähe sein. Eine weitere Studentin, Kaley Ervin, berichtete ebenfalls, dass sie und ihre jüngere Schwester Spaß an rituellen Kämpfen haben. Sie streiten, sagt Kaley, über banale Dinge wie über die Frage, wer auf der bequemen Couch sitzen darf, wer das Fernsehprogramm aussucht und welche Musik sie auflegen. Eines Abends fuhren sie zum Beispiel zusammen zu einem Konzert, Kaley saß am Steuer, ihre Schwester übernahm die Rolle des Navigators. Die Schwester wies Kaley immer erst in allerletzter Sekunde darauf hin, dass sie abbiegen musste, sodass Kaley zu waghalsigen Spurwechseln in dichtem Verkehr gezwungen war. Ihr Ärger wuchs und richtete sich schließlich auf etwas anderes – die Musik. Sie wollte einen anderen Sender einstellen und fühlte sich im Recht mit ihrem Wunsch. Es war spät, und sie brauchte peppigere Musik, weil sie am Steuer saß und wach bleiben musste. Der Streit, der ausbrach, war so erbittert, dass die Schwestern den größten Teil des Heimwegs in wütendem Schweigen verbrachten. Auf den Streit folgte keine lange Aussprache oder Versöhnung – sie vergaßen ihn einfach. Am nächsten Morgen standen sie auf, und es war, als ob nie ein harsches Wort gefallen wäre. Kaley sagt über ihre Schwester: »Sie ist einer der wenigen Menschen, mit denen ich streiten kann, ohne negative Konsequenzen für die Beziehung fürchten zu müssen.«

Stilvarianten verstehen, Unterschiede erkennen

Claire Bonin und Kaley Ervin erlebten und veranschaulichten eine der schönen Seiten des Schwesterseins: die Freude eines gemeinsamen Gesprächsstils. Sie haben so viel Spaß daran, sich zu streiten und zu necken, dass Außenstehende leicht den Eindruck gewinnen, sie würden ernsthaft streiten, aber sie selbst wissen, dass es nur scherzhaft gemeint ist. Jeder gemeinsame Gesprächsstil kann diese Art von Vergnügen bereiten. Es spielt keine Rolle, wie dieser Stil beschaffen ist, entscheidend ist, dass er von den Gesprächspartnern geteilt wird. Wenn beide das gleiche Gefühl für den passenden Rhythmus haben, fallen sie sich gegenseitig ins Wort und reden gleichzeitig, oder jeder lässt dem anderen genügend Raum, um einen Gedanken zu Ende zu führen. Beide reden gern stundenlang über die Menschen in ihrem Leben, oder beide unterhalten sich lieber über Sachthemen, zum Beispiel über die Bücher, die sie gelesen haben, über Fernsehsendungen, Filme oder Musik. Bei Schwestern erwarten wir, dass es so läuft. Sie sind im selben Elternhaus aufgewachsen, also sollten sie den gleichen Gesprächsstil entwickelt haben.

Doch Moment – wir übernehmen den Gesprächsstil, den wir zuhause lernen, von unseren Eltern, aber deren Stil ist möglicherweise nicht gleich. Schließlich sind sie in unterschiedlichen Elternhäusern aufgewachsen; vielleicht stammen sie auch aus unterschiedlichen ethnischen, sozialen oder kulturellen Gruppen – ganz zu schweigen davon, dass sie in der Regel unterschiedlichen Geschlechts sind. Diese und viele weitere Einflüsse können zu unterschiedlichen Sprechweisen führen. Der Gesprächsstil der Eltern kann auf die Kinder übertragen werden, aber das Gleiche gilt für die *Unterschiede* in ihrem Gesprächsstil. Wenn das geschieht, sind die Voraussetzungen dafür geschaffen, dass sich die Frustrationen, die die Eltern erleben, bei Schwestern wiederholen.

Dieses Resultat beschrieb Tara Healey, eine weitere Studentin aus meinem Kurs. Tara übernahm den Gesprächsstil ihrer Mutter. Die beiden reden gern und viel – über Leute oder über alle möglichen Themen, die ihnen gerade in den Sinn kommen – und sie nehmen beim Reden kein Blatt vor den Mund. Taras Schwester Alexa hat den Stil des Vaters übernommen. Sie redet nicht gern – jedenfalls nicht mit anderen Familienangehörigen – und vor allem nicht über Gefühle oder Probleme. Das Ergebnis ist, dass es bei Unterhaltungen zwischen den Schwestern zu ähnlichen Frustrationen kommt wie bei Unterhaltungen zwischen den Eltern. Die Frustration ist möglicherweise sogar noch stärker, weil die Eltern voneinander wissen, dass sie unterschiedlicher Herkunft sind, während Alexa und Tara vom selben Geschlecht und in derselben Familie groß geworden sind. Deshalb erwarten sie, dass sie sich problemlos unterhalten können. Der unterschiedliche Gesprächsstil ist nicht nur frustrierend, sondern auch überraschend und enttäuschend, weil er gegen die Erwartungen ans Schwestersein verstößt.

Eine redet über Gefühle, die andere nicht

Was Tara besonders enttäuschend findet, ist, dass Alexa so viel von ihrem Leben für sich behält. Viele Frauen halten es für selbstverständlich, dass Menschen, die sich nahestehen, einander ihre Gefühle und persönlichen Probleme anvertrauen. Doch nicht alle Frauen teilen diese Ansicht. Eine Schwester, für die es auf der Hand liegt, dass Menschen, die sich nahestehen, über persönliche Belange sprechen, wird enttäuscht reagieren, wenn ihre Schwester nicht über Gefühle reden mag oder kein

Interesse daran hat, Beweggründen nachzugehen. Und umgekehrt ist es genauso. Was könnte entnervender sein als eine Schwester, die ständig nach Gefühlen und Problemen fragt, obwohl man solche Gespräche sinnlos und unangenehm und solche Fragen aufdringlich findet? Außerdem wird man dadurch gedrängt, irgendetwas zu tun, das man nicht gut kann, weil man es nur selten tut, und zwar von einer Person, die solche Gespräche mag und gut darin ist, weil sie viel Übung darin hat. Es scheint fast, als wolle sie einen dazu kriegen, ein Spiel zu spielen, bei dem sie glaubt, den Sieg in der Tasche zu haben. Ich habe mit vielen Schwesternpaaren gesprochen, bei denen der Gesprächsstil auf diese Weise verteilt war. In einigen Fällen setzt sich die »Rede-Befürworterin« durch, weil sie hartnäckig fordert: »Wir müssen das besprechen und aus der Welt schaffen.« Bei anderen Gelegenheiten setzt sich die »Rede-Gegnerin« durch, und das Problem tritt in den Hintergrund oder wird sogar vergessen. Beide Stilvarianten können gut funktionieren, vor allem, wenn der Stil geteilt wird, aber auch wenn die eine sich dem jeweils anderen Stil anpasst.

Die Worte, mit denen wir uns auf diese Gewohnheiten beziehen, enthüllen Werturteile. Der Begriff »Klatsch« ist ein gutes Beispiel. Er umfasst ein negatives Werturteil bezüglich des Redens über andere Leute. Ein Begriff, der häufig im Zusammenhang mit dem anderen Stil fällt, ist »ehrlich«. Eine Frau sagte mir, sie wünschte, ihre Schwester wäre »ehrlich« in Bezug auf ihre Gefühle. Damit meinte sie, dass ihre Schwester offen über ihre Gefühle reden sollte. Das Gegenteil von Reden ist Schweigen, aber das Gegenteil von ehrlich ist verlogen. Wer es für selbstverständlich hält, dass Gefühle in Gesprächen geäußert und erforscht werden sollten, betrachtet Schweigen in gewisser Hinsicht als Lügen – der andere spricht die Wahrheit nicht aus. Aber manchmal ist Schweigen kein Lügen. Manchmal ist Schweigen einfach Schweigen.

Zum Lachen

Wer nicht gern über Probleme oder Gefühle redet, geht vielleicht scherzhaft damit um. Menschen, die der Ansicht sind, dass man über Gefühle sprechen sollte, halten es für eine Vermeidungsstrategie, wenn man Witze darüber macht: Man tut etwas Unangemessenes, um nicht über das Thema zu reden, über das man reden sollte. Doch für andere ist das Herumflachsen eine Methode, um mit emotional brisanten Themen umzugehen – eine andere Methode. Dieser Ansatz ermöglicht es, das Thema aufzugreifen, zu zeigen, dass man sich der Sache bewusst ist, und die eigene Haltung dazu zu verdeutlichen. Was man bei diesem Kommunikationsstil vermeidet, ist nicht das schwierige Thema, sondern das schwierige Gespräch. Sowohl der direkte Ansatz als auch der indirekte des Humors können wirksame Methoden sein, um mit schwierigen Themen umzugehen, und beide können jemanden, der den jeweils anderen Ansatz für den richtigen hält, zum Wahnsinn treiben. Den Stil eines anderen Menschen können wir nicht ändern. Ändern können wir nur die Annahme, dass unsere eigene Methode richtig und die andere falsch sei.

Es hat noch einen weiteren Vorteil, über ein schwieriges Thema zu scherzen, anstatt ernsthaft darüber zu reden: Man kann lachen, und gemeinsames Lachen erinnert uns an die Verbundenheit, die durch das anstehende Problem möglicherweise gefährdet ist. Lachen kann ein Mittel sein, um an die frühere Verbundenheit anzuknüpfen.

Im Folgenden beschreibe ich eine Szene, die mich lächerlich wirken lässt, aber genau darum geht es. Mit Schwestern können wir uns zum Affen machen, wie früher, als wir Kinder waren – sogar noch mehr, weil wir uns benehmen wie Kinder, obwohl wir erwachsen sind. Stellen Sie sich drei Frauen in ihren Fünfzigern und Sechzigern vor, die sich vor ihren versammelten Familienangehörigen aufbauen, um das Kinderlied »I'm a little Teapot« (Ich bin eine kleine Teekanne) zu singen und die dazugehörigen Verrenkungen zu vollziehen. Meine Schwestern und ich sind dafür bekannt, dass wir diese Nummer auf Familientreffen zum Besten geben. Wir kommen mit dem Lied selten ganz durch, weil wir normalerweise vor Lachen zusammenbrechen, bevor wir das Ende erreichen. Die (erwachsenen) Kinder meiner Schwestern stacheln uns häufig an, vielleicht weil Kinder Spaß daran haben, wenn ihre Eltern sich zum Clown machen.

Ich habe den Mut gefunden, diese Anekdote zu erzählen, weil ich viele ähnliche Geschichten von anderen Frauen gehört habe – Frauen, die absolut erwachsen und zurechnungsfähig wirkten, als wir uns unterhielten. Dolores, mit zweiundsechzig die Älteste von vieren, berichtete von einem Riesenspaß, den sie kürzlich mit ihrem Sohn und ihren Geschwistern, einem Bruder und einer Schwester, hatte, als sie alle nach einer Hochzeitsfeier ins Hotel zurückkamen. Sie blieben fast die ganze Nacht wach, waren ganz schön angeheitert und veranstalteten einen »Jungs gegen Mädchen«-Wettbewerb, bei dem jedes Team ein Lied anstimmte, das von der anderen Mannschaft beendet werden musste. Nach dem Gesangskontest hüpften Dolores und ihre Schwester auf dem Bett auf und ab, kamen immer wieder auf neue Lieder, die sich ebenfalls für den Wettbewerb geeignet hätten. Der Sohn von Dolores kam ins Zimmer und sagte lachend: »Ihr seid ja total bekloppt!« Doch die beiden ließen sich nicht beirren, sagten nur: »Nein, hör zu! Hör dir mal dies Lied an! Hör zu!«, und machten ausgelassen weiter. Beim gemeinsamen Singen und Lachen, so Dolores, löste sich die Hierarchie in Verbundenheit auf. »Die Älteste war nicht schlauer als die anderen und fühlte sich nicht verantwortlich, die Jüngste war nicht das Baby, der Bruder war nichts Besonderes, und ihr Sohn gehörte nicht zu einer anderen Generation.«

Eine Geschichte gemeinsamen Lachens ist wie ein Bankkonto, von dem man nötigenfalls einen Vorschuss an Wohlwollen abheben kann. Ein potenzielles Ärgernis lässt sich in einen neuen Rahmen stellen und als etwas Lustiges betrachten. Hier ein Beispiel: Als Erin ihre Schwester Dana besuchte, sagte sie: »Dein Haus ist ganz schön staubig.« »Hey«, antwortete Dana, »das hast du letztes Mal auch gesagt. Ich habe extra saubergemacht, bevor du gekommen bist. Ich bin sogar losgegangen, um mir das hier zu kaufen.« Sie zog einen Staubwedel mit kurzem Stiel aus dem Schrank. »Aber schau hier«, sagte Erin und fuhr mit dem Finger über die Lamelle einer Jalousie. Dann griff sie nach dem Staubwedel und fing an, die Jalousie abzustauben.

Diese Unterhaltung hat auf den ersten Blick große Ähnlichkeiten mit vielen Geschichten, von denen Frauen mir erzählten, um das kränkende Verhalten einer kritischen Schwester zu illustrieren. Doch hier lag die Sache ganz anders: Das Gesagte wurde von einem Lächeln begleitet, und als Erin sich den Staubwedel schnappte und damit über die Jalousie fuhr, verwandelte sich das Lächeln in lautes Gelächter. Vielleicht lag es daran, dass Dana die Ältere war und Kritik von einer jüngeren Schwester selten die gleiche Schärfe hat wie die von einer älteren. Vielleicht lag es daran, dass Dana in der Familie dafür bekannt war, dass ihre Wohnung immer picobello aussah, sodass Erins Kommentar implizierte: »Du bist gar nicht so perfekt, wie ich dachte«, was etwas völlig anderes ist als die implizite Botschaft: »Bei dir sieht es wie üblich total chaotisch aus.« Möglicherweise war beiden auch einfach klar, dass die Unterhaltung, die sie führten, dem typischen Klischee von Mutter und Tochter entsprach: Vielleicht machten sie sich darüber lustig, indem sie diese vorhersehbaren Äußerungen von sich gaben und die dazugehörigen stereotypen Gesten vollführten, wie etwa mit dem Finger über eine staubige Oberfläche zu wischen.

Hinter ihrem Rücken

Viele Menschen erwarten, dass ich empfehle, nie mit anderen Familienangehörigen über die Schwester zu reden. Aber das tue ich nicht. Auch hier gilt, dass man es mit unterschiedlichen Gesprächsstilen zu tun hat, die je nach Situation und Art der Anwendung alle gut oder schlecht funktionieren können. Es gibt verschiedene, aber gleichwertige Wege, um an dasselbe Ziel zu gelangen.

Einige Familien halten sich an eine strenge Regel: Man redet nie mit einem Familienmitglied über ein anderes, das nicht zugegen ist, vermeidet also das sprichwörtliche und stigmatisierte »hinter dem Rücken reden«: Wenn du wütend auf deine Schwester bist, behalt es für dich; Konflikte und Unstimmigkeiten müssen zwischen den Beteiligten selbst geklärt werden. Das kann funktionieren. In anderen Familien ist es hingegen an der Tagesordnung, dass hinter dem Rücken der anderen geredet wird. Auch das kann gut funktionieren. Eine Frau zum Beispiel beschrieb, wie nahe sie ihren beiden Schwestern stehe. Sie tauschen täglich E-Mails aus, fahren regelmäßig gemeinsam in Urlaub und schätzen sich glücklich, weil sie Schwestern und Freundinnen zugleich sind. Die Frau sagte außerdem: »Wenn ich sauer auf eine von ihnen bin, mache ich meiner Wut bei der anderen Luft.« Mit dem Ergebnis, dass »der Ärger verpufft«.

Bei einigen Konflikten führt der Versuch, alles noch einmal durchzusprechen, lediglich dazu, dass der Konflikt erneut ausbricht. Spricht man dagegen mit einem anderen Familienmitglied, kann das in mehrfacher Hinsicht hilfreich sein. Abgesehen davon, dass es ein Sicherheitsventil beim Dampfablassen bietet, kann es beruhigend sein, einfach zu hören: »Ich weiß. Mit mir macht sie das auch immer.« Manchmal lässt sich der Affront auch als Marotte auslegen, wenn man gemeinsam darüber lacht. Eine dritte Partei kann außerdem zur Klärung beitragen, uns helfen, die Perspektive der Missetäterin zu verstehen. Entscheidend ist, dass beide Gesprächsteilnehmer die Unterredung für sich behalten, und dass die dritte Partei den Inhalt nicht wieder an die Person weitergibt, die Anlass des Gesprächs war – und dass man selbst ebenfalls Stillschweigen darüber bewahrt, was die dritte Partei gesagt hat.

Das soll nicht heißen, dass es nie schadet, über andere hinter deren Rücken zu reden. Wenn die Informationen unwahr oder in anderer Hinsicht destruktiv sind, kann es durchaus schlimme Folgen haben. Es ist ein großer Unterschied, ob man über jemanden redet oder schlecht über ihn redet. Amber wurde Opfer einer solchen üblen Nachrede. Als sie auf der Highschool war, erzählte ihre Stiefschwester allen, dass Amber außer Rand und Band sei, wilde Partys feiere und sich bis in die Puppen betrinke – obwohl es nicht stimmte. Amber führt das Verhalten ihrer Stiefschwester auf Konkurrenzgefühle zurück. Schlecht über jemanden zu reden hat fast immer etwas Bösartiges. In diesem Fall waren die Freundinnen, die Amber von den Äußerungen ihrer Stiefschwester berichteten, um ihr Wohl besorgt. Doch jemandem zu erzählen, was ein Familienmitglied über ein anderes gesagt hat, ist nicht immer konstruktiv, unabhängig von den Absichten der Person, die diese Informationen weitergibt.

So berichtete mir eine Frau von einer verletzenden Bemerkung, die ihr Vater über sie gemacht hatte: »Ich weiß nicht, warum sie einen Doktortitel anstrebt. Das schafft sie sowieso nie!« Ich fragte, woher sie wisse, dass er das gesagt habe. Ihre

Schwester hatte es ihr erzählt. Hmmm, dachte ich, warum hat ihre Schwester das getan? War es Loyalität, wollte sie ihr notwendige Informationen geben? Oder wollte die Schwester absichtlich Zwietracht säen, als sie ihr von einer Äußerung berichtete, von der sie annehmen musste, dass sie die Gefühle der Schwester verletzen würde? Vielleicht hätte diese Frau nicht nur auf ihren Vater, sondern auch – oder stattdessen – auf ihre Schwester wütend sein sollen. Ganz unabhängig von den Absichten ihrer Schwester. Denn gute Absichten sind keine Garantie für gute Ergebnisse. Ich zitiere gern ein arabisches Sprichwort, das lautet: »Wer eine Beleidigung wiederholt, ist derjenige, der dich beleidigt.«

Der Schwester gegenüber zu wiederholen, was ein Elternteil über sie gesagt hat, kann sogar dann schmerzlich sein, wenn es keine Kritik war. Eine Frau erzählte ihrer Schwester Toby, dass die Mutter besorgt sei, weil Toby spät von der Arbeit komme und immer allein zu ihrem Auto gehe. »Ich hab ihr gesagt, sie soll aufhören, mich deswegen zu nerven!«, sagte Toby verärgert. »Ich kann schon auf mich selbst aufpassen!« Ihre Schwester versicherte Toby, dass sie genau das der Mutter klargemacht habe. Deshalb hatte sie das Thema angesprochen: um Toby wissen zu lassen, dass sie für sie eintritt. Tobys Schwester handelte in guter Absicht, aber die Wirkung war alles andere als gut. Toby fühlte sich schlecht, weil sie der Mutter Kummer machte. Daran erinnert zu werden bereitete ihr selbst Kummer.

Wenn wir einem Menschen mitteilen, was ein anderer über ihn gesagt hat, sind wir vielleicht aufrichtig überzeugt, dass wir einfach die Worte weitergeben und die Meinung eines anderen zum Ausdruck bringen. Aber das stimmt nicht. Es gibt ein Sprichwort im Wolof, einer afrikanischen Sprache, das besagt: »Alles lässt sich von einem Ort an einen anderen bringen, nur Worte nicht.« Dieselben Worte haben unterschiedliche Bedeutungen, wenn sie in unterschiedlichen Kontexten geäußert werden. Eine Bemerkung über eine Person, die nicht zugegen ist, unterscheidet sich grundlegend von demselben Gedanken, wenn er in Anwesenheit der Person geäußert wird. Zum einen sind die Worte selten dieselben. Wenn wir *mit* jemandem reden, drücken wir uns anders aus, als wenn wir *über* ihn reden. Und schon die Tatsache, dass andere über einen reden, ist schmerzlich, weil man sich selbst nicht als Person, sondern als Gegenstand eines Gesprächs wiederfindet. Es gibt uns einmal mehr das Gefühl, unsichtbar zu sein. Außerdem sagen Menschen unterschiedliche Dinge zu unterschiedlichen Leuten – mit Absicht. Wenn sie etwas hinter unserem Rücken sagen, was sie uns nicht ins Gesicht sagen würden, geschieht das möglicherweise aus Rücksicht. Aus all diesen Gründen ist das Destruktive manchmal nicht, dass man hinter dem Rücken einer Person über sie redet, sondern dass man ihr dann davon erzählt.

Was hast du erwartet?

Wir alle haben Erwartungen, wie andere sich in bestimmten Rollen und Situationen verhalten sollten. Erwartungen können uns nützliche Orientierungshilfen für das eigene Verhalten und für die Bewertung des Verhaltens anderer geben. Doch Erwartungen bereiten auch den Boden für Enttäuschungen, wenn die Erwartungen der Schwester von unseren eigenen abweichen. Das kann leicht geschehen, weil die Bandbreite normalen Schwesternverhaltens ungeheuer groß ist. Nehmen wir etwas ganz Simples wie die Frage, wie oft Schwestern miteinander reden sollten. »Wir reden oft« kann »zweimal am Tag« bedeuten oder auch »einmal im Monat«. Manche Schwestern, die zufrieden mit ihrer Beziehung sind, kommunizieren mehrmals täglich per Telefon oder E-Mail. Andere, die genauso zufrieden sind, reden nur alle paar Monate miteinander. Jeder Ansatz ist in Ordnung, solange beide Schwestern die Erwartung teilen, dass der Kontakt genau in dieser Häufigkeit stattfinden sollte. Problematisch wird es, wenn die Erwartungen voneinander abweichen. Eine denkt, eine gute Schwesternbeziehung bedeutet, dass man täglich miteinander redet, und die andere findet das maßlos übertrieben. Eine schickt gern und häufig E-Mails, während die andere schon bei der Arbeit von E-Mails erschlagen wird und nicht auch noch zu Hause davon verfolgt werden möchte – oder überhaupt nicht per E-Mail kommuniziert.

Unterschiedliche Erwartungen darüber, ob man Feiertage zusammen verbringen sollte oder nicht, können ebenfalls zu Enttäuschungen führen. Als Mauras Familie in die Stadt zog, in der ihre Schwester Kaitlyn und deren Familie lebt, ging sie davon aus, dass sie Thanksgiving zusammen verbringen würden. »Wollen wir Thanksgiving bei euch oder bei uns feiern?«, fragte sie ihre Schwester. Sie war schockiert und verletzt, als Kaitlyn antwortete: »Was meinst du mit ›wir‹? Du mit deiner Familie und ich mit meiner.« Beide fühlten sich unbehaglich: Eine, weil sie ausgeschlossen wurde, die andere, weil sie sich bedrängt fühlte. Da die Ablehnung stärker ins Gewicht fällt als der ursprünglich geäußerte Wunsch, musste Maura ihre Erwartung ändern. Aber vielleicht ist es tröstlich, wenn man weiß, dass viele Schwestern, die sich innig zugetan sind, Feiertage nicht zusammen verbringen und auch bei der Häufigkeit des Kontakts die unterschiedlichsten Gepflogenheiten haben.

Die Frustration von Maura und Kaitlyn hängt möglicherweise auch mit ihren unterschiedlichen Auffassungen von Familie zusammen. Für Maura schließt Familie immer die Ursprungsfamilie mit ein. Kaitlyns Vorstellung von Familie beginnt und endet bei ihrem Ehemann und ihren Kindern;

ihre Schwester wird vielleicht gebeten, sich ihnen anzuschließen, aber sie ist kein festes Mitglied. Familie ist beruhigend, wenn man eingeschlossen wird – und das möchte. Aber die Behauptung »Wir sind eine Familie« kann auch abschreckend sein, wenn man mit der Person, mit der man spricht, nicht so eng verbandelt sein möchte. Diese Differenzen können entstehen, wenn beide Schwestern eigene Familien haben. Aber besonders augenfällig – und problematisch – werden diese unterschiedlichen Auffassungen, wenn nur eine Schwester eine eigene Familie hat.

Enttäuschungen sind unvermeidlich, wenn Erwartungen voneinander abweichen oder einfach nicht erfüllbar sind. Wenn man die Enttäuschung auf abweichende Erwartungen zurückführen kann, ist sie allerdings leichter zu verkraften. Das Gleiche gilt, wenn man versteht, dass Schwestern, die sich innig zugetan sind, ihre Zuneigung auf die unterschiedlichste Weise zum Ausdruck bringen können. Der Weg, der uns selbst als der richtige erscheint, ist nicht der einzig gültige.

Neue Chancen, neue Risiken

Neue Kommunikationstechniken bieten erweiterte Kontaktmöglichkeiten für eine gute Schwesternbeziehung, bergen aber auch neue Risiken, durch die sich Spannungen verschlimmern können.

Vor nicht allzu langer Zeit blieben die meisten jungen Menschen an dem Ort, an dem sie geboren und aufgewachsen waren. Schwestern lebten dicht beieinander und waren ein Teil ihres gegenseitigen Alltags. Im Zuge der gewachsenen Mobilität unserer Gesellschaft ist es heute dagegen nicht ungewöhnlich, dass Geschwister in verschiedenen Städten oder sogar verschiedenen Ländern leben. Glücklicherweise hat sich auch die Kommunikationstechnik weiterentwickelt und bietet vielfältige neue Kontaktmöglichkeiten zwischen Menschen, die räumlich getrennt sind. Als meine Großmutter 1920 nach Amerika auswanderte, konnte sie mit ihrer Familie in Europa nur kommunizieren, indem sie Briefe schrieb, die Wochen brauchten, um den Empfänger zu erreichen, oder indem sie in Notfällen ein Telegramm schickte. Heute haben Schwestern Zugang zu einer Fülle von elektronischen Kommunikationswegen – Handy, SMS, E-Mail, Instant Messaging, Myspace, Facebook, Twitter, Webcam, Skype, persönliche Blogs – und ständig neu auftauchenden neuen Technologien. Jedes Medium hat einzigartige Vor- und Nachteile, und jedes beeinflusst Beziehungen auf andere Weise.

Elektronische Verbindungswege machen häufigere Kontakte möglich und erlauben Schwestern eine umfassendere Kommunikation als früher. Mit Hilfe des Handys können wir uns heute in Kontexten unterhalten, in denen das früher unmöglich gewesen wäre – während wir Besorgungen machen, wenn wir in einer Warteschlange stehen, auf dem Weg zur Schule oder zur Arbeit, im Unterricht oder im Büro.

Doch selbst Handy-Gespräche können nicht in allen Situationen stattfinden und nehmen mitunter mehr Zeit in Anspruch, als einem zur Verfügung steht. Wenn man jemanden anruft, bricht man die Tätigkeit, mit der man gerade beschäftigt ist, ab und startet eine neue Aktivität. Durch Textmitteilungen setzen wir unsere aktuelle Aktivität eher in Klammern, anstatt sie sozusagen mit einem Punkt zu beenden. Eine SMS kann man versenden, während man etwas anderes tut.

Meghan hatte Olivia Pfefferminzbonbons angeboten, die ihre Schwester mit den Worten »Die sehen aus wie Alte-Leute-Bonbons« ablehnte. In der folgenden Woche erhielt Olivia eine SMS von Meghan, die besagte, dass sie auf einem Sofa sitze und eine Schale mit jenen Pfefferminzbonbons vor sich habe – im Haus der Großmutter ihrer Freundin. Ihre SMS war ein indirekter Ausdruck von: »Ich denke an dich« und »Du hattest Recht!«. Es wäre unhöflich gewesen, wenn Meghan in dieser Situation mit dem Handy telefoniert hätte, und undenkbar, jemanden anzurufen und Kommentare über die Pfefferminzbonbons abzugeben. Wenn sie versucht hätte, die Sache im Kopf zu behalten, um ihrer Schwester später davon zu berichten, hätte sie es wahrscheinlich vergessen, und wenn sie sich tatsächlich erinnert hätte, wäre es ihr möglicherweise zu unwichtig erschienen, um es zu erzählen. Die SMS ermöglichte es Meghan, ihrer älteren Schwester genau in dem Moment, in dem es ihr in den Sinn kam, mitzuteilen, dass sie Recht gehabt hatte. Außerdem holte sie Olivia durch die SMS mit in den Raum und lud sie metaphorisch gesprochen dazu ein, sich zu ihr aufs Sofa zu gesellen.

Das Online-Kontaktnetzwerk Facebook ist im Leben junger Menschen allgegenwärtig (und zunehmend auch in dem von älteren Menschen). Es ist eine Möglichkeit, Kontakt mit weit mehr Personen herzustellen, als man es durch einzelne E-Mails könnte. Eine »Pinnwand« ist eine Facebook-Funktion, durch die ein User öffentlich sichtbare Nachrichten oder Notizen auf der Profilseite eines anderen hinterlassen kann. Jody, eine Collegestudentin, fuhr über die Feiertage heim zu ihrer Familie. Ihre Schwester, die im Teenageralter war, holte sie vom Flughafen ab. Als Jody den unverwechselbaren Geruch von Zigarettenrauch wahrnahm, sagte sie tadelnd zu ihrer Schwester, dass sie nicht rauchen solle. Ihre Schwester antwortete: »Du rauchst doch selbst!« »Woher weißt du das?«, fragte Jody. Ihre Schwester erklärte: »Jemand hat auf deine Pinnwand geschrieben, dass du irgendwo eine Schachtel Zigaretten vergessen hast.« Facebook hatte eine Tür geöffnet, durch die Jodys Schwester in ihr Leben spähen konnte.

E-Mail: Mit Vorsicht zu handhaben!

E-Mail ist eine tolle Erfindung, weil es eine einfache und schnelle Methode ist, um in Kontakt zu bleiben, wenn man unter Zeitdruck steht. Sie eignet sich besonders gut, um Schwestern wissen zu lassen, dass wir an sie denken, oder um einen Termin oder Treffpunkt abzumachen. Das Versenden von Witzen per E-Mail ist äußerst beliebt, vermutlich weil es ein einfaches Mittel ist, um das zu tun, was das Schönste am Zusammensein ist – sich gegenseitig zum Lachen zu bringen.

Meine Schwestern und ich planten einen Ausflug. Wir tauschten E-Mails über mögliche Unterkünfte aus. Sollten wir uns für ein charmantes Bed & Breakfast entscheiden oder lieber für ein Hotel, das mehr Annehmlichkeiten zu bieten hatte? Dann kam eine E-Mail von Mimi: Sie hatte die B&Bs überprüft; man konnte nicht zu dritt in einem Zimmer schlafen, deshalb hatte sie eine Hotelreservierung vorgenommen, die wir bis 18 Uhr des Anreisetages stornieren konnten. Anschließend hatten Mimi und ich folgenden E-Mail-Austausch:

Ich: Mim, du bist toll – eine Frau der Tat. Danke.
Mimi: Du bist zu leicht zu beeindrucken! Wie früher, als Kind.
Ich: Du hast mich laut losprusten lassen. Wie früher, als Kind.

Mimis E-Mail brachte mich tatsächlich zum Lachen. Aber unsere E-Mails bewirkten noch etwas anderes, etwas Schwesternspezifisches. Wir erinnerten uns gegenseitig an Gelächter aus unserer gemeinsamen Vergangenheit. Das Lustige resultierte aus dem schnellen, knappen Wesen des E-Mailens.

Ein besonders gefährliches Element von E-Mails kann die

cc-Zeile sein. Man fügt leicht mehrere Namen ein, um die Nachricht an mehrere Schwestern gleichzeitig zu schicken. Wenn es viele Schwestern sind, würde es unter Umständen ewig dauern, lauter einzelne E-Mails zu senden. Gruppen-E-Mails ermöglichen allen, miteinander in Kontakt zu bleiben und sich als Teil der Gruppe zu fühlen. Doch man vergisst schnell, dass mehrere Namen in der cc-Zeile stehen und erwähnt dann vielleicht Informationen, die eigentlich nicht für alle vorgesehen waren. Andererseits kann die cc-Zeile auch das Schreckgespenst des Ausgeschlossenseins wecken. Ich weiß, dass meine Schwestern sich manchmal treffen, wenn ich nicht dabei sein kann, aber ich möchte nicht wissen, wenn sie Pläne dafür machen. Sie würden mich nicht in die cc-Zeile setzen, wenn sie sich nur über Vorbereitungen für ein Treffen austauschen, an dem ich nicht teilnehme, aber manchmal machen sie Anspielungen auf solche Pläne in E-Mails, die aus anderem Anlass gesendet werden.

Das E-Mailen ist selten die beste Methode, um mit Problemen oder Ärger umzugehen. Es kann die Situation leicht verschlimmern. E-Mails bergen viele Gefahren. Es fehlt der Tonfall oder der Gesichtsausdruck, die beide Hinweise darauf liefern, wie eine Mitteilung gemeint ist, deshalb wird eine knappe Nachricht, die als Scherz gedacht war, leicht als Beleidigung aufgefasst. Wer vor Wut kocht, läuft Gefahr, zu schnell auf »Senden« zu klicken, anstatt zu warten, bis der Ärger sich etwas gelegt hat. Außerdem erfolgen E-Mail-Mitteilungen ebenso wie Mailbox-Nachrichten einseitig und in Abwesenheit. Wenn man den Empfänger nicht sehen oder am Telefon hören kann, weiß man nicht, wie er reagiert oder ob man einen negativen Eindruck macht. Möglicherweise reitet man sich mit jedem Wort weiter in die Bredouille, während man im direkten Gespräch rechtzeitig den Kurs wechseln kann, weil man die Reaktion des Empfängers erkennt. Und wenn man tatsächlich etwas Negatives loswerden will, lässt man sich unter Umständen von der Begeisterung über die eigene Eloquenz und Logik mitreißen, überzeugt, dass die Empfängerin der Nachricht diese Brillanz ebenfalls erkennen wird, doch diese sieht nur rot und wird von Minute zu Minute wütender.

Mehrere Frauen haben mir berichtet, dass sie nach einem Streit versöhnliche E-Mails an ihre Schwester geschickt hatten und zu ihrem Erstaunen aggressive Antworten erhielten. In mehreren Fällen überließen sie mir diese Mails. Die Versuche, den Schaden wiedergutzumachen, waren eindeutig aufrichtig gemeint, aber mir war klar, warum die E-Mails provozierend gewirkt hatten. Wer überzeugt ist, dass ihm Unrecht geschehen ist, macht mit »Ich bin bereit, dir zu verzeihen« ein großes Zugeständnis. Doch es impliziert: Du bist diejenige, die etwas falsch gemacht hat, und ich bin schuldlos. Da die Schwester, die diese E-Mail erhält, zweifellos ebenfalls das Gefühl hat, dass ihr Unrecht widerfahren ist, verleugnet diese Andeutung ihre Sicht der Dinge und wird sie höchstwahrscheinlich wütend machen. Eine scheinbare Entschuldigung kann den Ärger also durchaus auch verschlimmern anstatt beschwichtigen. Oberflächlich betrachtet wirkt »Was immer ich getan habe, das dich verletzt hat – es tut mir leid« wie eine Entschuldigung, weil es die Worte »tut mir leid« enthält. Doch zu einer Entschuldigung gehören mehrere Bestandteile: Man muss das eigene Fehlverhalten eingestehen, sein Bedauern zum Ausdruck bringen, den angerichteten Schaden anerkennen und versprechen, ihn wiedergutzumachen oder zumindest die Kränkung nicht wiederholen. Eine allgemeine Entschuldigung ist im Grunde überhaupt keine Entschuldigung. Ihr fehlen alle vier Voraussetzungen. Um eine wahrgenommene Kränkung zu bewältigen, ist es schließlich auch hilfreich, vielleicht sogar entscheidend, dass wir die Verwundbarkeit der Person, die uns gekränkt hat, erkennen und Mitgefühl entwickeln. Das versteht man unter Empathie. Doch eine Äußerung wie: »Es tut mir leid für dich« ist etwas völlig anderes. Das ist eine Provokation.

All diese Probleme sind nicht auf E-Mails beschränkt. Sie könnten auch in direkten Gesprächen oder bei Telefonaten auftreten. Aber bei zweiseitigen Gesprächen bemerkt man die Reaktion des Gegenübers und passt seine Sprechweise entsprechend an. Bei einer E-Mail kann man überzeugt sein, eine Versöhnung anzusteuern, während der Weg, den man zuversichtlich beschreitet, in Wahrheit zur wachsenden Entzweiung führt.

Jede zeigt, was in ihr steckt

Wenn mein Vater von seinen Cousinen Gertrude und Anna erzählte, ging er oft darauf ein, wie verschieden sie waren. Anna war die praktisch Veranlagte, eine Geschäftsfrau mit eigenem Laden, Gertrude dagegen eine Träumerin. Aus seiner Sicht waren sie sich aber nicht trotz, sondern zumindest teilweise wegen ihrer Unterschiede nahe. Annas Sinn fürs Praktische ermöglichte es Gertrude, ihren Träumen nachzuhängen, und Gertrudes schöngeistige Interessen bereicherten das Leben von Anna. Auch in dieser Hinsicht lieferten die beiden ein Vorbild für den lebenslangen Zusammenhalt zwischen Schwestern. Jede respektierte die Andersartigkeit der Anderen und profitierte zugleich von den bestehenden Unterschieden.

Meine Schwestern und ich haben oft darüber gelacht, wie unterschiedlich unsere Besuche bei unseren Eltern verliefen. Naomi machte mit meiner Mutter Ausflüge in Naturschutzgebiete, Mimi ging mit ihr shoppen, und ich saß stundenlang mit ihr zusammen, um zu reden. Unsere Mutter liebte es, draußen in der Natur zu sein, in Geschäften nach Klamotten zu stöbern und sich über Menschen zu unterhalten. Jede von uns gab ihr etwas, das ihr Freude machte und das unseren eigenen Vorlieben entsprach. Wir fanden es lustig, dass jede von uns eine andere, aber jeweils gleichbleibende Methode hatte, um unsere Eltern zu unterhalten. Manchmal legt eine Schwester auch ein Verhalten an den Tag, das sie normalerweise nicht zeigt, und das kann dazu führen, dass die andere Schwester die vakante Rolle übernimmt.

Victoria war schüchtern, ihre Schwester Kirsten kontaktfreudig. Wenn jemand die Initiative ergreifen und für beide sprechen oder für ihre Rechte eintreten musste, war Kirsten diejenige, die es tat, obwohl sie die Jüngere war. Doch wenn Kirsten einmal der Mut verließ, sprang Victoria ein. Als Kirsten vierzehn und Victoria sechzehn war, reisten sie gemeinsam zu einer Familienhochzeit ins Ausland. In London sollten sie in ein anderes Flugzeug umsteigen, doch die Anschlussmaschine, die um 23 Uhr starten sollte, war überbucht, und man hatte die beiden von der Passagierliste gestrichen. Das Flughafenpersonal bot keine weitere Unterstützung an. Die Mädchen waren genau in dem Moment auf sich allein gestellt, als Heathrow Airport den Betrieb für die Nacht einstellte. Die Geschäfte machten zu, das Personal schloss überall ab und schaltete das Licht aus.

Kirsten, normalerweise die Selbstbewusste von den beiden, hatte Angst. Wo sollten sie die Nacht verbringen? Wie sollten sie zur Hochzeit kommen? Sie fing an zu weinen. Der Kummer der kleinen Schwester war alles, was Victoria brauchte, um Mut zu beweisen und die Sache in die Hand zu nehmen. Sie machte das Büro der Fluggesellschaft ausfindig, wo noch einige Angestellte bei der Arbeit waren, und bestand darauf, dass man ihnen eine Unterkunft für die Nacht und Plätze für den ersten Flug am nächsten Morgen besorgte. Es klappte. Am nächsten Tag waren die beiden wieder in ihre üblichen Rollen geschlüpft. Kirsten übernahm die Führung und das Gespräch mit dem Fahrer, der sie zum Flughafen zurückbrachte. Diese Geschichte ist ein Musterbeispiel für erfolgreiche Schwesternbeziehungen: Jede zeigte, was in ihr steckte, als ihre Stärken gefordert waren.

Wer sich unwohl mit den bestehenden Ausrichtungen in seiner Familie fühlt oder mit den Rollen, die er übernommen hat, kann versuchen, sie zu verändern. April, die Älteste von fünfen, war diejenige, an die ihre drei Schwestern sich wandten, wenn sie Rat brauchten oder ihre Probleme loswerden wollten. Sie erzählte ihnen nichts von ihren eigenen Problemen, es kam ihr gar nicht in den Sinn, dass sie das könnte. Doch je älter sie wurde, desto unwohler fühlte sich April mit dieser Situation. Sie wünschte, ihre Schwestern könnten mehr wie Freundinnen sein. Deshalb traf sie eine Entscheidung: Sie würde mit ihnen genauso reden wie mit ihren Freundinnen und ihnen von ihren eigenen Problemen erzählen. Zunächst fühlte es sich seltsam an, auf diese Weise mit einer jüngeren Schwester zu sprechen, aber sie tat es trotzdem, und schon bald fühlte es sich richtig an. Außerdem war es eine Erleichterung, nicht ständig Lösungen und Patentrezepte für die Probleme ihrer Schwestern finden zu müssen. Jetzt konnte sie einfach zuhören, wie sie es bei ihren Freundinnen auch tat, und die Schwestern konnten ihr zuhören.

Komm näher, ruf jetzt an

Elaine und Nicole wuchsen in einer Familie auf, in der viel über Politik diskutiert wurde. Als Erwachsene führten sie diese Tradition zunächst mit Begeisterung fort. Doch inzwischen haben sie damit gebrochen, weil Nicole einen Mann geheiratet hat, der ganz andere politische Ansichten vertritt. Wenn ihre Familien sich trafen und das Thema Politik aufkam, endete das früher immer damit, dass Elaine und ihr Schwager sich heftig in die Haare gerieten. Da sie nie ohne ihre Familien zusammenkommen, können die Schwestern nicht länger die Art von Diskussionen führen, an denen sie früher viel Freude hatten, und ein Element ihres Schwesterseins ist verlorengegangen.

Auch wenn keine offenkundigen Unterschiede in Weltanschauung oder Interessen bestehen, ist es häufig weniger entspannt, wenn die Ehemänner dabei sind, als wenn sie nicht dabei sind. Sie sind nicht gemeinsam mit den Geschwistern aufgewachsen und teilen unter Umständen nicht den Gesprächsstil, den Humor oder die gewohnten Sprechweisen in Bezug auf Rhythmus, Timing, Direktheit usw. Außerdem machen die Geschwister sich möglicherweise Sorgen, ob die Partner sich auch wohlfühlen, wenn sie bei solchen Treffen dabei sind. Aus diesen Gründen haben mir viele Schwestern erzählt, dass sie sich Zeit nehmen, um ohne Partner oder Ehegatten zusammen zu sein. Einige fahren in regelmäßigen Abständen gemeinsam in Urlaub. Wenn das nicht möglich ist, machen sie einen gemeinsamen Tagesausflug, nur sie beide, während die übrige Großfamilie zusammenkommt. Ein gemeinsamer Urlaub – auch schon ein gemeinsamer Tag – mit Schwestern und ohne Anhang kann eine Erleichterung, ein Vergnügen und eine Möglichkeit zur Erneuerung der Verbundenheit sein.

Meine Studentin Samantha Demetriou organisierte eine Gesprächsrunde mit drei Freundinnen, alle einundzwanzigjährige College-Studentinnen, die Geschichten über ihre Schwestern austauschten, und zeichnete die Unterhaltung auf. Als die Diskussion sich ihrem Ende näherte, sagte eine der Frauen, sie habe Angst, dass sie und ihre Schwestern sich nie wieder so nahe sein würden wie in der Kindheit, sobald ihre jüngste Schwester auch ans College ginge. Eine andere erklärte, sie hoffe, ihre jüngere Schwester werde ein College in der Nähe wählen, damit sie weiter zusammenwachsen und einen Teil ihrer Zukunft zusammen verbringen können. Die dritte junge Frau, Lauren Treadaway, beendete die Gruppendiskussion mit einer Aussage, die ich gern übernehmen möchte, um dieses Kapitel zu beschließen:

Die geographische Entfernung bestimmt nicht wirklich darüber, wie nah wir uns auf der emotionalen Ebene sind und wie eng unsere Freundschaft ist. Aber sie macht es definitiv schwerer. Für die Zukunft wünsche ich mir auf jeden Fall, dass es möglich ist, meine Schwester einfach zum Essen rüberzubitten. Mir scheint, wenn man jünger ist, findet man seine Familie immer nervig. Das sind die Menschen, die du am wenigsten zu beeindrucken versuchst, weil du irgendwie denkst: »Ach, Leute, ihr seid ja sowieso immer da.« Aber wenn man älter wird, muss man tatsächlich eine gewisse Anstrengung aufbringen, und deshalb ist es eine beängstigende Vorstellung, dass dir diese Leute nach wer weiß wie vielen Jahren trotzdem entgleiten können. Eine kostbare Ressource ist unwiederbringlich verloren. Ich muss nachher gleich meine Schwester anrufen.

Nachwort

Letztes Jahr haben meine Schwestern und ich die Gegend in Brooklyn besucht, in der wir aufgewachsen sind. Es waren zwei magische Tage.

Zusammen gingen wir durch die Häuserblocks zur Public School 217, wo wir alle die Grundschule besucht hatten. Es war etwas ganz Besonderes, dieses Gebäude aus meiner Kindheit wiederzusehen – vor allem zusammen mit meinen Schwestern, die es ja ebenfalls aus eigener Erfahrung kannten. Doch unsere Gefühle waren unterschiedlich. Bei mir lösten vor allem die Gebäude entlang der Cortelyou Road nostalgische Gefühle aus – das war der Weg, auf dem ich täglich zur U-Bahn gegangen war, als ich die Highschool in Manhattan besuchte. Meine Schwestern hatten eine andere Highschool besucht, deshalb bedeuteten ihnen diese Straßenzüge nichts. Als wir zu einer mit Brettern vernagelten Synagoge kamen, erinnerte Mimi sich an die Zeit, als sie und ihre Freundin sich dahinter versteckt hatten, um zu rauchen. Naomi und ich hatten uns dort nicht versteckt, weil wir keine bösen Mädchen waren und nie geraucht haben. Wir gingen dann weiter zur Macdonald Avenue, wo Naomi an die tägliche Busfahrt zu ihrer weit entfernten Junior Highschool erinnert wurde, die weder Mimi noch ich besucht hatten. Ich hatte nicht einmal gewusst, dass Naomi auf diese Schule gegangen war. Als ich dreizehn wurde, war direkt bei uns eine neue Highschool gebaut worden; dieses Gebäude, das zahllose Erinnerungen bei mir weckte, hatte dagegen für meine Schwestern keinerlei Bedeutung.

Der Ausflug nach Brooklyn erinnerte uns an unsere gemeinsame Vergangenheit und machte uns bewusst, wie glücklich wir uns schätzen können, diese Zeit miteinander geteilt zu haben. Aber er erinnerte uns auch daran, wie unterschiedlich unser Leben verlaufen ist – und wie wenig jede von uns über ganze Abschnitte im Leben der anderen wusste.

Als ich mit dem ersten Entwurf für dieses Buch fertig war, sandte ich je eine Kopie an meine Schwestern. Naomi las das Manuskript und schickte es mir mit ausführlichen und überaus hilfreichen Anmerkungen versehen wieder zurück. Mimi dagegen behielt es etwas länger und teilte mir schließlich mit, dass sie zwar angefangen habe, es zu lesen, aber noch nicht sehr weit gekommen sei. Und da sie derzeit lieber mit Perlen arbeite, als zu lesen, fragte sie, ob ich damit einverstanden wäre, wenn sie mir stattdessen eine Kette aus selbstgemachten Glasperlen schenken würde. Sie hätte mir keine größere Freude machen können. Die Kette ist wunderschön, und wenn ich sie trage, werde ich stets an Mimis liebevolle Unterstützung wie auch an ihre Begabungen erinnert, die so ganz anders sind als meine. Ich sehe vor mir, wie sie ihre Schutzbrille aufsetzt, eine Lötlampe anzündet und farbige Glasstäbe zu wunderschönen Perlen schmilzt – etwas, das ich genauso wenig könnte wie auf dem Mond spazieren gehen. Jede Schwester hat meine Arbeit auf die Weise gewürdigt, die ihrem Wesen entsprach, und beides war kostbar für mich.

Ich besitze noch ein weiteres Erinnerungsstück, das mich an Mimis Unterstützung denken lässt. Über meinem Schreibtisch hängt ein gefaltetes Blatt Papier, das eine E-Mail-Nachricht aus dem Jahr 1996 zeigt. Es ist eine kurze Mitteilung, und die letzte Zeile ist gelb unterlegt. »Hör auf, dies zu lesen und schreib weiter. Alles Liebe, Mim.« Mimi hatte sie mir als Antwort auf eine E-Mail geschickt, in der ich mich über die Anforderungen beklagt hatte, die mich von dem Buch, an dem ich damals schrieb, immer wieder ablenkten. Ich habe Mimis Nachricht über meinen Schreibtisch gehängt wie ein Cheerleader-Kommando, das mich auffordert, wieder an die Arbeit zu gehen, wenn ich abgelenkt bin. Dass es dort hängt, gibt mir das Gefühl, dass meine Schwester mir bei der einsamen Unternehmung, die das Schreiben darstellt, Gesellschaft leistet.

Immer wenn ein Buch von mir veröffentlicht wurde, trat ich im Fernsehen auf, um darüber zu sprechen. Was mich an diesen Auftritten besonders freute, war, dass meine Eltern zusehen würden, und ich wusste genau: Wenn ich anschließend nach Hause kam, würde das Lämpchen auf meinem Anrufbeantworter blinken. Drückte ich dann auf die *Play*-Taste, hörte ich die Stimme meiner Mutter, die sinngemäß sagte: »Es war toll, dich zu sehen. Du warst großartig, du hast fantastisch ausgesehen. Ich bin so stolz auf dich!« Meine Mutter starb, als ich an meinem letzten Buch arbeitete. Zum ersten Mal würde sie mich nicht mehr im Fernsehen sehen, wenn ich auf Lesereise ging. Und mehr als einmal kam mir in den Sinn: Warum soll ich dann überhaupt noch im Fernsehen auftreten?

Als ich dann zum ersten Mal nach einem Fernsehinterview nach Hause kam, fürchtete ich mich davor, am dunklen, stummen Anrufbeantworter vorbeizugehen. Doch als ich es tat, blinkte das Lämpchen! Ich drückte auf *Play* – und hörte die Stimme meiner Schwester Naomi: »Es war toll, dich zu sehen. Du warst großartig. Ich bin so stolz auf dich.«

Die Arbeit an diesem Buch hat mir unter anderem deshalb so viel Freude bereitet, weil sie mir die vielen wichtigen Erfahrungen wieder bewusst gemacht hat, die meine Schwestern zu meinem Leben beigetragen haben und immer noch beitragen. Es war, als hätte ich eine weitere Reise mit ihnen unternommen.

Danksagung

Dieses Buch lebt durch die Geschichten über Schwestern, die mir von den über hundert Frauen anvertraut wurden, die ich interviewt habe, sowie von zahllosen weiteren Frauen, mit denen ich zwanglose Unterhaltungen geführt oder die ich zufällig kennengelernt habe. Ihnen möchte ich an erster Stelle herzlich danken. Ich danke insbesondere auch jenen Frauen, die Freundinnen zu Gruppengesprächen einluden: Caleen Sinnette Jennings, Addie Macovski und Sheila Meyer. Samantha Demetriou hat mir wertvolle Hilfe geleistet, indem sie mir mehrere Perspektiven auf ihre gleichaltrigen Kommilitoninnen eröffnete: Sie hat ihre Freundinnen interviewt, die Gespräche aufgezeichnet und mir als Beraterin im Umgang mit Facebook zur Seite gestanden. Dank auch an Bea Lewis, die in ihrer Kolumne in der *Palm Beach Post* einen Aufruf veröffentlichte und Freiwillige mit Schwestern bat, sich bei mir zu melden.

Unabhängig davon, ob ich einzelne Beispiele oder Zitate aus den Gesprächen verwendet habe oder nicht, hat jede Frau, mit der ich gesprochen habe, mein Verständnis des ungeheuer komplexen Spektrums von Schwesternbeziehungen erweitert. Neben jenen, die in diesem Buch namentlich erwähnt sind, und jenen, die nicht genannt werden wollten, möchte ich folgenden Frauen danken: Lilia A. Abron, Malaika Adero, Kate Addison, Mmelika Akanegbu, Ebele Akanegbu-Brown, Caren Anton, Goldey Auster, Romaine Bailey, Naomi Baron, Lori Brigham, Barbara Eskew Cannon, Cecilia Castillo-Ayometzi, Emma Cheuse, Joyce Chung, Elizabeth Clouatre,

Cordelia Coleman, Jamilla Coleman, JoEllen Collins, Theresa Bilotta Colombo, Marcia Gere Connelly, Deanna Cooke, Anne Dauer, Angela Davis, Susan Dodson, Danielle Dray, Nicole Dray, Chrysoula Economopoulos, Maria Economopoulos, Rona Eisner, Rachel Ellis, Zhaleh Feizollahi, Diane Fuchs, Victoria Garner, Elizabeth Sarah Gere, Margaret Gere-Planer, Ronni Ginott, Dora Goldstein, Pat Gurne, Jo Ann Hairston, Millie Hallow, Sarah Harman, Judy Harris, Naomi Henderson, Laura Jacobson, Naomi Julia Jacobson, Roberta Jacobson, den Jennrich-Mädchen, Elaine Jost, Christina Kakava, Karen S. Kalish, Jean Kaufman, Jan Kern, Elizabeth Kissling, Elizabeth LaFarge, Ashley LaRiccia, Joanne Leedom-Ackerman, Willee Eskew Lewis, Shura Lipovsky, Trinh Luong, Eleanor E. Maccoby, Alan Marx, Beth Marx, Sue Mather, Mary Alice McDowd, Leah McLaren, Tamara Meyer, Ursula Meyer, Gwendolyn Mikell, Marie Eskew Miller, Emily Millet, Hillary Millet, Judith Mueller, Amanda Murphy, Kathleen Murphy, Rahel Musleah, Irene Natividad, Jennifer Nelson, Laura Oliff-Maxey, Sally McNagny, Jenny McPhee, Patricia O'Brien, Mary Alice O'Dowd, Geneva Overholser, Gail Paster, Micah Perks, Rebekah Perks, Marica Perlstein, Leonilla G. Perry, Susan Philips, Carol Phipps, Susan Resneck Pierce, Terri Pilkerton, Jenny Poole, Mary Poole, Tina Poole, Marcia Pord, Melissa Pritchard, Christina Radomsky, Judy Rapoport, Jillian Raymond, Janice (Ginny) Redish, Erika Rose, Rina Rosenberg, Barbara Ross, Cecily Ross, Cynthia Roy, Victoria Roy, Maria Schlafly, Theresa Schlafly, Erin Seaboyer, Barbara Seeger, Peggy Seeger, Kate Shreve, Amy Tan, Kathryn Temple, Carolyn Jacobson Tilove, Alla Tovares, Veena Trehan, Martha Keller Tuohey, Polly Ulichny, Fay Vaughn-Cooke, Anita Cooke Wells und Joan Zofnass.

Ich schätze mich außerordentlich glücklich, dass ich seit dreißig Jahren an der Georgetown University lehren darf, wo so viele Mitglieder der Universitätsgemeinschaft mich im Laufe der Jahre unterstützt haben. Wie immer haben Studierende, Kollegen und Kolleginnen, Angehörige des Verwaltungspersonals und weitere Mitarbeiter und Mitarbeiterinnen wertvolle Beiträge geleistet. Die graduierten Studierenden, die an meinem Seminar über Familien-Interaktion teilnahmen, haben mir wertvolle Hilfe geleistet, indem sie themenrelevante wissenschaftliche Forschungsergebnisse ausfindig machten und zusammenfassten. Dafür danke ich: Leslie Cochrane, Rebecca Rubin Damari, Aubrey Logan-Terry, Anastasia Nylund, Theresa Schlafly und Kathleen Williams. Viele Studierende in meinen Kursen über interkulturelle Kommunikation lieferten in Unterrichtsdiskussionen und schriftlichen Arbeiten aufschlussreiche Einblicke in Schwesternbeziehungen. Meine Kollegen und Kolleginnen im Fachbereich Soziolinguistik – Heidi Hamilton, Rob Podesva, Deborah Schiffrin und Natalie Schilling-Estes – haben sich den Anforderungen meines Terminplans mit überwältigender Großzügigkeit angepasst. Meine Assistentin Laura Myers hat mir in vielerlei Hinsicht hilfreich zur Seite gestanden, zum Beispiel in kürzester Zeit Literaturquellen und Zitate mit Genauigkeit und Souveränität recherchiert.

Das Buch hat erheblich davon profitiert, dass mehrere Personen die ersten Entwürfe gelesen und mir wertvolle Anregungen gegeben haben – Sally Arteseros, Harriet Grant, Phyllis Richman und Naomi Tannen und nicht zuletzt Jennifer Hershey, meine außergewöhnliche Lektorin, der ich für ihre enorme Unterstützung danke. Zu großem Dank bin ich auch Suzanne Gluck verpflichtet, die seit über zwanzig Jahren und fünf Büchern meine Agentin ist. Ich kann mir keine engagiertere, großartigere oder klügere Beraterin vorstellen.

Meine Familie ist mein Fundament. Meine geliebten Schwestern Mimi und Naomi nehmen diesmal einen ganz besonderen Platz ein. Hätte ich sie nicht als Schwestern, wäre ich weder in der Lage gewesen, dieses Buch zu schreiben, noch hätte ich den Wunsch dazu gehabt. Sie haben großzügig, klug und geduldig meine Fragen beantwortet und mir erlaubt, ihr Leben zusammen mit meinem eigenen in Material für dieses Buch zu verwandeln. Der Dank, zu dem ich ihnen verpflichtet bin, wird noch durch einen weiteren Umstand verstärkt. Dies ist das erste Mal, dass ich eine Danksagung schreibe, seitdem meine Mutter und mein Vater nicht mehr am Leben sind. Die Lücke, die der Tod meiner Eltern hinterlässt, ist eine weitere Erinnerung daran, wie kostbar die Gegenwart meiner Schwestern ist.

Mein Ehemann Michael Macovsky hat mir als Partner in Leben und Liebe in so vielerlei Hinsicht geholfen, dass ich seine Beiträge unmöglich aufzählen kann – und »Hilfe« ist ohnehin ein zu schwaches Wort, »danke« ein zu blasser Ausdruck, um die Tiefe meiner Dankbarkeit auch nur annähernd zu vermitteln.

Anmerkung der Autorin

Der guten Ordnung halber hier noch einige Worte zu den Quellen der Zitate und Beispiele, die ich in diesem Buch vorstelle.

Die meisten Beispiele stammen aus Interviews, die ich mit mehr als hundert Frauen geführt habe. In der Regel habe ich Einzelgespräche geführt. Bei vier Gelegenheiten habe ich mit Frauen in kleinen Gruppen diskutiert: Zwei dieser Gruppen umfassten Schwesternpaare sowie Frauen, die nicht miteinander verwandt waren. In mehreren Fällen habe ich mit zwei oder drei Schwestern zusammen gesprochen oder einzeln mit zwei, drei oder vier Schwestern aus derselben Familie. In einigen wenigen Fällen habe ich getrennt mit Müttern und Töchtern gesprochen.

Der Ausdruck »fokussiertes Gespräch« wäre vielleicht eine treffendere Formulierung als »Interview«. Ich habe dafür absichtlich keine Liste mit Fragen erstellt, weil ich den Frauen nicht meine Annahmen und Erwartungen aufdrängen wollte, sondern ich wollte herausfinden, was den Frauen spontan zu ihren Schwestern einfiel. Um einen zwanglosen Ton zu wahren, habe ich Bemerkungen über meine eigenen Schwestern eingestreut, so wie ich es in jeder Unterhaltung tun würde. Irgendwann stellte ich dann immer die Frage: »Was schätzen Sie besonders an Ihrer Schwester, und was finden Sie frustrierend?«

Ich wollte die Unterhaltung nicht verlangsamen oder die Frauen, mit denen ich sprach, ablenken, indem ich mir Notizen machte, deshalb habe ich die direkten Gespräche (natürlich mit Erlaubnis der Beteiligten) aufgezeichnet. Später ließ ich die Aufzeichnungen dann transkribieren oder hörte sie mir an und machte mir Notizen. Wenn ich telefonische Interviews führte, trug ich Kopfhörer und tippte Notizen in den Computer ein, während wir uns unterhielten. Bei einem Austausch per E-Mail druckte ich die Mitteilungen aus. Wurde in einem beiläufigen Gespräch etwas erwähnt, was mir interessant oder wichtig erschien, notierte ich mir die Äußerungen zusammen mit dem Namen und der E-Mail-Adresse der Person, mit der ich sprach.

Aus den Interviews verwende ich manchmal nur ein einzelnes Beispiel oder Zitat, manchmal auch mehrere oder gar keine direkten Auszüge, aber alle haben in ihrer Gänze zu meinem Verständnis beigetragen. Ich gebe Beispiele oft in narrativer Form mit spezifischen Settings und Dialogen wieder. Manchmal habe ich die Einzelheiten von verschiedenen Geschichten, die ich von zwei oder auch drei verschiedenen Frauen hörte, zu einem Beispiel zusammengefasst, und manchmal habe ich einige Details abgewandelt, um die Anonymität der Frauen zu wahren.

Ich habe jedes Beispiel und Zitat überprüft, indem ich der betreffenden Person den fertigen Text präsentiert habe. Ich fragte dabei immer zuerst, ob sie mit der Verwendung des Materials einverstanden war. Wenn die Frau nicht einwilligte, habe ich das Beispiel gestrichen. Wenn sie zustimmte, fragte ich, ob ich ihre Äußerungen richtig wiedergegeben hatte und ob sie noch Änderungswünsche in Bezug auf Genauigkeit oder den Schutz ihrer Privatsphäre hatte. Bei Änderungsvorschlägen habe ich auch meine überarbeitete Fassung mit der Frau besprochen. In der Regel habe ich Pseudonyme und ausschließlich Vornamen benutzt. Wenn ich bei einem Beispiel den richtigen Namen als Quelle nenne, verwende ich (in Abstimmung mit der jeweiligen Person) den Vor- und Nachnamen.

Meine Methode der sprachwissenschaftlichen Analyse besteht darin, dass ich spontane Gespräche aufzeichne und dann die Transkripte analysiere. Viele Beispiele, die ich in diesem Buch präsentiere, wurden von Studenten und Studentinnen meiner Kurse an der Georgetown University aufgezeichnet und transkribiert, worauf ich verweise, wenn ich die Beispiele anführe. Zudem weise ich darauf hin, wann die Analysen, die eine Studentin in ihrer Arbeit vorgelegt hat, entstanden sind. Die Verwendung dieses Materials habe ich mit den Beteiligten auf die gleiche Weise abgeklärt wie bei meinen anderen Beispielen. Ich nenne die vollen Namen der Studierenden, die diese Referate für mich verfasst haben. Bei den Namen der Sprecherinnen in den von ihnen angeführten Beispielen habe ich ihren Wünschen entsprechend jeweils die echten Namen oder Pseudonyme angeführt. Die Geschichten aus meinem eigenen Leben habe ich mit meinen Schwestern abgeklärt, die meine Darstellung der Ereignisse, an denen sie beteiligt waren, abgesegnet haben. Ich habe sie beide interviewt und ihnen häufig telefonisch oder per E-Mail Fragen gestellt, die mir beim Schreiben in den Sinn kamen.

Bei der Auswahl der Frauen für meine Interviews fing ich bei mehr oder weniger guten Bekannten an, die Schwestern haben und die Interesse daran zeigten, mit mir über sie zu sprechen. Einige verwiesen mich an weitere Frauen aus ihrem Bekanntenkreis. Manchmal stellten Frauen, die ich interviewte, den Kontakt zu ihren Schwestern für mich her, die ich dann entweder persönlich oder am Telefon befragte. Mehrere Frauen nahmen Kontakt zu mir auf, nachdem der Aufruf, den Bea Lewis großzügigerweise in ihrer Kolumne »This Day and Age« in der *Palm Beach Post* veröffentlichte, erschienen war. Weil ich Frauen aus unterschiedlichen Altersgruppen suchte, sprach ich auch mit den Töchtern und Müttern von Freundinnen und mit Freundinnen meiner Schwiegermutter. In einigen Fällen handelt es sich bei den vorgestellten Beispielen um Stiefschwestern oder Halbschwestern. Wenn die Sprecherin sie dennoch als »Schwester« bezeichnete, habe ich dies ebenfalls getan.

Die Beispiele in diesem Buch dienen nicht als Beweis, sondern als Anschauungsmaterial für wiederkehrende Muster, die ich beobachtet habe. Obwohl ich mich bemüht habe, Frauen unterschiedlichster Herkunft einzuschließen, habe ich nicht versucht, Generalisierungen über irgendeine Gruppe anzustellen. Ich war interessiert an Mustern, die sich bei den Berichten aller Frauen abzeichneten. Wenn ich ein Beispiel gebe, nenne ich das Alter oder die ethnische Herkunft der Quelle nur, wenn es wichtig erscheint, um den Kontext zu verstehen, oder wenn der Frau selbst die Herkunft als wichtig für ihre Erfahrung erschien.

Ich habe diese Untersuchung in der Hoffnung unternommen, um »Schwestern im lebenslangen Gespräch« besser zu verstehen. Ich weiß, dass viele Leserinnen sich fragen werden, ob das, was ich über Schwestern schreibe, auch für Brüder gilt. Ich habe keinen Zweifel, dass einige meiner Beobachtungen teilweise auch auf Brüder zutreffen, so wie jedes Muster, das ich beschreibe, auf eine bestimmte Schwester zutreffen kann oder nicht oder in mehr oder weniger starker Ausprägung. Es wäre interessant, einen Vergleich anzustellen und die vielen weiteren möglichen Kombinationen genauer anzuschauen: Brüder in Familien ohne Schwestern, Schwester und Brüder in den verschiedenen Altershierarchien (älteste oder jüngste Brüder im Vergleich mit ältesten oder jüngsten Schwestern) ebenso wie die häufige Bruder-Schwester-Konstellation.

Anmerkungen

Vorwort

1 Delany und Delany, *Unsere ersten hundert Jahre*. Die Zitate stammen von S. 30 und 24.

Kapitel 1: Schwestern im lebenslangen Gespräch

1 Brandes-Brilleslijper, S. 102.
2 Reason und Lucas, »Using Cognitive Diaries to Investigate Naturally Occuring Memory Blocks«, S. 66.
3 Tatar, S. 116, 119.
4 Die Geschichte von Rahel und Lea, Genesis 29, 17.
5 Als Teil einer Serie mit dem Titel *The Long Harvest* nahm Peggy Seeger zusammen mit Ewan MacCall vier Versionen dieses Songs, auch bekannt unter dem Titel »The Twa Sisters«, auf. Meine Informationsquelle für diesen Song ist Seegers Website: pegseeger.com.
6 Zu den Vogelarten, bei denen das ältere Küken die jüngeren tötet, indem es sie aus dem Nest schubst, gehören der Maskentölpel (vgl. »Seabirds Give New Meaning to Sibling Rivalry«, National Science Foundation Website, Juni 1997) und der Nazca-Tölpel (vgl. www.v-liz.com/galapagos/murder.htm). Für die anderen erwähnten Tierarten vgl. Chung, »Savage Siblings«. Die Forschungsergebnisse zu Kaulquappen werden dem Biologen David Pfennig

zugeschrieben, zum Sandtigerhai dem Meeresbiologen John Wourms und zu Tüpfelhyänen dem Biologen Laurence Frank.

Kapitel 2: »Wir stehen uns nahe, sind aber verschieden«

1 »A Sisters' Reunion in Bowie. Memories of Lipstick and Love«, *Washington Post*, 18. Juni 2007, S. B1–2. Das Zitat stammt von S. B2.
2 A.L. Becker prägt und erörtert diesen Begriff (»cline of person«) in seinem Aufsatz »Person in Kawi«, einem Kapitel in seinem Buch *Beyond Translation.*
3 Barbara Walters, *Audition*, S. 4.
4 Handler, »I Won't Roll the Biological Dice«, *Newsweek*, 27. April 2009, S. 16.

Kapitel 3: Bewunderung und Herablassung

1 Meine Quelle für den Gebrauch von »enni« durch koreanische Frauen ist Professorin Minju Kim vom Claremont McKenna College. Sie hat untersucht, wie Koreanerinnen den Begriff *enni* verwenden, und präsentiert ihre Analyse in dem Aufsatz: »Women's Talk, Mothers' Work: Power and Solidarity in Korean Women's Conversation«.
2 Shilpa Alimchandani machte mich erstmals auf die Hindi-Begriffe für »Tante« aufmerksam. Später fand ich diese und andere Verwandtschaftsbezeichnungen auch bei Manil Suri. Er verwies mich auf folgende Website, die ausführlichere Informationen über indische Verwandtschaftsbegriffe enthält: http://www.brithhub.com/education/language/articles/18030.aspx.
3 Weller, *Girls Like Us*, S. 350.

4 Lynn Zinser, »A Dazzling Display by Williams Sisters«, *New York Times*, 4. September 2008, S. D1.
5 Cohen, »The Ethicist«, *New York Times Magazine*, 11. November 2007, S. 32.

Kapitel 4: Auf wessen Seite stehst du?

1 Atwood, »Das weiße Pferd«, S. 174–175.
2 Joyce Maynard, »A Tale of Two Sisters«, S. 250.
3 Darrah, Freeman und English-Lueck, *Busier Than Ever*, S. 185.

Kapitel 5: »Ich bin die Prinzessin, du bist der Frosch«

1 Rona Maynard, »A Tale of Two Sisters«, S. 249.
2 Mein Theaterstück *Acts of Devotion* wurde im Horizons Theater in Washington, D.C., inszeniert. Der erste Akt ist enthalten in: *The Best Short Plays, 1993–1994* (New York und London, Applause Books, 1995, S. 217–230).
3 O'Brien, *Harriet and Isabella*, S. 233.
4 Olsen, »Ich stehe hier und bügle«, S. 14 und 17–18.
5 Die statistischen Zahlen, nach denen 2001 die Hälfte aller Schwangerschaften ungeplant war, sind auf der Website des Guttmacher Institutes zu finden, in dem Bericht »Poorest U.S. Women Increasingly Likely to Face Unintended Pregnancies.« Die Zahlen sind dem »National Survey of Family Growth« entnommen. Der Bericht zitiert die Website des »Department of Health and Human Service Centers for Disease Control and Prevention«, nach dem 14 Prozent der Schwangerschaften ungewollt sind und 21 Prozent zu einem ungünstigen Zeitpunkt kommen.

Kapitel 6: Das Tor zur Welt

1 Mapes schrieb ihre Arbeit für ein Seminar bei Professor Christina Kakava an der University of Mary Washington. Ich bin Professor Kakava dankbar für ihre Anregung, mir die Seminararbeit zu schicken.
2 Alvarez, *Die Zeit der Schmetterlinge*, München 1998, S. 68.
3 Anastasia Nylund fand diesen Kommentar, der von London182 auf die Website »Experience Project« (www.experi enceproject.com.) gestellt wurde.
4 Barbara Walters, *Audition*, S. 3.
5 Hodgdon, »Shrew-Histories«, S. 3.
6 William Shakespeare: *The Taming of the Shrew/Der Widerspenstigen Zähmung*, Akt II, Szene 1, Stuttgart 1984.

Kapitel 7: Reden ist Gold

1 Mattison, *Nothing Is Quite Forgotten in Brooklyn*, S. 257.
2 Henley, *Crimes of the Heart*, S. 47, 48 u. 50.
3 Mattison, *Nothing Is Quite Forgotten in Brooklyn*, S. 88.
4 Sheldon, »You Can Be the Baby Brother, But You Aren't Born Yet«. Die Zitate finden sich auf S. 63 und S. 69. Sheldon nennt die Strategie der Mädchen »double-voice discourse« (in etwa: mit doppelter Stimme sprechen).
5 Tony Cassidy, zitiert in Kate Devlin, »Having a Sister Makes You Happier and More Optimistic, Say Psychologists«, Telegraph.co.uk, 3. April 2009.
6 Liz Wright und Tony Cassidy, »Family Structure and Environment in Psychological Adjustment«. Vortrag auf dem Jahrestreffen der British Psychological Society, Brighton, England, 2. April 2009. Alle größeren britischen Zeitungen

berichteten in Beiträgen vom 2. und 3. April über die Ergebnisse: »Sisters ›Make People Happy‹«, BBC World News American Website, 2. April 2009; Gerry Moriarty, »Sisters Are doing It for Your Health«, *Irish Times*, 2. April 2009; »Having a Sister Makes You Happier and More Optimistic, Say Psychologists«, Telegraph.co.uk.

7 Dunn, »Siblings Relationships«, S. 225.

Kapitel 8: Schwester sein

1 Gregory, *Die Schwester der Königin*. Die Zitate finden sich auf S. 207 u. 245.

2 Lansen, *An meiner Seite*, S. 9.

3 Lakoff führte ihre »Regeln der Höflichkeit« 1973 in einem Essay mit dem Titel »The logic of politeness, or minding your p's and q's« ein. In *Language and Woman's Place*, ihrem bahnbrechenden Buch zum Thema Sprache und Geschlecht, präsentierte sie dieses System im Kontext von geschlechtsspezifischen Unterschieden beim Kommunikationsstil. Nachdruck in *Language and Woman's Place: Text and Commentaries*, hrsg. von Mary Bucholtz.

4 Ich erörtere den Gesprächsstil ausführlich in meinem Buch *Das habe ich nicht gesagt!*, das sich an eine breitere Öffentlichkeit wendet, sowie in *Conversational Style: Analyzing Talk Among Friends*, das sich an ein wissenschaftliches Publikum wendet.

5 Agonismus ist das Thema meines Buches *Lass uns richtig streiten*.

Literaturverzeichnis

Alvarez, Julia. *Die Zeit der Schmetterlinge*. München 1998.

Atwood, Margaret. »Das weiße Pferd«. In: *Moralische Unordnung*, S. 161–187. Berlin 2008.

Becker, A. L. (mit I. Gusti Ngurah Oka). »Person in Kawi. Exploration of an Elementary Semantic Dimension.« In: *Beyond Translation: Essays Toward a Modern Philology*, S. 109–36. Ann Arbor: University of Michigan Press 1995.

Brandes-Brilleslijper, Janny. In: Willy Lindwer, *Die letzten sieben Monate, Augenzeugen berichten*. Frankfurt 1988.

Brashares, Ann. *The Sisterhood of the Traveling Pants*. New York: Delacorte Press (Dt.: *Eine für vier*. München 2002.)

Chung, Maria L. »Savage Siblings«, *Science World*, 10. Januar 1997.

Cicirelli, Victor G. »Sibling Relationships in Middle and Old Age.« In: Gene H. Brody (Hg.), *Sibling Relationships: Their Causes and Consequences*, S. 47–73. Norwood, N.J.: Ablex 1996.

Darrah, Charles N., James M. Freeman und J.A. English-Lueck. *Busier Than Ever: Why American Families Can't Slow Down*. Stanford, Calif.: Stanford University Press 2007.

Davies, Catherine. »We Had a Wonderful Time«: Individual Sibling Voices in the Joint Construction of a Family Ethos Through Narrative Performance.« Paper presented at the Georgetown University Round Table on Languages and Linguistics, Washington, D.C., März 2008.

Delany, Sarah und A. Elizabeth Delany mit Amy Hill Hearth.

Unsere ersten hundert Jahre: Die Delany-Schwestern erzählen. München 1995.

Dunn, Judy. »Sibling Relationships.« In: Peter K. Smith und Craig H. Hart (Hg.), *Blackwell Handbook of Childhood Social Development*, S. 223–237. Malden, Mass.: Blackwell 2002.

Esquivel, Laura. *Bittersüße Schokolade*. Frankfurt 2007.

Glass, Julia. *I See You Everywhere*. New York: Pantheon 2008.

Glück, Louise. *The Seven Ages*. New York: HarperCollins 2001.

Gregory, Philippa. *Die Schwester der Königin*. Berlin 2004.

Grinker, Roy Richard. *Unstrange Minds: Remapping the World of Autism*. New York: Basic Books 2007.

Henley, Beth. *Crimes of the Heart*. New York: Dramatists Play Service 1981.

Higley, James Dee und Stephen J. Suomi. »Parental Behavior in Primates.« In: Wladyslaw Sluckin und Hartin Herbert (Hg.), *Parental Behaviour*, S. 152–207. Oxford: Blackweill 1986.

Hogdon, Barbara. »Shrew-Histories«, *Asides* (newsletter of the Shakespeare Theatre Company, Washington, D.C.), September, S. 3–4.

Kim, Minju. »Women's Talk, Mothers' Work: Power and Solidarity in Korean Women's Conversation«. Unveröffentlichtes Manuskript.

Lakoff, Robin. »The Logic of Politeness, or Minding Your p's and q's.« In: Claudia Corum, T. Cedric Smith-Stark und Ann Weiser (Hg.): papers from the Ninth Regional Meeting of the Chicago Linguistics Society, S. 292–305. Chicago: Chicago Linguistic Society.

–. *Language and Woman's Place*. New York: Harper & Row 1975.

Lakoff, Robin Tolmach. *Language and Woman's Place: Text and Commentaries*, hrsg. von Mary Bucholtz. New York und Oxford: Oxford University Press 2004.

Lansen, Lori. *An meiner Seite*. Berlin 2007.

Mathieu, Cindy K. »Verbal Communication Between College Students and Their Siblings.« PhD Dissertation, Texas A & M University 2000.

Mattison, Alice. *Nothing Is Quite Forgotten in Brooklyn*. New York: HarperCollins 2008.

Maynard, Joyce. »A Tale of Two Sisters: Joyce's Tale.« *More* magazine, September 2007, S. 175–176, 178, 250, 251.

Maynard, Rona. A Tale of Two Sisters: Rona's Tale.« *More* Magazine, September 2007, S. 175, 177, 179, 249.

Obama, Barack. *Ein amerikanischer Traum*. München 2009.

O'Brien, Patricia. *Harriet and Isabella*. New York: Simon & Schuster 2008.

Olsen, Tillie. »Ich stehe hier und bügle«. In: *Erzähl mir ein Rätsel*, S. 7–18. Darmstadt 1980.

Reason, James und Deborah Lucas. »Using Cognitive Diaries to Investigate Naturally Occurring Memory Blocks.« In: J.E. Harris und P.E. Morries (Hg.), *Everyday Memory. Actions and Absent-Mindedness*, S. 53–70. London und New York: Academic Press.

Sheldon, Amy. »You Can Be the Baby Brother, but You Aren't Born Yet. Preschool Girls' Negotiation for Power and Access in Pretend Play.« *Research on Language and Social Interaction* 29 (1), S. 57–80, 1996.

Silverman, Sue William. *Because I Remember Terror, Father, I Remember You*. Athens und London: University of Georgia Press 1996.

Stone, Elizabeth. *Black Sheep and Kissing Cousins. How Our Family Stories Shape Us*. New York: Penguin 1989.

Suomi, Stephen J. »Sibling Relationships in Nonhuman Primates.« In: Michael E. Lamb und Brian Sutton-Smith (Hg.), *Sibling Relationships: Their Nature and Significance Across the Lifespan*, S. 329–356. Hillsdale, N.J.: Erlbaum 1982.

Tannen, Deborah. *Das habe ich nicht gesagt. Kommunikationsprobleme im Alltag. Hamburg 1992.*

–. *Du kannst mich einfach nicht verstehen. Warum Männer und Frauen aneinander vorbeireden.* Hamburg 1991.

–. *Lass uns richtig streiten. Vom kreativen Umgang mit nützlichen Widersprüchen.* München 1999.

–. *Conversational Style: Analyzing Talk Among Friends.* Neuausgabe: New York und Oxford: Oxford University Press 2005 [1984].

Tatar, Maria. *The Annotated Brothers Grimm.* New York: Norton 2004.

Walters, Barbara. *Audition: A Memoir.* New York: Knopf 2008.

Watanabe, Suwako. »Cultural Differences in Framing American and Japanese Group Discussions.« In: Deborah Tannen (Hg.), *Framing in Discourse*, S. 176–208. New York: Oxford University Press 1993.

Weller, Sheila. *Girls Like Us: Carole King, Joni Mitchell, Carly Simon and the Journey of a Generation.* New York: Simon & Schuster 2008.

Wells, Rebecca. *Divine Secrets of the Ya-Ya-Sisterhood.* New York: HarperCollins 1996 (Dt.: *Die göttlichen Geheimnisse der Ya-Ya-Schwestern.* München 2001.)

White, Barbara A. *The Beecher Sisters.* New Haven, Conn.: Yale University Press 2003.

White, Lynn K. und Agnes Riedmann. »Ties Among Adult Siblings«, *Social Forces* 71(1), S. 85–102.

Wright, Liz und Tony Cassidy. »Family Structure and Environment in Psychological Adjustment«. Paper presented at the annual meeting of the British Psychological Society, Brigthon, England. 2. April 2009.

Register

P

R

S